外国家庭法及妇女理论研究中心项目
家　事　法　研　究　学　术　文　库

陈　苇　主编

未成年人监护制度研究

董思远 著

中国人民公安大学出版社
2019·北京

《家事法研究学术文库》顾问

（以姓氏笔画为序）

巫昌祯（中国政法大学教授）
杨大文（中国人民大学教授）
杨与龄（台湾“国立”政治大学教授）
张贤钰（华东政法大学教授）
陈明侠（中国社会科学院法学所研究员）
林秀雄（台湾辅仁大学教授）

丛书主编简介

陈苇 女，1987年于西南政法学院民法专业硕士研究生毕业，获法学硕士学位，留该校任教至今。主要研究方向为婚姻家庭继承法、妇女儿童老人权益保护。2003年12月至2004年12月，其受国家留学基金资助公派出国留学，作为访问学者到澳大利亚悉尼大学法学院进修外国家庭法一年。现任西南政法大学外国家庭法及妇女理论研究中心主任、民商法学院教授、博士生导师，兼任家庭法国际学会副主席和学术委员会委员，中国法学会婚姻家庭法学研究会副会长，重庆市妇联法律顾问，重庆市儿童工作资源中心专家，重庆市高级人民法院家事审判方式和工作机制改革试点工作指导小组成员。

代表性成果包括：独著、主编、主持翻译的《中国婚姻家庭法立法研究》（第一版、第二版）《外国婚姻家庭法比较研究》《当代中国内地与港、澳、台婚姻家庭法比较研究》《中国大陆与港、澳、台继承法比较研究》《当代中国民众继承习惯调查实证研究》《外国继承法比较与中国民法典继承编制定研究》《改革开放三十年（1978~2008）中国婚姻家庭继承法研究之回顾与展望》《中国继承法修改热点难点问题研究》《我国防治家庭暴力情况实证调查研究》《21世纪家庭法与家事司法：实践与变革》《中国妇女儿童权益法律保障情况实证调查研究》《中国遗产处理制度系统化构建研究》《当代中国民众财产继承观念与遗产处理习惯实证调查研究》《加拿大家庭法汇编》《澳大利亚家庭法（2008年修正）》《美国家庭法精要》（第五版）《澳大利亚法律的传统与发展》（第三版）等著作、译作；在《中国社会科学文摘》《中国法学》以及International Journal of Law, Policy and the Family; The International Survey of Family Law等中外学术刊物发表中英文学术论文80余篇。此外，已主编出版《家事法研究》学术论文集刊6卷（2005年卷至2010年卷）和“家事法研究学术文库”著作20余部；应邀与美国、意大利学者合作撰写美国法学院比较家庭法英文教材1部：Practical Global Family Law——United States, China and Italy（2009年4月在美国出版）。

目　录

CONTENTS

Appendix

前　言

自1978年西南政法学院复办以来,我国著名的婚姻法专家、中国法学会婚姻法学研究会副总干事杨怀英教授担任我校婚姻法研究方向的学科带头人。1985年3月至7月,我校承担了司法部委托的全国法律专业婚姻法师资进修班的教学任务。当时全国著名的婚姻法专家巫昌祯、杨大文、王德意、李忠芳、任国钧等教授应邀前来我校,与我校杨怀英教授及胡平等教师共同为来自全国的婚姻法师资进修班学员上课,传授婚姻法学的理论知识和教学经验。如今,该婚姻法师资进修班学员大部分都成为了各高校婚姻法领域的知名专家学者和骨干教师,他们为国家培养了大批优秀的人才。因此,可以说,我校是我国婚姻法学人才培养的摇篮。在科研方面,杨怀英教授先后主编出版:《滇西南边疆少数民族婚姻家庭与法的研究》(法律出版社1988年出版)、《中国婚姻法论》(重庆出版社1989年出版,1991年荣获重庆市社科优秀科研成果三等奖)、《凉山彝族奴隶社会法律制度研究》(四川民族出版社1994年出版,1996年荣获四川省社科优秀科研成果二等奖)等专著和教材。1995年杨怀英教授去世后,由中国法学会婚姻法学研究会常务理事邓宏碧教授担任我校婚姻法研究方向的学科带头人。邓宏碧教授、胡平副教授等老教师带领讲授婚姻法课程的教师,继续努力进行教学和科研工作。尤其值得指出的是,邓宏碧教授主编的《中国少数民族人口政策研究》(国家社会科学"八五"规划重点科研项目,重庆出版社 1998 年出版),2001 年荣获重庆市社会科学优秀科研成果一等奖。

薪火相传。本人于 1979 年 9 月考入西南政法学院法律系本科学习,1983 年 6 月毕业任教一年后,于 1984 年 9 月考入西南政法学院攻读民法专业硕士研究生,师从杨怀英教授,主要研究方向为婚姻家庭继承法。1987 年 7 月本人硕士研究生毕业后留校任教至今。我自 1979 年 9 月在母校学习法律知识、毕业后主要从事婚姻家庭继承法及妇女儿童老年人权益保护的教学和科研工作,至今已近 40 年了。这近 40 年里,在母校各级领导和老师们的辛勤培养下,在本人的勤奋工作和刻苦钻研下,我由一名学生逐步成长为助教、讲师、副教授、教授、博士生导师、博士后合作导师;于 1996 年 5 月起担任民法教研室副主任,于 1999 年 5 月起担任民法教研室主任,于 2003 年 5 月起至今担任婚姻家庭继承法教研室主任。在婚姻法学界老一辈专家的辛勤培养下,本人于 1996 年 7 月起担任中国法学会婚姻法学研究会理事;于 1999 年 7 月起担任中国法学会婚姻法学研究会常务理事;于 2004 年 7 月起至今,担任中国法学会婚姻家庭法学研究会副会长;于 2011 年 11 月起担任家庭法国际学会执行委员会委员;于 2014 年 8 月起至 2017 年 6 月担任家庭法国际学会执行委员会委员兼学术委员会委员;于 2017 年 7 月至今,担任家庭法国际学会副主席兼学术委员会委员。必须说明,自 2011 年 11 月我由第十四届家庭法国际学会主席、澳大利亚悉尼大学法学院 Patrick Parkinson 教授[①]提名,经家庭法国际学会执行委员会研究同意后受聘担任家庭法国际学会执行委员会委员以来,我每年积极撰写论文,"以文参会",先后到意大利、韩国、法国、英国、巴西、荷兰等国出席家庭法国际学会召开的执委会、地区性会议和世界大会,在会上积极发言,发出中国声音、阐述中国见解,增进了其他国家学者对中国婚姻家庭领

① Patrick Parkinson 教授是我受中国国家留学基金资助以访问学者身份于 2003 年 12 月~2004 年 12 月在澳大利亚悉尼大学法学院进修外国家庭法的导师。

域的新问题和最新修改立法的了解,扩大了中国婚姻家庭法学者在家庭法学术研究领域的国际影响力。2014 年 8 月,家庭法国际学会在巴西召开“第十五届家庭法世界大会”,会上我当选家庭法国际学会执行委员会委员兼学术委员会委员。2017 年 7 月,家庭法国际学会在荷兰召开“第十六届家庭法世界大会”,会上我当选家庭法国际学会副主席并继续兼任学术委员会委员。作为中国婚姻家庭法专家,在家庭法国际学会中我是第一位来自中国的副主席,为祖国争了光。从此,我在家庭法国际学会领导层这一最高平台上,可以发出中国声音、提供中国方案、贡献中国智慧,这有利于进一步促进中外婚姻家庭继承法研究领域的国际学术交流,为各国婚姻家庭继承法律制度的改革提供参考,以造福于全人类的婚姻家庭。

在校内学术研究和人才培养平台方面,2003 年 12 月至 2004 年 12 月,本人受国家留学基金资助由教育部公派出国留学,作为访问学者到澳大利亚悉尼大学法学院进修外国家庭法一年。我留学回国后,于 2005 年 1 月向学校提出建立“西南政法大学外国家庭法及妇女理论研究中心”的书面申请。2005 年 4 月 1 日,西南政法大学校长办公会议批准同意该研究中心成立,任命我担任主任。自 2005 年 4 月该研究中心成立以来,本人夙夜忧虑,恐负厚望,带领研究中心的教师和研究生组成科研创新团队,勤奋科研,不敢懈怠。近年来,我担任项目负责人主持、带领团队成员师生共同完成并公开出版的专著、译著有 10 余部,主要有:《外国婚姻家庭法比较研究》(重庆市哲学社会科学“十五”规划项目,2006 年 1 月出版)、《加拿大家庭法汇编》(2006 年 1 月出版)、《中国大陆与港、澳、台继承法比较研究》(重庆市教委人文社科项目,2007 年 1 月出版)、《当代中国民众继承习惯调查实证研究》(国家社科基金项目子课题,2008 年 1 月出版)、《澳大利亚家庭法(2008 年修正)》(重庆市教委人文社科重点项目,2009 年 1 月出版)、《美国家庭法精要(第五版)》(2010 年 3 月出版)、《改革开放三十年(1978~2008)中国婚姻家庭继承法研究之回顾与展望》(西南政法大学重点项目,2010 年 1 月出版)、《中国婚姻家庭法立法研究》(第二版,2010 年 1 月出版)、《外国继承法比较与中国民法典继承编制定研究》(国家社科基金项目结项成果著作,经专家匿名评审后被鉴定为“优秀”等级,入选 2010 年度《国家哲学社会科学成果文库》,全国哲学社会科学办公室在“出版说明”中指出:入选成果代表当前相关领域学术研究的前沿水平,体现我国哲学社会科学界的学术创造力,按照“统一标识、统一封面、统一版式、统一标准”的总体要求组织出版。该著作于 2011 年 3 月出版)、《澳大利亚法律的传统与发展(第三版)》(2011 年 5 月出版)、《当代中国内地与港、澳、台婚姻家庭法比较研究》(中国司法部“法治建设与法学理论研究”课题成果著作,2012 年 5 月出版)、《中国继承法修改热点难点问题研究》(2013 年 10 月出版)、《我国防治家庭暴力情况实证调查研究——以我国六省市被抽样调查地区防治家庭暴力情况为对象》(中国法学会部级法学研究课题,2014 年 5 月出版)、《21 世纪家庭法与家事司法:实践与变革》(2016 年 10 月出版)、《中国妇女儿童权益法律保障情况实证调查研究——以中国五省市被抽样调查地区妇女儿童权益法律保障情况为对象》(中国法学会部级法学研究课题,2017 年 3 月出版)、《中国家事审判改革暨家事法修改理论与实务研究》(2018 年 4 月出版)等。此外,本人应邀与美国、意大利学者合作撰写美国法学院比较家庭法英文教材 1 部:*Practical Global Family Law——United States, China and Italy*(2009 年 4 月在美国出版)。

在国内学术研究和人才培养平台方面,为促进婚姻家庭继承法领域的学术研究和学术交流,本人于 2005 年起创办《家事法研究》学术论文集刊。自《家事法研究》2006 年首卷面世以来,至 2011 年的六年间,先后出版了 2005 年卷至 2010 年卷共六卷,推出了一批具有前沿性的学术论文,培养了一批学术新人,受到国内学术界同仁和实务界人士的肯定和好评,产生了良好的社会影响。为进一步扩大《家事法研究》的学术影响,经本人提出申请,中国法学会婚姻家庭法学研究会常务理事会研究同意,《家事法研究》从 2011 年卷起转为“中国法学会婚姻家庭法学研究会”的会刊。可以相信，在该研究会的精心主办下，《家事法研究》将在法学理论研究与司法实务探索相结合的沃土中更加茁壮成长，枝繁叶茂！

长江后浪推前浪。为推出婚姻家庭继承法学研究领域具有前沿性、创新性的学术著作，培养更多的学术新人，自 2012 年起本人主编出版《家事法研究学术文库》丛书。此文库丛书作为学术研究和学术交流的平台，遴选出版婚姻家庭继承法研究领域具有前沿水平的博士学位论文和学术专著，每年拟出版 2～3 本。本文库丛书的出版目的，旨在通过婚姻家庭继承法学研究领域最新学术著作的出版，推出一批前沿理论和实务问题研究的新作，促进我国婚姻家庭继承法学研究朝着更深、更广的方向发展，以更多的优秀研究成果为我国民众处理婚姻家庭继承问题提供参考，为国家完善立法、改进司法服务。至 2018 年年底，本文库已出版著作 19 部，在 2019 年拟将出版《中国民法典编纂视野下家事审判改革暨家事法修改研究》、《中国遗产处理制度系统化构建研究》、《当代中国民众财产继承观念与遗产处理习惯实证调查研究》（上、下卷）、《中国婚姻家庭法理论与实践研究》、《中国继承法理论与实践研究》、《我国成年人监护制度立法完善研究》、《未成年人监护制度研究》，以飨读者。

最后，我对群众出版社和中国人民公安大学出版社的编辑老师们对本文库丛书的出版所付出的辛勤劳动，表示衷心的感谢！

《家事法研究学术文库》主编：陈苇

2019 年 1 月 28 日

自 序

2014年10月,中国共产党第十八届中央委员会通过《中共中央关于全面推进依法治国若干重大问题的决定》,该决定提出了“加强市场法律制度建设,编纂民法典”的战略决策,自此,中国民法典编纂被立法机关提上日程。2017年10月,党的十九大报告提出了坚持全面依法治国,坚定不移走中国特色社会主义法治道路,建设中国特色社会主义法治体系的战略构想。目前,我国《民法总则》已于2017年10月1日起施行,而“民法典·婚姻家庭编”正在编制之中。未成年人监护制度是婚姻家庭编的重要组成部分。为了深化未成年人监护制度的基础理论研究,也为了更好地保障未成年人的利益,有必要完善我国现行未成年人监护制度并将其纳入正在编纂的“民法典·婚姻家庭编”之中。本书通过阐释未成年人监护制度的一般理论、历史沿革,考察与评析法国、德国、日本、瑞士、俄罗斯、英国、美国七个国家相关制度的规定,并对我国现行未成年人监护制度进行考察与评析,分析其存在的不足,借鉴国外立法的经验和我国学者建议稿的研究成果,进而提出完善我国未成年人监护制度的立法建议,以期为“民法典·婚姻家庭编”的编纂提供参考。

就我国未成年人监护制度的完善而言,本书主要提出如下思考:

关于未成年人监护制度的体系。一方面,外部体系,建议采用“总—分”的立法模式,于“民法典·婚姻家庭编”中规定未成年人监护制度,完善《民法总则》中有待进一步细化的内容;另一方面,未成年人监护制度的内部体系,建议“民法典·婚姻家庭编”仍然使用

“大监护”的概念，但对于父母的监护和非父母的监护在监护人的权利与义务、监护监督等方面适当予以区别。

关于我国未成年人监护的设立与类型，首先是遗嘱监护的设立，应明确遗嘱监护适用顺位优先于法定监护；明确父母双方都指定并且指定的监护人不一致时，以后死亡父母一方的指定为准等。其次是委托监护设立的情形，建议明确无论对于父母监护还是非父母监护，均应将委托监护设立的情形限制在监护人外出打工、服刑或疾病等暂时无法履行监护职责的事由中。再次是监护人的监护资格，建议在确认监护人时增加对其道德品行的考察，并规定监护人确认的积极资格和消极资格。最后是监护人的拒绝权，建议对于父母监护人、临时监护人与机构监护人，不享有拒绝权；在法定当然监护、遗嘱监护和指定监护中，近亲属监护人应享有有条件的拒绝权，对于非近亲属监护人，应享有无条件的拒绝权。

关于我国未成年人监护人的职责。在人身监护职责方面，建议增加监护人的医疗同意权、住所指定权；在财产监护职责方面，建议增加监护人报酬请求权、补偿请求权以及制作财产清单和账目并提交相关机构审查的职责；增设相关机构审查非父母监护人从事特殊监护事务。

关于我国未成年人监护的监督。首先，建议完善监护监督人制度，建议当近亲属外的人担任监护人时应当设立监护监督人，同时监护监督人确定的规则可以参考监护人确定的规则；其次，完善相关机构走访特殊家庭的制度，建议免除法院走访监护人未被撤销监护资格的家庭之义务，规定民政部门、居（村）民委员会担负定期走访重点关注家庭的职责，同时扩大被走访重点家庭的范围；最后，建议借鉴法国、瑞士、英国和美国的立法经验，建立未成年人诉讼代表人制度，并将其纳入我国司法援助制度。

关于我国未成年人监护的终止。对于监护终止的事由，建议未成年人监护终止的事由应当分为绝对终止事由和相对终止事由，增加“监护人辞职”这类导致监护相对终止的情形，同时完善撤销和恢复监护人资格制度与监护终止的后果。

诚然,囿于作者的学识和研究能力有限,在本书写作过程中,作者对国外相关资料的搜集可能不够全面,对文献资料的运用可能还有思虑不周之处,敬请各位专家、学者及同人赐教,以求进步。

董思远

2018 年 6 月 5 日

引　言

一、选题背景及意义

党的十八届三中全会报告提出建设社会主义法治国家的治国方略，并明确要求编纂民法典，自此，中国民法典编纂被立法机关提上日程。党的十九大报告提出坚持全面依法治国，坚定不移走中国特色社会主义法治道路，建设中国特色社会主义法治体系。目前，《民法总则》已施行，“民法典・婚姻家庭编”正在编制之中，未成年人监护制度是婚姻家庭编的重要组成部分，为了更好地保障未成年人的利益，有必要完善我国现行未成年人监护制度并将其纳入正在编纂的“民法典・婚姻家庭编”之中。

（一）选题背景

未成年人是民族的栋梁，是传承人类文明的希望。重视未成年人的身心发展，保障其生存权和发展权关乎国家的未来，种族的延续，以对未成年人照顾、扶助、教育、监督和保护为特定内涵的未成年人监护制度备受学者、媒体以及民众广泛的关注与讨论，这不仅由于未成年人监护制度是横跨民法典总则和婚姻家庭编的重要制度，也由于当前制度本身的不足导致了一系列社会问题。根据我国民政部于2017年8月3日发布的《2016年社会服务发展统计公报》,[①]截至2016年年底,全国共有孤儿约46.1万人,其中集中供养孤儿8.8万人,社会散居孤儿37.3万人。同时,根据民政部社会福利和慈善事业促进处的统计,截止到2014年2月,全国还有61万名"事实孤儿"(事实上无人抚养的未成年人)。[②] 对于这些孤儿与流浪儿童等不在父母保护之下的儿童,其监护状况令人忧虑。近年,"南京饿死女童案件""毕节儿童自杀案件""南京虐童案"等一系列涉及未成年人监护的事件,反映出我国部分家庭未成年人监护状况令人忧虑。究其原因,监护监督人制度的不完善、相关机构走访特殊家庭制度的不足以及国家监护角色的缺位等问题是悲剧发生的症结。目前,我国《民法总则》已于2017年10月施行,民法典各分编也预计将于2020年3月提请全国人大审议通过。针对未成年人弱势群体的角色与地位,发挥未成年人家庭监护的职能,建立系统完善的监护监督制度,为民法典婚姻家庭编中未成年人监护制度的设立建言献策已势在必行。

(二)选题意义

1. 深化未成年人监护制度的基础理论研究

以儿童最大利益原则作为指导未成年人监护制度立法的基本原则具有较高的理论价值。"儿童最大利益原则"最早建立于英美法系国家,后被确立在1989年联合国《儿童权利公约》中,《儿童权利公约》虽然规定了儿童最大利益原则,但在具体内涵上却没有做出明确的界定,这使得该原则在实施上存在模糊性和不确定性。即使是《儿童权利公约》的缔约国,在不同的社会文化传统中,"儿童最大

① 《2016年社会服务发展统计公报》,载 http://www.mca.gov.cn/article/sj/tjgb/201708/20170800005382.shtml,发布日期:2017年8月3日,最后访问日期:2017年12月1日。

② 《"事实孤儿"谁来守护?检察机关支持起诉,让"儿童福利证"不再迟到》,载 http://www.sohu.com/a/208158109_99958530,发布日期:2017年12月3日,最后访问日期:2017年12月3日。

利益”的实践情况亦不同。以“儿童最大利益原则”作为构建未成年人监护制度的基本原则,首先应立足于我国社会现实,探索“儿童最大利益原则”在我国特有文化语境下的具体内涵,进而再以本土化的“儿童最大利益原则”理论基础探索完善我国未成年人监护制度的立法路径,对于深化未成年人监护制度的研究具有重要的理论意义。

2. 完善我国未成年人监护制度的需要

目前,我国关于未成年人监护的法律法规包括:《民法总则》《民法通则》《婚姻法》《未成年人保护法》《反家庭暴力法》《关于依法处理监护人侵害未成年人权益行为若干问题的意见》等,[①]基本形成了未成年人监护法律体系,为保障未成年人合法权益发挥了重要作用。但是,虽然目前我国未成年人监护法律体系已经初步建立,但是其还存在诸多需要进一步改进、完善之处,如未明确父母通过遗嘱为子女指定不同监护人时的解决方案;未规定监护人的拒绝权制度;未规定监护人制作财产清单与账目并提交相关机构审查的职责;监护监督人制度有待完善;在涉及未成年人权益的诉讼中,缺乏诉讼代表人等相关制度保障未成年人的合法权益;未规定监护人的辞职权等问题。我国当前正处于“民法典·婚姻家庭编”编纂之际,针对我国未成年人监护制度的不足,汲取国外未成年人监护制度的先进立法经验与学者建议稿的观点,在立足于我国国情的基础上,提出我国未成年人监护制度的完善建议,是完善我国相关立法的现实需要。

① 民法总则草案经本次会议审议通过后,下一步将进行民法典的合同编、物权编、侵权责任编等各分编的编纂工作。在各分编编纂工作完成前,合同法、物权法、侵权责任法等民事单行法的规定与民法总则不一致的,根据新法优于旧法的原则,适用民法总则的规定。因此这里指的《民法通则》《婚姻法》等法律法规均指与《民法总则》规定不冲突的内容。参见2017年3月12日第十二届全国人民代表大会第五次会议主席团第二次会议通过的《第十二届全国人民代表大会法律委员会关于〈中华人民共和国民法总则(草案)〉审议结果的报告》,载 http://www.npc.gov.cn/npc/xinwen/2017-03/15/content_2018917.htm,发布日期:2017年3月15日,最后访问日期:2017年12月25日。

3. 彰显对未成年人权益的保护

保障未成年人的生存与发展是人类延续的先决条件，这直接关系到一个国家的未来和命运。当前，我国城市化进程加快，农村已婚男女进城务工趋势上升，导致农村出现大量留守儿童，这些留守儿童因长期与父母分离，出现了无人教育、无人监督、无人保护的现象，农村未成年人监护状况令人担忧。而在城市中，在收养家庭、单亲或离婚后重组的家庭、父母有不良嗜好（如吸毒、赌博、酗酒）的家庭、父母一方或双方因犯罪入狱的家庭、已有监护不良记录等家庭中，监护人侵犯未成年人权益的事件也时有发生。解决上述问题的关键在于完善未成年人监护制度，使其发挥保障未成年人合法权益的重要作用。通过完善未成年人监护制度，不仅能够引导、规范监护人的监护行为，使其正确、适当地履行监护职责，还能通过撤销监护人资格等措施，追究其法律责任，减少侵害行为的发生，保障未成年人的合法权益。

二、研究现状

（一）国内研究现状

第一，国内以“未成年人监护制度”为研究对象的专著有：曹诗权的《未成年人监护制度研究》（2004 年），该书在对大陆法系及英美法系未成年人监护制度的演进和流变进行梳理的基础上，指出我国现行立法中未成年人监护制度的不足，并提出完善我国未成年人监护制度的建议。郗杰英、鞠青的《家庭抚养和监护未成年人责任履行的社会干预研究报告》（2004 年）首先明确抚养和监护未成年人是家庭的基本功能，在考察孤儿、被遗弃儿童、流浪儿童及犯罪分子儿女等特殊未成年人生存状况后，提出应当对特殊家庭中未成年人监护进行国家干预，在对英国、美国、德国、挪威和我国港、澳、台地区的亲权与监护制度及其社会干预进行考察分析后，提出建立我国社会干预体系的总体建议。赵霖的《未成年人监护制度公法化》（2009 年）阐释了未成年人监护制度的基本内容，比较分析了大陆法系和英美法系国家的监护制度,解读了我国现行监护制度的相关规范,论述了监护制度的国家责任。林艳琴的《我国未成年人监护制度的理论与实践》(2017 年)首先介绍了作者对未成年人监护的若干问题(包括监护人范围、监护机构、监护人法定职责、监护人法律责任等问题)进行社会公众认知情况调研的数据与结果,进而考察我国现行立法关于未成年人监护制度的规定及司法实践,在简要比较英美法系和大陆法系相关立法的基础上,提出了完善我国未成年人监护制度的构想。

第二,国内以"监护制度"为研究对象的专著有:李霞的《监护制度比较研究》(2004 年),该书主要研究对象为未成年人监护制度,梳理了罗马法监护制度的起源及其流变,对大陆法系、英美法系和我国港、澳、台地区的未成年人监护制度进行了系统的比较与评析,对我国未成年人监护制度的完善提出了建议。王竹青的《监护制度比较研究》(2010 年)介绍了两大法系主要国家有关监护的法律制度,并在对其开展比较的基础上进行了系统的分析研究。研究成果突出了未成年人监护中的"子女最大利益原则",并得出两大法系在亲权及监护制度的设计上逐渐走向一致的结论,在此基础上对我国监护制度的设计提出了完善建议,并草拟了监护制度的学术建议稿。刘金霞的《社会转型背景下我国监护制度的立法完善》(2014 年),该书从我国社会转型过程中的监护问题以及转型社会的监护需求出发,在分析其他国家和地区有益经验的基础上,结合我国国情,对如何构建与完善我国民法中未成年人与特殊成年人保护制度进行了研究。

第三,国内涉及"未成年人监护制度"的专著有:陈苇主编的《外国婚姻家庭法比较研究》(2006 年)第八章为"外国监护法比较研究",该章考察并比较了法国法、德国法、意大利法、瑞士法、日本法、俄罗斯法、英国法、美国法及澳大利亚法中的未成年人监护制度,考察和比较的内容包括监护的开始、监护机关、监护的内容、监护的变更和终止等。陈苇主编的《当代中国内地与港、澳、台婚姻家庭法比较研究》(2012 年)第八章为"当代中国内地与港、澳、台监护法比较研究”，该章考察并比较了当代中国内地、中国香港地区、中国澳门地区及中国台湾地区的未成年人监护制度，考察和比较评析的内容包括监护的设立、监护的机关、监护的内容、监护的变更和监护的公权力介入等，并针对中国内地监护制度的不足，提出了相关的完善建议。

第四，国内以“未成年人监护”为研究对象的博士学位论文有：高伟的《未成年人监护制度研究——以私法公法化为研究视角》（2009 年），该文以未成年人监护制度的国家干预为视角，首先阐述了私法公法化与未成年人监护制度的基本理论，进而分析了未成年人监护制度公法化之价值取向、路径和方式，在对法国、德国、瑞士、英国、美国及澳大利亚等国的特定监护事务决定制度、监护监督制度、监护保障制度及监护诉讼之独立代表人制度进行考察及比较评析的基础上，从私法公法化视角，提出建构我国未成年人监护制度的立法建议。

第五，国内以“监护制度”为研究对象的期刊论文较多，其中涉及未成年人监护制度的有代表性的期刊论文有：陈苇的《离婚后父母对未成年子女监护权问题研究》（1998 年）；吕新建的《论我国未成年人监护制度的完善》（2005 年）；王丽萍的《美国离婚后的子女监护制度及其启示》（2008 年）；吴用的《论性别平等对美国儿童监护立法流变的影响》（2012 年）；曹贤余的《英国亲子法律关系中“父母责任”的规定及启示》（2013 年）；吕亚芳、吴雪玉的《离婚后儿童监护的美国法演变及其启示》（2015 年）；杨立新的《〈民法总则〉制定与我国监护制度之完善》（2016 年）；李霞、陈迪的《〈民法总则（草案）〉第 34、35 条评析——监护执行人的撤销与恢复》（2016 年）；朱垭梁的《〈民法总则（草案）〉第 17—22 条评析——监护与信托的功能耦合与制度融合》（2016 年）；张善斌、宁园的《论未成年人监护的价值理念——以国家干预及其尺度为视角》（2016 年）；冯源的《儿童监护事务的国家干预标准——以儿童最大利益原则为基础》（2016 年）；程丽的《儿童家庭监护制度的历史嬗变及价值取向》

(2016年);尹志强的《未成年人监护制度中的监护人范围及监护类型》(2016年);但淑华、黄晶的《未成年人监护的实证考察与制度反思》(2016年);梁慧星的《〈中华人民共和国民法总则(草案)〉:解读、评论和修改建议》(2016年);张素丽的《未成年人监护制度的完善》(2016年);陈苇、李艳的《中国民法典之监护制度立法体系构建研究》(2017年);李世刚的《〈民法总则〉关于"监护"规定的释评》(2017年);刘征峰的《被忽视的差异——〈民法总则(草案)〉"大小监护"立法模式之争的盲区》(2017年);刘金霞的《监护监督的必要性及其制度构建》(2017年);王竹青的《论未成年人国家监护的立法构建——兼论民法典婚姻家庭编监护部分的制度设计》(2017年);李世刚的《〈民法总则〉关于"监护"规定的释评》(2017年);解亘的《论监护关系中不当财产管理行为的救济——兼论"利益相反"之概念的必要性》(2017年);齐凯悦的《论〈民法总则(草案)〉监护资格恢复制度的完善》(2017年)。

(二)国外研究现状

在外文资料方面,较有代表性的有:Chung Hui Wang 的 *The German Civil Code*(1907年)是当时欧洲最早的《德国民法典》英译本之一,此译本一经出版即博得世界法学界的广泛赞誉,成为英美各大学法律学院指定的必读课本。1900年的《德国民法典》结构完整,内容科学,在未成年人监护制度方面,监护人设立的方式、监护人的职责、监护监督人制度等内容经过数次的修法,从立法理念到立法内容均发生了重大变革。Dr. Papas diwan 的 *Law of Adoption Minority Guardianship and Custody*(2000年)一书考察了印度1956年颁布的《印度少年和监护法案》以及1980年颁布的《监护人与被监护人法案》,主要介绍了印度法定监护制度、被收养儿童的监护、遗嘱监护、法院作出监护指令的权力以及为儿童指定监护人的诉讼程序等问题。John Mitchell 的 *Adoption and Special Guardianship: A Permanency Handbook*(2009年)一书主要论述了英国两种安置未成年人的方式:收养和特殊监护(SGO),因为收养可能导致在法律上终止生父母与孩子的关系,英国建立了特殊监护制度,进而考察了特殊监护制度中监护人的选任与监护职责、当地相关机构对特殊监护的评估与支持等内容。Geri S. W. Fuhrmann、Robert A. Zibbell 的 *Evaluation for Child Custody*(2012 年)一书首先介绍了美国监护案例判决标准的变迁,从父权至上原则到幼年推定原则再到现在的儿童最大利益原则,其次以实证研究法考察了 20 世纪前后十年美国关于离婚和未成年子女监护的相关数据,最后介绍了一系列方法帮助监护评估者使用这些数据与信息,进而向法院提供全面、综合的意见。通过对国外资料的搜集与整理,可以发现在许多探讨未成年人监护制度的外文资料中都设有专章或专节论述儿童最大利益原则,可见,该原则已经成为当前世界在未成年人监护立法及司法方面的主要原则。Diane M. Pranzo 的 *Children custody and Visitation Disputes in Sweden and the United States*(2013 年)一书主要对美国(主要考察福罗里达州和康涅狄格州)及瑞典的未成年人监护制度进行比较评析,强调了无论在美国法还是瑞典法中,监护的持续性与连贯性(主要照顾者优先原则)在确定监护人时的重要作用,介绍了儿童的意见对确认儿童最大利益的影响等问题。Linda D. Elrod 的 *Child Custody Practice and Procedure*(2014 年)一书详细介绍了美国未成年人监护的实践和程序,基于美国法中未成年人监护制度采大监护的概念,该书侧重考察父母离婚后对未成年子女的监护实践,主要介绍了在单独监护中拥有探视权的父母一方的权利、第三人的探视权、夫妻提起离婚诉讼之后判决之前对未成年子女的临时监护、律师在监护案件中应当调查的内容及履行的职责、专业的心理医生和心理评估师以及专业技术人员在监护案件中的作用等内容。

三、研究思路及研究方法

(一)研究思路

本书以未成年人监护制度为研究对象。第一章对未成年人监护制度的一般基本理论进行考察,主要界定未成年人监护制度和亲权制度的内涵,通过阐明亲权制度与未成年人监护制度的关系以明确本书的研究对象。第二章从历史的维度对未成年人监护制度的演变进行考察,了解未成年人监护制度的“前世今生”,有利于对其发展脉络作出预测与判断。第三章考察了法国、德国、日本、瑞士、俄罗斯五国的亲权制度和未成年人监护制度与英国、美国两国的未成年人监护制度,对其进行比较评析,这为立法建议的提出提供了国外立法例的经验借鉴。第四章考察我国的未成年人监护制度,分析《民法总则》规定的突破之处及我国未成年人监护制度存在的不足。第五章考察了梁慧星、徐国栋及王利明等学者建议稿的亲权制度和未成年人监护制度,对其进行比较评析,这为立法建议的提出提供了学者观点的参考。第六章在吸收和借鉴国外未成年人监护制度的立法经验和学者建议稿观点的基础上,结合我国立法和司法的实际情况与社会现实情况,提出完善我国未成年人监护制度的建议。

(二)研究方法

本书在研究未成年人监护制度的过程中主要运用了以下三种研究方法:

1. 历史研究法

本书运用历史研究方法,分古代、近代与现代三个时期分别考察了西方与我国的未成年人监护制度。通过分析不同时期未成年人监护制度的历史样貌,深刻剖析与认识该制度,总结其演变与发展的规律,知史以明鉴,查古而知今,这有利于把握现代未成年人监护制度的设立基础与制度定位。

2. 比较研究法

本书运用比较研究法,考察了大陆法系五个国家的亲权制度和未成年人监护制度、英美法系两个国家的未成年人监护制度与三份学者建议稿的亲权制度和未成年人监护制度的观点,并对国外立法与学者建议稿的观点进行比较评析,总结国外立法的发展趋势与学者观点的异同之处,以此分析我国相关立法存在的问题,为完善我国未成年人监护制度提供国外立法例与学者观点的论据支持。

3. 文献研究法

对于科研工作来说，是否能准确把握资料是研究的起点，这要求科研人员具备搜集与利用资料的能力。本书通过查阅、搜集与未成年人监护制度相关的文献资料，在整理该制度的历史沿革、国外立法及学者建议稿观点的基础上进行研究，这是保证本书质量的前提和关键。

四、创新与不足

（一）主要创新点

关于监护人的拒绝权，建议对于父母监护人、临时监护人与机构监护人，不享有拒绝权；在法定当然监护、遗嘱监护和指定监护中，近亲属监护人应享有有条件的拒绝权，对于非近亲属监护人，应享有无条件的拒绝权。

关于遗嘱监护的生效时间，建议明确遗嘱指定监护的生效时间应当为担任监护人的父母双方或一方死亡时，这里可以分为两种情况：第一，在父母共同监护的情况下，遗嘱指定监护生效于父母双方皆死亡时；第二，在父母一方因没有监护能力、被撤销监护资格或失踪等原因而由另一方单独监护的情况下，遗嘱监护生效于担任监护人的父母一方死亡时。

关于享有补偿请求权的监护人范围，建议包括：第一，父母尚在并且有抚养能力时，担任监护人的近亲属；第二，非近亲属监护人，但是未成年人保护机构作为监护人并且被监护人没有财产、其没有抚养人或抚养人没有抚养能力的情况除外。

关于在委托监护中受托人是否能将监护职责转委托，建议规定当受托人履行的是财产监护职责时，经委托人的同意，受托人可以转委托；当受托人履行的是人身监护职责时，其不得将该职责转委托。

（二）不足之处

囿于作者的学识和研究能力有限，在本书写作过程中，作者对国外相关资料的搜集和运用可能还有进一步提升的空间，今后将继续进一步努力进行研究。

第一章 未成年人监护制度的一般理论考察

第一节 监护制度的基本问题探讨

一、监护概念探讨

监护的概念有狭义与广义之分，大陆法系国家普遍适用狭义的监护概念，其与亲权制度相区分，史尚宽认为，狭义的监护制度是指为保护不在亲权下的未成年人或禁治产人的身体和财产所设的私法上之制度。① 王泽鉴认为，未成年人无父母，或父母均不能行使、负担对于其未成年子女之权利、义务时，应设置监护人。但未成年人已结婚者，不在此限。此乃亲权的延伸，立法目的在于保护欠缺民事行为能力的未成年人。所谓“无父母”，包括自始父母不明（弃婴），或其后父母死亡。父母不能行使、负担其权利或义务，如父母失踪、受禁治产宣告、成为植物人等。②

我国与英美法系国家适用广义的监护概念，其包括父母的监护与非父母的监护，陈苇认为，广义的监护制度是指监护人对被监护人

① 史尚宽：《亲属法论》，中国政法大学出版社 2000 年版，第 693 页。

② 王泽鉴：《民法概要》，中国政法大学出版社 2003 年版，第 660 页。

人身、财产和其他合法权益依法实行的监督和保护。[1] 杨大文认为，“监护”一词从法律制度的角度来看，是指为保护无民事行为能力人、限制民事行为能力人的人身和财产权利而由法定或者指定的公民或者社会组织依法对其加以监督和保护的民事法律制度。[2]

本书对于监护采广义的概念，即监护统一是指监护人对被监护人人身、财产和其他合法权益依法进行监督和保护的制度。

在英文文献中，监护一词可以被翻译为 custody，guardianship 与 wardship。custody 一词一般被解释为：the right of determining the residence，care，schooling，etc. of a child or children。guardianship 一词被解释为：the position and responsibilities of a guardian，而 guardian 一词被解释为 a person legally entrusted with the care of another person or property，as that of a minor or someone legally incapacitated。而 wardship 一词则被解释为：同 guardianship，custody，the guardianship over a ward，esp，a minor。[3] 可见，英文文献中的 custody，guardianship 与 wardship 意思相近，都有“监护”的含义，使用时可以相互替代。有学者认为，在中文类书籍和词典中，一般多使用 guardianship，而英文类辞书中多使用 custody。[4] wardship 一词则较为少见。

二、未成年人监护的对象探讨

以法定成年年龄为分野，监护可以分为未成年人监护与成年人监护。未成年人监护，是指对未成年人的人身、财产和其他合法权益依法进行监督和保护的制度。成年人监护，是指对精神、智力有障碍的成年人的人身、财产和其他权益依法实行的监督和保护制度。需

① 陈苇：《离婚后父母对未成年子女监护权问题研究》，载《中国法学》1998 年第 3 期，第 42 页。

② 杨大文主编：《婚姻家庭法》，中国人民大学出版社 2000 年版，第 280 页。

③ 兰登书屋辞书编辑室：《兰登书屋韦氏大学英语词典》，商务印书馆 2016 年版，第 417、738、1870 页。

④ 李霞：《监护制度比较研究》，山东大学出版社 2004 年版，第 2 页。

要明确的是,区分成年人监护和未成年人监护的标准只与被监护人的年龄有关,与被监护人的精神、智力状况无关。也就是说,对于未成年人来说,即使其精神、智力状况存在障碍,对其的监督和保护也应当被归类为未成年人监护的范畴,只有当精神、智力障碍者成年之后,对其的监护始为成年人监护。所以,未成年人监护制度中的被监护人包括存在智力、精神障碍、缺陷的未成年人和不存在智力、精神障碍、缺陷的未成年人。

未成年人,是指未满法定成年年龄的人。许多国家和地区是以18 周岁为法定成年年龄。[①] 我国也不例外,根据我国《未成年人保护法》第 2 条和《民法总则》第 17 条的规定可知,未满 18 周岁的自然人为未成年人。同时,《民法总则》第 18 条第 2 款规定,16 周岁以上、主要生活来源为其本人的劳动收入的未成年人应被视为完全民事行为能力人。我们认为,监护制度的作用之一在于弥补被监护人民事行为能力的不足,因 16 周岁以上、主要生活来源为其本人劳动收入的未成年人被视为完全民事行为能力人,其民事行为能力无须被补足。所以,这类被视为具有完全民事行为能力的未成年人并不需要设置监护,其不属于未成年人监护制度的调整对象。但是,我们进一步追问,如果 16 周岁以上 18 周岁以下的未成年人,其已经具备了劳动能力并且以自己的劳动收入为主要生活来源,但如果这些未成年人存在精神障碍,不能完全辨认自己的行为(如有间歇性精神病),其不具备完全民事行为能力。那么,这类未成年人是适用未成年人监护制度还是成年人监护制度呢?我们认为,其虽然满足《民法总则》第 18 条第 2 款的“十六周岁以上的未成年人”与“以自己的劳动收入为主要生活来源”之条件,但是其因存在精神障碍,不具备完全民事行为能力,鉴于其尚未成年,应当适用未成年人监护制度而非成年人监护制度。

---

①　例如,《法国民法典》第 414 条规定,年满 18 周岁为成年。《德国民法典》第 2 条规定,年满 18 周岁为成年。

三、亲权与非父母监护的关系探讨

(一)亲权的概念探讨

关于亲权的概念,林菊枝认为,民法上父母保护教养未成年子女之权利义务,谓之亲权。[①] 陈明侠认为,亲权是基于亲子身份关系而产生的一种专属父母对未成年子女的权利和义务。[②] 史尚宽认为,亲权是父母基于身份关系对子女享有的抚养照顾的权利,属于身份权(亦称亲属权)。[③] 陈苇认为,亲权是指父母对于未成年子女人身方面的照顾、教育、管束、保护和财产方面的保护、管理的权利义务。[④] 余延满认为,亲权是指父母对未成年子女在人身和财产方面的管教和保护的权利义务。[⑤] 李敏志认为,亲权是指父母对未成年子女在人身和财产方面的管教和保护的权利和义务。[⑥] 在《辞海》中,亲权是指父母对未成年子女在人身与财产方面应履行的权利及义务的统一,包括:法定代理权、教育权、保护权、惩戒权、对子女财产的管理、使用、收益及处分权等。[⑦] 从前述学者对亲权的定义来看,我们可以总结,亲权主要有以下特征:(1)父母专属;(2)权利义务统一体;(3)包含人身和财产两方面内容。关于亲权制度的地位,陈棋炎认为,近代法上,亲子关系中最重要的、最核心的部分就是亲权。[⑧] 需要说明的是,目前,亲权这个概念存在争议,因为其来源于罗马法上具有独特政治组织功能的罗马家庭的家长权,该制度早期是以维护家庭或父母的利益为本位,并且当其发展到近代《拿破仑民法典》

① 林菊枝:《亲属法新论》,台湾五南图书出版股份有限公司2006年版,第305页。

② 陈明侠:《亲子法基本问题研究》,载梁慧星主编:《民商法丛论》(第6卷),法律出版社1997年版,第4页。

③ 史尚宽:《亲属法论》,中国政法大学出版社2000年版,第34页。

④ 陈苇:《中国婚姻家庭立法研究》(第二版),群众出版社2010年版,第387页。

⑤ 余延满:《亲属法原论》,法律出版社2007年版,第450页。

⑥ 李敏志:《比较家庭法》,北京大学出版社1988年版,第227-228页。

⑦ 《大辞海》,上海世纪出版股份有限公司2010年版,第557页。

⑧ 陈棋炎等:《民法亲属新论》,台湾三民书局2002年版,第377页。

中之规定时，仍然蕴含着父母对未成年子女的人身支配性、亲权主体的男女不平等性等与现代法律价值不符的特征，基于亲权制度这些历史样貌，该概念目前被一些国家舍弃使用，如《德国民法典》以“父母照顾权”替代“亲权”的概念，认为这能体现该制度以子女利益为本位的变革，彰显父母的义务角色。

（二）亲权与非父母监护的关系

亲权与非父母监护存在密切的关系，下面分别考察二者的联系与区别：

1. 亲权与非父母监护的联系

亲权与非父母监护的联系包括以下几点：第一，指导二者的原则趋同，都以未成年人最大利益原则、尊重未成年人真实意愿原则和公权力适当干预原则为指导，制度的设立以未成年人的利益为本位，并且，二者都越来越强调亲权人与监护人的义务与责任，随着“儿童最大利益原则”被越来越多的国家作为处理儿童事务的基本原则，不仅是非父母监护，许多国家对于父母亲权的国家干预也逐渐增强，最典型的例子在于规定了一定条件下亲权人的资格也可以像监护人资格一样被剥夺。第二，二者共享着同一套社会管理机构，在一般情况下，对父母进行干预的机构也是对监护人履行监护职责进行干预的机构，如在瑞士，未成年人保护机构既处理父母亲权事务也处理未成年人监护事务；在俄罗斯，监护与照管机构既处理亲权事务同时也处理对未成年人的监护和照管事务。第三，非父母监护始于子女不在父母亲权之下的情形，所以其在一定程度上被视为亲权的延伸和补充。第四，制度的内容相似，关于亲权人（监护人）的资格，一般都要求亲权人（监护人）是成年人，具备民事行为能力。关于亲权人（监护人）的职责，亲权人和监护人一般都可以作为未成年人的法定代理人，代理其从事民事行为、参与诉讼；关于人身监护职责，亲权人（监护人）一般都享有照料、保护、教育、监督未成年人的权利，并且享有未成年人返还请求权、住所指定权，德国法规定了亲权人和监护人都有确定未成年人交往范围的权利，日本法还规定了亲权人和监护人都享有从业许可权与适当的惩戒权,俄罗斯法规定了亲权人和监护人都享有与子女共同居住的权利与义务,英美两国还规定了父母监护人和其他监护人都享有医疗同意权;关于财产监护职责,亲权人(监护人)一般都有管理、使用和在一定情况下处分未成年人财产的权利,并且,在一些国家亲权人管理子女财产也与监护人一样受到相关机构的监督,如德国、瑞士不仅规定监护人须在监护开始时承担制作财产清单与账目并提交相关机构审查的义务,而亲权人也承担同样的职责。关于对亲权或监护的监督,现代国家越来越重视对父母行使亲权的监督,特别是采“大监护”概念的英国与美国,这些国家对父母履行监护职责的干预与其他监护人几乎没有差别,英国法院作出的照顾令、监督令、评估令和紧急保护令不仅可以用于非父母的监护,还可以用于父母的监护。关于导致亲权(监护)终止的事由,未成年人获得完全民事行为能力、成年和死亡,亲权人(监护人)死亡、丧失民事行为能力、资格被撤销等都将导致亲权(监护)的终止;关于亲权(监护)终止的后果,亲权人(监护人)一般应将其管理下的未成年人的财产转交给成年后的被监护人,如果亲权(监护)终止后未成年人仍需监护的,应当为其指定监护人。

2. 亲权与非父母监护的区别

亲权制度与非父母监护制度首要的不同之处在于:亲权制度与监护制度的理论基础不同。亲权制度设计的基础在于对父母的“信任假设”,非父母监护制度设计的基础在于对监护人的“不信任假设”。亲子关系所具有的人权和基本权利内涵直接决定了亲权制度的设计理念——对父母之信任,该理念基于这一假设——其他任何人都不及于父母关切子女的利益,这一假设不仅存在统计学上的数据支持,更是由于亲子间存在天然的血缘与伦理关系。基于上述原因,国家仅采取最低的干预措施,国家和社会机构更多的是为行使亲权存在困难的父母提供支持。所以,国家在进行制度设计时,应当给予父母充分的信任。比如,国家无须正向细化父母的亲权职责,只需反向明确父母行为的边界;再如,在父母担任亲权人时,无须常设监护监督人一职监督父母的行为;并且,在父母怠于履职或侵犯子女权益而国家有必要采取措施时,不能完全按照剥夺监护人资格的标准撤销父母的亲权人资格,而应当确保国家干预符合"比例原则"(比例原则包含必要性原则、适当性原则和均衡性原则三项子原则)。[①]撤销父母的亲权人资格本质上属于国家对父母人权和基本权利的干预,这种干预应当根据"比例原则"进行审查,一旦存在可替代的对亲子关系损害更小的措施,那么撤销亲权人资格等完全阻断父母子女关系的措施就违反了"比例原则"。[②]

与亲权制度不同,非父母监护制度基于"对监护人之不信任"的理论假设,国家对监护人履行监护职责的干预要强于父母,以防止监护人损害被监护人的利益。由于非父母监护关系不存在亲权关系中人权和基本权利之内涵,故而国家对监护人履行监护职责进行较父母更强的干预,如德国法对非父母监护设置了监护监督人制度,但对于亲权制度则不设该监督制度。所以,"信任"还是"不信任"的理念基础成了亲权制度和非父母监护制度的首要差异。[③]

除了制度设计的理念不同之外,亲权和非父母监护还存在以下区别:(1)主体不同,亲权人是未成年人的父母;而监护人则由父母之外的亲属、朋友以及拥有监护资格的其他个人或机构承担,其范围广于亲权人的范围。(2)父母亲权存在一个特殊的问题,即在离婚时,父母双方必须对子女照顾、教育、保护、与哪一方居住等问题进行协商;但监护制度并不涉及此类问题。(3)制度的具体内容不同,第一,亲权与监护成立的条件不同,亲权一般始于未成年人出生时,而有些国家规定父母未结婚的或已经离婚的,亲权由母亲行使,父亲不

---

① 刘征峰:《被忽视的差异——〈民法总则(草案)〉"大小监护"立法模式之争的盲区》,载《现代法学》2017 年第 1 期,第 186 页。

② Gnahoré v. France and Johansen v. Norway, *Reports of Judgments and Decisions* 1996—*III*, judgment of 7 August 1996, p. 1008.

③ 刘征峰:《被忽视的差异——〈民法总则(草案)〉"大小监护"立法模式之争的盲区》,载《现代法学》2017 年第 1 期,第 184 – 185 页。

享有亲权或只在一定条件下才享有亲权；而非父母监护始于未成年人父母死亡、丧失行为能力或被剥夺亲权时，其成立需要经过一定的法定程序，如依父母的指定或法院的选任而产生。第二，亲权与监护的类型不同，监护可以分为法定监护（包括法定当然监护、协议监护和监护监督机构选任监护等）与意定监护（包括委托监护、遗嘱监护等）、自然人监护与机构监护、固定监护与临时监护等；而亲权的类型较为单一，只有父母法定亲权这一类型。第三，是否有拒绝权的不同，亲权人没有拒绝行使亲权的权利；而有的国家则规定监护人有无条件或有条件的拒绝权，如法国父母的指定监护、德国家事法院的选任监护等。第四，亲权人与监护人部分职责不同，关于财产监护职责，监护人一般有报酬请求权和补偿请求权，而亲权人则一般不享有报酬请求权和补偿请求权（德国法除外，德国法不仅规定监护人享有补偿请求权，也规定亲权人享有补偿请求权）；亲权人一般担负抚养子女的义务，而监护人一般不担负该义务。关于处分未成年人财产的权利，在瑞士，父母可以在合理限度内将子女的财产用于家庭支出，但是监护人却没有这项权利。关于从事特殊事务是否需要得到相关机构的同意，法国、日本、瑞士、俄罗斯和美国都规定了当监护人代被监护人订立分割财产的协议等可能侵害被监护人利益的行为须得到法院或其他监护监督机构的同意，而亲权人从事此类特殊事务则无须得到相关机构同意。第五，对亲权和监护进行监督的原则不同，法国、德国、俄罗斯对亲权人行使亲权的监督应当遵循“比例原则”，即能采取对亲子关系损害更小的措施就能保障未成年人的权益就不应当采用对亲子关系影响更大的措施，如能为父母行使亲权提供支持就不应当采取分离亲子的措施，如将子女带离父母住处、禁止父母靠近子女日常活动的场所甚至撤销父母的亲权人资格等；而对监护人履行监护职责的监督则不必遵循“比例原则”，若监护人怠于履职或侵害未成年人的合法权益，法院可以直接剥夺其监护资格。第六，导致亲权和监护终止的事由不完全一致，德国、俄罗斯、英国与美国法仅规定监护人享有辞任权，但未规定亲权人享有辞任权。

时至今日，亲权制度早已褪去创始之初的不平等色彩，在保护未成年人最大利益全球化浪潮的影响下，该制度已立足于未成年人本位而非父母或家庭利益本位，注入了"平等""人权"等现代法律价值。并且，父母侵害子女权益案件时有发生让亲权制度设立的"信任"基础开始动摇，许多国家对亲权及未成年人监护进行制度设计的理念越来越趋同，公权力对父母行使亲权的干预逐渐加强，以往用来干预非父母监护人的措施也开始用于监督父母的亲权。不仅如此，亲权制度与未成年人监护制度在制度建立的目地、内容以及发展趋势上存在不可忽视的共性，新修订的瑞士法更是在未成年人监护制度中增加了大量援引亲权制度的条款，根据 2013 年 7 月修订的《瑞士民法典》第 327 条 c 款规定可知，未成年人的监护人享有和父母几乎同样的权利，监护人的权利可以参见亲权的规定。可见，虽然一些国家分别设置亲权制度和未成年人监护制度，但是二者存在诸多联系和共性。基于以上原因，本书采大监护概念(广义的未成年人监护概念)，将亲权制度纳入未成年人监护制度之体系，未成年人监护包括父母的监护与非父母的监护。

四、监护的性质探讨

关于监护的性质，学术界有权利说、义务说等学说，监护权利说主张监护为一种权利，而监护义务说则主张监护为一种义务。我们认为，监护是权利与义务的统一，但又并非是单纯的权利与义务。监护的性质并非为纯粹的权利，理由在于：从权利的构成要件看，正当性、利益与自由是权利的三要素，三者缺一不可。一方面，[①]监护人的报酬请求权中的报酬(如果有的话)是监护人付出劳动的对价；[②]而补偿请求权中的补偿是对监护人履行日常监护事务而垫付价款的弥补，这都没有让监护人获得额外的利益。并且，设立监护制度之目

---

① 鲁贵洋:《论以权利制约权力》，载《新西部(理论版)》2014 年第 9 期，第 71 页。

② 参见杨大文主编:《亲属法》，法律出版社 1997 年版，第 305－306 页。

的在于弥补被监护人行为能力之不足，从而保护其合法权益，监护人不应当以监护之名谋取自身之利益。因此，监护不符合权利的“利益”要素。[①] 另一方面，民法为权利法，奉行意思自治原则，其规范多为授权性、任意性规范，但监护制度却是例外，关于监护人的职责，法律多以“应该”“必须”“禁止”等具有强行性色彩的术语表达，不允许监护人在没有正当理由的情形下放弃履行监护职责。[②] 否则其就应当承担相应的责任（如被撤销监护人资格或承担损害赔偿责任），所以，监护也不符合权利的“自由”要素。综上，因为缺乏“利益”和“自由”的要素，监护不符合“权利”的构成要件，其并非纯粹的权利。另外，监护也并非一种纯粹的义务，理由在于：监护除了体现为监督、保护和照顾未成年人人身、财产和其他权益等义务外，同时也包括监护人为履行这些义务而依自己的意志作为与不作为之权利。因此，也不能仅认为监护为一种义务。[③]

我们认为，监护是一种职责，理由在于：从历史上看，古罗马到了共和国末期，未成年人监护制度褪去了早期权力的色彩，逐渐发展出了义务的性质，官选监护人的出现标志着国家开始干预监护人确认之事务，未成年人监护渐渐变成了公共的职责。[④] 可见，监护制度在罗马古时就已经显现出了其职责的性质。近年来，随着儿童权益的保护逐渐受到越来越多国家的重视，未成年人监护制度公法化趋势增强，监护体现着国家和个人的法律关系，强调国家对个人的强制性和个人对社会公共利益的服从性，监护制度关系到一个国家的稳定和发展，对其的调整应更倾向于公法的干预。[⑤] 监护人所负有的职

---

① 梁慧星：《民法》，四川人民出版社 1989 年版，第 84 页。

② 参见曹诗权：《未成年人监护制度研究》，中国政法大学出版社 2004 年版，第 92 页。

③ 王利明主编：《人格权法新论》，吉林人民出版社 1996 年版，第 204 页。

④ [意]彼德罗·彭梵得：《罗马法教科书》，黄风译，中国政法大学出版社 2005 年版，第 131 页。

⑤ 李洪祥：《我国民法典立法之亲属法体系研究》，中国法制出版社 2014 年版，第 264－265 页。

责以及职责的正确履行越来越受到重视,任何人作为监护人均应当意识到其对社会和国家负有的责任。[①] 在我国,2017 年实施的《民法总则》第 34 条第 1 款、第 35 条第 1 款分别规定,监护人的职责包括保护被监护人之人身权利、财产权利及其他合法权益,及代理其从事民事行为等,监护人履行职责应当以"最有利于被监护人的原则"为指导。除此之外,该法第 32 条、第 33 条、第 34 条第 2 款和第 3 款,第 35 条第 2 款和第 3 款,第 36 条都有关于监护为一种职责的表述,可见,我国《民法总则》将监护的性质认定为职责。基于以上原因,本书对监护的性质亦采职责之观点。

第二节　未成年人监护制度的立法原则

一、儿童最大利益原则

(一)儿童权利保障的历史沿革

古希腊哲学家艾比克泰德认为,什么是儿童? 无知;什么是儿童? 需要教训。[②]《十二表法》第四表第 1 条规定,出生时畸形的婴儿应当被处死。[③] 古罗马法认为,未达到责任年龄的儿童之行为应当被视为事件或是动物的行为。[④] 12 世纪末制定的宗教婚姻法规定,一般情况下,父母在其子女出生后应尽的第一项义务是为新生儿洗礼,洗礼之后才对子女负有相应的权利与义务。[⑤] 在欧洲中世纪,基督教的"原罪说"在整个世俗领域中居于统治地位,儿童被视为"有罪的羔羊",国家的职能之一在于改造这些背负"原罪"的儿童,

---

① 孟令志、曹诗权等:《婚姻家庭与继承法》,北京大学出版社 2006 年版,第 259 页。

② 卢乐山主编:《学前教育原理》,北京师范大学出版社 1991 年版,第 27 页。

③ 徐国栋:《〈十二表法〉新译本》,载《河北法学》2005 年第 11 期。

④ 李霞:《监护制度比较研究》,山东大学出版社 2004 年版,第 391 页。

⑤ [法]安德烈·比尔基埃等主编:《家庭史》(第 3 卷),袁树仁等译,三联书店 1998 年版,第 140－143 页。

使其将来成为维系社会运转的螺丝钉。[①] 到了 18 世纪，法国思想家卢梭基于对儿童自身特性的研究，主张将儿童视为独立的个体对待，不应当用成年人的视角看待未成年人的需求与见解。[②] 19 世纪中后期，英国产生了“国家是未成年人最高的监护人”之理论，未成年人监护的国家责任得到确认，儿童的地位进一步提高。[③] 19 世纪 70 年代的“儿童解放者”运动促进了儿童权利的发展，该运动主要围绕“儿童应拥有何种权利”这一问题而开展。当时有观点认为，儿童应当享有与成年人同等的权利，特别是决定自身事务的权利；也有观点认为儿童应当得到较成年人更多的关怀与照顾，而非给予其成年人的权利使其提前进入成年时期。[④] 儿童权利保护运动在 20 世纪快速发展。20 世纪最早关于儿童权利保护的公约是 1924 年的《日内瓦儿童权利宣言》，同年伦敦拯救儿童基金创始人艾格伦蒂娜 · 杰布起草的最早的《儿童权利宣言》在国际联盟日内瓦大会上得以通过。1959 年 11 月 20 日，联合国通过了《儿童权利宣言》，该宣言提出的宗旨包括使儿童享有幸福的生活，获得社会的福利等，但是该宣言仅为纲领性文件，其对各国立法不具有强制执行力。在《儿童权利宣言》通过 30 周年的 1989 年，联合国大会通过了《儿童权利公约》。该公约是历史上第一个专门保障儿童权利的国际法律文件，其完成了儿童权利保护从倡议到强制、从分散到统一、从局部到全面、从国内到国际的转变，是保障儿童权利领域最被国际社会认可的一项公约，具有里程碑式的意义。该公约确立了四大原则，即无歧视原则、儿童最大利益原则、尊重儿童意愿原则与保障儿童生命权和发

① 曹贤余：《儿童最大利益原则下的亲子法研究》，群众出版社 2015 年版，第 69 页。

② [法]卢梭：《爱弥儿》(上卷)，李平沤译，商务印书馆 1999 年版，第 91 页。

③ 王勇民：《儿童权利保护的国际法研究》，法律出版社 2010 年版，第 23 页。

④ [英]凯特 · 斯丹德利：《家庭法》，屈广清译，中国政法大学出版社 2004 年版，第 226 页。

展权原则。[①] 1990 年 8 月 29 日，中国政府签署了《儿童权利公约》，并且于 1992 年 3 月 2 日成为了该公约第 110 个缔约国。从 1990 年始，联合国确定每年的 11 月 20 日为国际儿童日，在以后每一年的这一天都开展了各种活动庆祝此节日。目前，儿童已被视为与成年人具有同等法律地位的民事主体，儿童权益史无前例地受到各国的重视与保护。承认儿童具有与成年人同等的法律地位蕴含了对普遍人类尊严的认可，而尊重包括儿童在内的普遍人类之尊严则是现代人权概念的基础。[②]

（二）儿童最大利益原则的产生与发展

儿童最大利益原则最早可以追溯自 1924 年的《日内瓦儿童权利宣言》，该宣言明确提出须以儿童最大利益原则为考量，这是在国际文献中第一次出现该原则。1959 年《儿童权利宣言》原则二、原则七规定，当为了保障儿童身体与精神的全面发展而制定法律时，应首要考虑儿童的最大利益。儿童的父母应以儿童最大利益原则为指导来教育、保护子女。1979 年《消除对妇女一切形式歧视公约》第 5 条(b)项规定，父母在教养子女时应考虑子女的利益。该公约第 16 条第 1 款(d)(f)项规定，父母监护和看管子女时应当以子女的利益为重。1989 年《儿童权利公约》在以下几个方面强调了儿童最大利益原则的适用：(1)任何公私机构在处理儿童的一切事务时均应以儿童的最大利益为首要考虑（第 3 条第 1 款）。(2)除非符合儿童的最大利益，否则缔约国不得违背父母的意愿使其与子女分离（第 9 条第 1 款）。(3)儿童的最大利益应当是父母或监护人主要关心的事，其对儿童的养育和发展负有首要责任（第 18 条第 1 款）。(4)凡设立收养制度的缔约国应确立儿童最大利益原则（第 21 条第 1 款）。

---

① 石雷：《英国现代离婚制度研究》，群众出版社 2015 年版，第 43 – 44 页。曹诗权：《未成年人监护制度研究》，中国政法大学出版社 2004 年版，第 3 页。

② 刘征峰：《亲子权利冲突中的利益平衡原则——以欧洲人权法院判例为中心》，载《华中科技大学学报》2015 年第 5 期。

(5)缔约国司法机关应在不违背儿童最大利益原则的前提下,允许父母或监护人出席与未成年人利益相关的案件庭审并妥当作出判决(第40条第2款)。目前,在调整亲子关系的法律方面,“儿童最大利益原则”在国际上获得了广泛的认可与实践,其指导着缔约国相关法律的制定和实施,为在不同的法律文化下处理儿童权益之问题提供了统一的参照标准。

(三)儿童最大利益原则的内涵

儿童最大利益原则又名“儿童最佳利益原则”或“儿童最大利益优先原则”,其以人权保障为价值渊源,虽然《儿童权利公约》规定了“儿童最大利益原则”,却没有明确其具体内涵,正如美国学者Robert H. Mnookin所言,儿童最大利益的内涵存在不确定性。[①] 而模糊性和不确定性被许多学者批评为儿童最大利益原则的一项重大缺陷。在国际上,不同国家社会、经济、文化状况不同,对儿童最大利益的理解存在差别,因此各国在实践儿童最大利益原则上也存在差别。有些国家规定了判断儿童最大利益原则的规则,如美国《统一结婚离婚法》第402条规定,在处理监护纠纷案件时,法院应当考虑如下因素来确定“儿童最大利益原则”:(1)儿童父母的意愿;(2)子女对监护人的意愿;(3)儿童与父母双方、其兄弟姐妹以及任何可能影响儿童最大利益的人的关系;(4)儿童对家庭、学校及社区的适应性;(5)任何相关人心理与生理的情况。除此之外,法院不应当考虑监护候选人并不影响其与儿童关系的任何因素。在美国司法实践中,这些因素可以由专业人士、专家和法官在个案中进行评估与定义,实际上,他们所定义的焦点在于人本身;在瑞典,专家们在处理监护案件的过程中,是通过分析亲子间的一系列行为与安排来发掘亲子关系中潜在的问题,从而对何为儿童的最大利益进行定义,而非像美国一样通过列举一系列因素将焦点放置于人身上。在救济措施上,瑞

① Robert H. Mnookin, *Child - Custody Adjudication: Judicial Functions in the Face of Indeterminacy*, Law and Contemporary Problems, 1975(39), pp. 135 - 139.

典法院的做法也倾向于调和父母的关系，促使双方互相妥协并达成各让一步的协议。① 而一些国家虽然是《儿童权利公约》的缔约国，却没有在国内法中明确判断儿童最大利益的具体标准，而完全是由法官自由裁量，这可能因不同法官学识、观念以及经验的不同而导致同案不同判的现象。因此，如何理解该原则的内涵是我们考察的重点。

有学者认为，因“儿童最大利益原则”是成年人以自己的视角代表儿童，对“儿童应当享有何种权利”这一问题进行的设定。因此，人们往往根据成年人的需求来确定儿童最大利益之内涵，这可能导致该原则无法被准确适用。只有承认儿童的主体地位，以儿童而非成年人的视角对“儿童最大利益原则”进行解读与适用，方能发挥该原则保障儿童最大利益之功能。②

有学者认为，在处理任何涉及儿童利益的问题时，应考量以下要素：(1)一定年龄及具备一定认知能力的子女的意见及情感；(2)子女的精神、物质与教育的需求；(3)子女的性别、年龄与其他相关的情况；(4)改变子女的生活环境可能对其产生的影响；(5)父母以及其他利害关系人的监护能力、监护意愿以及对未成年人的情感情况；(6)保障儿童之利益的其他因素。③

有学者认为，儿童最大利益原则的实质内涵可分为积极因素、消极因素与其他因素。积极因素包括：(1)儿童的意愿；(2)儿童的年龄与性别；(3)监护人对儿童的感情与态度；(4)监护人的监护能力；(5)儿童受教育环境的继续性与适应性。消极因素包括：(1)监护人的不道德行为；(2)监护人对被监护人的不当行为。其他因素包括：(1)被监护人与兄弟姐妹的相处情况；(2)第三人协助监护、照顾的

---

① Diane M. Pranzo, *Children custody and Visitation Disputes in Sweden and the United States*, Lexington books. 2013.

② 王勇民：《儿童权利保护的国际法研究》，法律出版社 2010 年版，第 96 页。

③ 参见陈苇、谢京杰：《论“儿童最大利益优先原则”在我国的确立——兼论〈婚姻法〉等相关法律的不足及其完善》，载《法商研究》2005 年第 5 期。

便利性与可能性;(3)被监护人与相关人的宗教、种族情况等。①

有学者认为,“儿童最大利益原则”可从以下几个方面考虑其内涵:(1)子女以及其父母的意愿;(2)子女对学校、家庭等环境的适应情况;(3)子女与其父母、兄弟姐妹以及其他相关人的关系;(4)所有利害关系人身体与心智的健康情况。②

有学者认为“将儿童利益置于其他利益之前进行绝对保护”将造成国家对家庭生活的过渡干预与对父母之利益和人权的忽视,这是对儿童最大利益原则的滥用,将导致其走向与古罗马时期父权制完全相反的另一个极端。对此,欧洲人权法院明确反对子女权利的绝对性,主张国家机关应当以利益平衡原则为视角解决监护纠纷,利益平衡原则可以通过结合案件的具体情况和法院搜集的证据为儿童的利益划定合理的边界,简言之,即儿童的最大利益仅仅是需要平衡的其中一项利益,除了儿童的利益,司法机关在处理与儿童监护有关的案件时还将考量其他家庭成员(特别是父母)的利益。可见,该观点认为儿童之利益并非在所有情形下都被置于绝对优先保护的位置。③

有的学者认为,儿童最大利益原则应当通过列清单的方式进行考察,清单里的内容可以包括:构成要素与干扰要素,构成要素包括:其一,儿童生活的环境,主要考察儿童生活环境的持续性和稳定性。其二,亲子关系,包括儿童对父母的情感、父母的监护意愿以及父母是否存在怠于履职或侵犯未成年人权益的行为。其三,其他因素,如父母之外的其他亲属与儿童的关系以及其能够提供的经济支持等。干扰要素主要是指法官的个人偏见,这样的偏见包括:性别偏见(如认为母亲相比父亲更适合担任子女的照顾者这一角色)、职业偏见

① 王洪:《论子女最佳利益原则》,载《现代法学》2003 年第 6 期。

② 曹贤余:《儿童最大利益原则下的亲子法研究》,群众出版社 2015 年版,第 63 页。

③ 刘征峰:《亲子权利冲突中的利益平衡原则——以欧洲人权法院判例为中心》,载《华中科技大学学报》2015 年第 5 期。

(如认为父母一方的教师职业相比另一方的非教师职业能为子女提供更好的家庭教育环境)、种族偏见(如认为某一种族相比另一个种族更适合担任监护人这一职位)等,法官的这些偏见都可能导致其无法准确判断儿童之最大利益,应当通过相应的制度设计予以降低或排除,如建立家事调查官制度以探寻儿童的最大利益。①

综上,从以上学者对儿童最大利益原则内涵的剖析来看,采取列举的方式确定儿童最大利益是通行的做法,只是各学者列举的因素存在差别。我们认为,对需要考察的重要因素尽可能全面地列举,可以将法官的自由裁量权限制在法律规定的范围内,同时通过多方面因素的考察,有利于发掘儿童的最大利益,所以采用列举的方式是确定儿童最大利益的可行之道。至于考察的因素,综合上述学者的观点,可以包括:(1)儿童的意愿;(2)儿童近亲属特别是父母的意愿;(3)儿童生活环境的持续性;(4)儿童与近亲属特别是与父母的关系;(5)儿童能够接受良好家庭教育及学校教育的可能性;(6)儿童监护人的情况,包括:经济情况、道德情况、身体健康情况等。(7)其他确定儿童最大利益需要考察的因素。

(四)儿童最大利益原则的适用规则

我们认为,在处理与儿童利益相关的事务时,对"儿童最大利益原则"的适用应当注意以下问题:

第一,将儿童最大利益原则作为立法、行政与司法方面的纲领性条款,凡涉及儿童的事务,在制定政策时都应考虑该原则,并在司法和行政执法中把握这个原则实施的程度。

第二,区分"首要原则"与"唯一原则"。根据《儿童权利公约》第3条的规定,任何公私机构在处理儿童的一切事务时均应以儿童的最大利益为首要考虑。可见,儿童最大利益原则是该公约的缔约国处理儿童事务的首要原则,而非唯一原则,如目前美国法院在处理

---

① 冯源:《儿童监护事务的国家干预标准——以儿童最大利益原则为基础》,载《北京社会科学》2016年第3期。

关于儿童利益的家事案件时除了遵循“儿童最大利益原则”之外，有些法院还辅之以“幼年推定原则”“主要照顾者优先原则”“子女选择原则”进行审理。

第三，区分“儿童利益”和“儿童意愿”，避免将二者等同。儿童的意愿是判断儿童最大利益应考察的重要因素之一。但是，由于儿童的识别能力与判断能力较成年人来说更弱，如果一味顺应其意愿可能导致不符合其利益的后果。因此，在处理儿童的监护事务时，除了考察儿童的意愿这一主观因素外，还应当考察监护候选人的监护能力、道德情况等客观因素，从而作出符合儿童最大利益的选择。

第四，兼顾父母等近亲属的利益。在我国，血缘、亲缘被放置于十分重要的位置，父母、祖父母等直系尊亲属常常对子女、孙子女存在较大的情感依赖。因此，在处理与儿童利益相关的事务时，固然应将儿童利益放置于首要位置考虑，但同时也应当兼顾父母、祖父母等近亲属的利益，如在父母离异后，不仅应当赋予未获得监护资格的父母一方探望子女的权利，还应当根据实际情况对祖父母、外祖父母是否拥有这一权利予以考量。

二、尊重儿童真实意愿原则

有学者认为，生命的意义在于选择。当一个人有能力选择自己的人生时，无论这些选择在他人看来多么荒唐，他的生命都将会因为自主选择而充满活力。父母以爱的名义替代子女选择，这种教育方式往往不利于子女自主能力的培养，同时也让子女感到生命被“束缚”。近年学生自杀的新闻越来越多，从案件情节上看大多没有清晰的自杀原因，自杀行为似乎完全没有任何征兆，在笔者看来，出现这种情况的根本原因可能是家长作为监护人替孩子作选择的情况太严重了，孩子们的生命正在被严重扼杀。[①] 另外，虽然未成年人一般

① 武志红：《为何家会伤人》，北京联合出版公司2014年版，第298－299页。

在识别能力和判断能力上弱于成年人，但如果父母或监护人包办了未成年人生活的所有事务，处处替其作决定，不给予已经达到一定年龄的未成年人决定自身事务的机会，其分析能力和判断能力将得不到锻炼，可能形成依赖父母或监护人的惰性，这不利于未成年人心智的健康成长。

法国学者托克维尔认为："个人是自身利益最佳的判断者，社会无权干涉个人行动的自由，除非个人行为侵害了社会的利益或社会有必要寻求个人的帮助。"[①]英国学者伊塞亚·柏林在《两种自由的概念》一文中将政治自由区分为"积极自由"和"消极自由"两种。所谓积极自由，是源自个人想要成为自己主人的期望，其指一个人生活中的选择不取决于任何外界的因素，而是由其本人来决定，任何人均可以主宰其个人的意志而不被当作他人意志的工具；所谓消极自由，是指不受他人干涉和限制，这类自由主要保护社会中弱势群体的权利免受强势群体的侵犯，在这个意义上，自由只是指一个人能够不受别人的阻扰而径自行动的范围。[②] 非常明显，根据自己的见解安排个人与家庭生活、形成自己的目标并追求幸福，这种自由对每一个个体来说都有一种怎么强调都不算过分的重要性。[③] 因此，无论成年人经验再丰富，其也不应替代儿童作出所有的选择，否则这就是对拥有一定识别与判断能力儿童自由的侵犯。

为了尊重儿童的意思，保障其对自身事务的参与权与选择权，《儿童权利公约》第 12 条规定，一定年龄以上并具备一定成熟程度的儿童有权对影响其本人利益的一切事项发表看法，特别是在对儿童利益有影响的诉讼程序中，儿童应当以符合该国法律规定的方式直接或通过诉讼代表人陈述其看法、表达其意见。《儿童权利公约》

---

① [美]托克维尔：《论美国的民主》（上卷），董果良译，商务印书馆 1997 年版，第 72 页。

② 时显群：《法理学》，中国政法大学出版社 2013 年版，第 205 页。

③ [美]托马斯·内格尔：《平等与偏倚性》，谭安奎译，商务印书馆 2016 年版，第 156 页。

并没有限定表达意见的儿童的年龄，也没有限制儿童表达意愿的内容，但是却规定该儿童必须具备作出决定的能力。当离婚的父母双方都具备履行监护职责的条件并都想争取作为子女的监护人时，孩子的意见就可能是法官作出监护判决的重要因素（虽然不是唯一的因素），因此法律应当帮助儿童将自己的意见传达到决定的最终作出者处。[①] 我国《民法总则》中的未成年人监护制度同样规定了“尊重儿童真实意愿原则”，在协议确定监护人、指定监护人、监护人作出与被监护人利益有关的决定以及恢复父母监护人资格四个方面规定了应当尊重被监护人的真实意愿，但是并未明确如何考察并遵循被监护人意愿。对此，美国司法实践提供了一套成熟的运行规则，考察美国各州法院落实尊重儿童真实意愿原则的司法实践有助于我们更好地把握该原则，为我国落实该原则提供参考与借鉴。

（一）被征询意见的儿童的条件

对于可以被征询意见的儿童的条件，在美国一些州，如加利福尼亚州、佐治亚州、俄亥俄州、得克萨斯州和西维吉尼亚州等，如果儿童年龄达到 14 周岁或 16 周岁，那么对于涉及其利益的案件，法官必须征询其意见。在另一些州，如蒙大拿州，在离婚后改变监护关系的案件中，法官应当考虑 14 周岁及以上儿童的意见；还有一些州认为仅依据年龄因素判断是否适用儿童真实意愿原则是武断的做法，应当根据儿童是否有能力陈述合理的意愿作为综合判断的标准，如阿拉巴马州。

我们认为，被征询意见的儿童应当具备充分的能力交流其情感、观察事实并知道如何区分事实与谎言。对于年龄因素，虽然不应当将其作为判断是否征询儿童意愿的唯一标准，但不可否认，年龄因素是判断儿童是否具备识别能力、判断能力与表达能力的重要因素，并且一般来说，孩子的年龄越大，法院越有可能依照其意愿作出判决。法官会被要求在会见记录上说明其访谈的儿童是否具备表达合理选

---

① Linda D. Elrod, *Child Custody Practice and Procedure*, thomson reuters, 2014, p. 454.

择和意愿的能力,法院是否会采纳儿童的意见。如果儿童已经达到足够作出合理意见的年龄,但法官却没在涉及其利益的诉讼程序中征询其意见,这就将导致程序错误。①

（二）获取儿童真实意愿的方式与场所

关于获取儿童真实意愿的方式,在纽约州、宾夕法尼亚州、密歇根州、俄亥俄州、田纳西州,一些法官通过儿童在法庭上的证词获取其真实意愿;在印第安纳州、路易斯安那州、明尼苏达州、内布拉斯加州、得克萨斯州、怀俄明州,一些法官通过在其会客厅访问儿童的方式获取其真实意愿;在蒙大拿州,也有法官是通过父母的证词、精神病学家的报告、法庭服务人员或其他证人的证词间接了解儿童的意愿。近年来,法官根据儿童的年龄与成熟度,在私密的、装有监控的私人会客厅对儿童进行访谈已经成为发掘儿童真实意愿广泛运用的方式,在私人场所而非公共的、暴露的法庭当着儿童父母的面征询其意见的优点在于:(1)降低审讯和对抗式庭审给儿童造成的压力与伤害;(2)避免让孩子当着父母的面被迫选择其中一方,减少儿童对未被选择父母一方的内疚;(3)避免父母双方因极力争取孩子的监护权而给孩子造成的伤害;(4)看似非正式的会客室环境能舒缓儿童内心的紧张,有利于让其更真实、自由地表达其意愿。②

（三）向儿童提出的问题

关于在访谈过程中向儿童提出的问题,美国许多州的法官在访谈儿童时,常常会首先从一些小话题开始,如调侃会客室的照片、谈论当天的天气或会客室的摆设,之后法官一般会询问以下问题:

(1)你下一个生日到来时几岁?(接下来可以问:你想要什么礼物?你会告诉谁你想要的礼物?如果你举办一场派对,你想邀请谁?

---

① Linda D. Elrod, *Child Custody Practice and Procedure*, thomson reuters, 2014, pp. 458 – 461, 468.

② Linda D. Elrod, *Child Custody Practice and Procedure*, thomson reuters, 2014, pp. 458 – 461.

他们住得和你近吗？你想要什么样的礼物？谁曾给过你那样的礼物？你和你的祖父母庆祝过生日吗？是和父系祖父母还是母系祖父母？）

（2）你在学校最喜欢什么科目？（接下来可以问：谁是你的老师？你是否有很多家庭作业？谁帮助你完成家庭作业？）

（3）你是否曾参加过学生俱乐部？（接下来可以问：谁是你团队的领导者？你的父母是否帮助过你参加这些活动，是父亲还是母亲？如何帮助？谁带领你参加这些活动？）

（4）你会足球或网球运动吗？（接下来可以问：谁是你的教练？你的父母曾带你去参加这些体育锻炼或练习吗？）

（5）你会去主日学校学习吗？（接下来可以问：谁是你的老师？你会参加教堂的活动吗？你的父母会带你去教堂吗？）

（6）你周末一般干什么？（接下来可以问：你一般和谁一起共度周末？你喜欢和谁一起共度周末？）

（7）当你生病的时候，谁来照顾你？（接下来可以问：谁是你的医生？谁带你去见医生？）

（8）谁是你最好的朋友？（接下来可以问：你最好的朋友住哪里？你多久见他一次？）

（9）你多久见你父亲（母亲）一次？（此问题适用于父亲或母亲没有与子女生活在一起的情形。）

（10）如果你可以住在你想住的任何地方，你希望自己住哪里？为什么？

（11）当你遇到困难时，你希望和谁聊聊这个问题？

（12）你晚上睡觉还好吗？你和妈妈睡觉更安稳还是爸爸？

（13）平常有谁对你不好吗？何时对你不好？

（14）你最害怕的是什么？

(15)你对你父母离婚是什么感觉?[①]

可以看出,法官将涉及亲子关系的关键性问题巧妙融入了看似与监护无关的问题中,如从询问儿童喜欢的生日礼物开始提问,进一步询问儿童希望告诉谁其想要的礼物,表明了儿童对此人的感情与信任;询问儿童想邀请谁参加 party,表明了儿童对此人的喜欢;询问儿童他们希望参加 party 的人是否在附近居住,可以考察该人担任监护人是否方便;询问儿童谁曾给过其喜欢的礼物,表明了该人对儿童喜好的了解程度;询问儿童曾和父系祖父母还是母系祖父母一起庆祝生日,可以考察儿童与父系亲属和母系亲属关系的亲疏远近。通过询问这些可以有效考察监护候选人适格性的问题,有利于帮助法官判断并选择担任未成年人监护人的最佳人选。

(四)在场的人员和访谈的记录

关于法官在征询儿童意见时是否允许律师在场,美国对此并未存在统一的规定,在大部分案件中,律师在场有利于维护儿童的权益,但是一般来说,律师仅仅作为观察者,他们不能向儿童提问,但是在一些州,法院允许律师向法官建议他们希望法官对儿童提出的问题。[②] 法院应当将对儿童的访谈过程记录在案,记录的方式包括制作访谈记录、录音录像或其他可靠的能够记录完整访谈过程的方式。在有充分保障的情况下,如父母双方律师皆在场并对整段采访进行了记录,法官也可以通过电话访谈儿童的方式获取其真实意愿。[③]

(五)对父母疏离的处理

父母疏离是美国司法实践中新的课题。父母疏离是指儿童在可以自由表达的环境下持续表现对父母一方的负面情感(如愤怒、憎恶、拒绝或害怕),但该方父母实际或表现出来并非如此。父母疏离

① Linda D. Elrod, *Child Custody Practice and Procedure*, thomson reuters, 2014, pp. 475 – 477.

② Linda D. Elrod, *Child Custody Practice and Procedure*, thomson reuters, 2014, p. 469.

③ Linda D. Elrod, *Child Custody Practice and Procedure*, thomson reuters, 2014, p. 473.

的情形常出现在父母离婚时双方争抢子女监护权的诉讼过程中。父母一方诱导子女疏离另一方的原因可能是报复、权力控制、害怕、嫉妒或心理疾病。心理学家发现,父母一方对另一方憎恶的态度和行为将破坏子女和另一方的关系,并且影响子女表达其真实的意思,而父母对子女的诱导和洗脑更可能造成儿童严重的心理创伤。因此,怀疑儿童可能被父母一方洗脑的律师应当及时向法官递交材料让其意识到该问题的存在,同时向法院提出申请,要求熟悉反洗脑技术的专家对儿童进行评估,而法官须根据评估专家的报告进行重新考量,判断儿童对父母一方的负面情绪在多大程度上是客观和真实的,以便及时识破父母一方诱导子女与另一方疏离的行为。①

(六)儿童的意见被法官考量的程度

关于儿童的意见被法官考量的程度,儿童的意见并非是决定法院判决的唯一因素,法官必须仔细考量构成儿童最大利益的其他要素,如儿童与父母和兄弟姐妹的关系、父母身体与心理的健康状况等。如果法官衡量其他要素之后决定违背未成年人的意愿作出判决,那么法官应当陈述儿童的意愿为何不被遵循的原因,而这些原因一般是:儿童太小而无法准确表达合理的意愿、选择对儿童自身来说并不安全或者被选择的父母一方不适合担任监护人等。一般情况下,成熟儿童的选择应当被法官着重考量,并且儿童年龄越大,法官就越应当依照其意愿作出判决。②

(七)尊重儿童真实意愿原则与儿童最大利益原则的关系

关于儿童的真实意愿与儿童最大利益的关系,前者是后者的重要参考因素之一,许多国家或地区,包括美国哥伦比亚州和波多黎各岛国,在判断儿童最大利益时都须考量达到一定年龄及具备一定识

① Linda D. Elrod, *Child Custody Practice and Procedure*, thomson reuters, 2014, pp. 482 - 484.

② Linda D. Elrod, *Child Custody Practice and Procedure*, thomson reuters, 2014, pp. 477 - 479.

别能力的儿童的意见，并且美国《统一结婚离婚法》第 402 条将考察儿童的意愿作为判断儿童最大利益的要素之一。虽然儿童的真实意愿是儿童最大利益的重要参考因素之一，但尊重儿童真实意愿原则应当作为法官在审理监护案件时的一项独立的原则。在适用两个原则的位阶上，尊重儿童真实意愿原则应当位于儿童最大利益原则之后，即当儿童的真实意愿与其最大利益冲突时，如儿童选择了在身体健康状况上不适合担任监护人的人，那么法官应当越过儿童的意愿，以儿童最大利益原则为指导为其指定监护人。[①]

三、国家公权力适当干预原则

在过去，基于亲属团体地缘、血缘、姻缘和情缘的自然驱动与亲属监护高度的主动性和自愿性，统治阶级巧妙地把国家应当承担的监护职责转嫁到亲属主体上，国家和政府超脱出来，万不得已才干预一下，从而使未成年人监护披上了厚重的“私益性色彩”。[②] 但是，家族自治体系并非完美无缺，亲属监护人怠于履职或者侵犯未成年人利益的现象时有发生，这就需要国家对未成年人监护进行适当干预。1948 年 12 月，联合国颁布的《世界人权宣言》第 25 条规定，家庭应受社会和国家的保护，其是基本的和天然的社会单元。现代福利国家兴起后，为人民谋福利成为国家行政的目的之一。同时，私人领域与公共领域开始以事务的性质而非以事务发生的领域为区分标准，家庭领域内的事务也有公共要素与私人要素之分，国家对家庭的公共要素负有干预的职责。未成年人监护目的之一在于保障未成年人的合法权益，其涉及弱势家庭成员的人权问题，当发生于家庭领域的事务涉及人权，它就已经不是私人领域自治的事务，而变成了公共事

① Linda D. Elrod, *Child Custody Practice and Procedure*, thomson reuters, 2014, pp. 454 – 456.

② 曹诗权：《未成年人监护制度研究》，中国政法大学出版社 2004 年版，第88 – 89页。

务,因此国家和社会对此责无旁贷,公权力干预乃势所必然。[①] 未成年人监护制度的国家公权力适当干预原则,主张由司法机关、行政机关等代表国家,对未成年人监护事务,包括监护人的产生、监护人职责的履行以及监护人履职的监督等进行干预,以规范监护人的行为,保障未成年人的合法权益。需要注意的是,公权力在干预未成年人监护时应讲究适当原则,注意干预的限度,否则就可能造成对私人领域的侵犯。在国家公权力适当干预原则的指导下,未成年人监护表现出由家庭化向国家化、由亲属化向社会化、由私法化向公法化的走向,在本源意义上,未成年人监护凸显出由私益还原为公益、由社会成员的个人职责还原为国家的公共职责之本来面目,其是历史进步的必然,是人类文明的应然。[②]

在未成年人监护中,国家一般在以下几个方面进行适当的干预:

第一,将未成年人监护制度法典化,规定监护的设立方式、监护的类型以及监护人的权利义务等内容,建立系统的未成年人监护制度。同时,作为意思自治的一般民法规定的例外,赋予未成年人监护制度的规定以强行性与义务性的色彩,旨在于规范监护人的行为,保障未成年人的合法权益,这是国家干预未成年人监护的首要方式。

第二,当未成年人父母死亡、丧失行为能力或监护资格被撤销,在过去的监护模式下,亲属往往自动继任监护人职位。而如今许多国家已经放弃亲属当然监护的监护模式,法律不再规定监护人的范围和顺序,改由法院或国家行政机关通过个案审查的方式为未成年人确认监护人。原因在于:法律规定监护人的范围和顺序仅是对选任出最合适的监护人的推定,基于血缘关系和亲等设置的监护人范围和顺序并不能保证选任出符合儿童最大利益原则的监护人。因此,许多国家在考察监护人资格时不再主要关注亲属关系的有无和

---

① 周安平:《性别与法律》,法律出版社 2007 年版,第 164 页。

② 曹诗权:《未成年人监护制度研究》,中国政法大学出版社 2004 年版,第 90 页。

亲等亲系的远近，而是关注担任监护人的意愿和履行监护职责的能力。[①] 当未成年人不在父母监护之下时，直接由法院或国家行政机关以儿童最大利益原则为指导选任监护人。由此可见，由于国家的干预，在监护人的确认方面个人意志在不断减少，国家意志在不断增强。

第三，监护人的范围不再限制于私法主体，当没有合适的人作为监护人时，国家行政机构作为未成年人的监护人，其一般采取家庭寄养、机构代养或者委托政府指定的寄宿学校安置等方式承担国家监护职责。不过，应当明确，在国家监护的问题上，未成年人监护纳入国家和政府的职责还反映在应然的层面和发展的走势方向上，最主要、最常态的监护模式依然是由亲属担任监护人的家庭监护模式，国家和政府承担监护职责还是特殊的情形。但恰好是这种特殊例外的职责定位与常态下家庭亲属职责的对接互补，实现了未成年人监护社会保障体系完整、周延的构造，避免了未成年人监护在现实中的缺位。[②]

第四，当监护人从事的监护事务对被监护人影响重大或有可能损害其利益时，许多国家规定由法院或行政监督机构对这些事务进行批准、同意。这些监护事务一般包括：处分被监护人的不动产或价值较大的动产；抛弃法定应继份、特留份，拒绝赠与、遗赠，接受附负担的赠与或遗赠；以被监护人的名义实行和解；监护人与被监护人订立合同；以被监护人的名义为他人承担债务、设立担保或将被监护人财产赠与他人等。

第五，当监护事务涉及财产管理并且未成年人的财产数额较大或种类较多时，部分监护人应当在监护设立之时对被监护人财产进行清点并制作财产清单和账目，法院或行政监督机构应当对财产清单或账目进行审核，并且在监护人履职过程中对财产清单和账目的

---

① 李霞：《监护制度比较研究》，山东大学出版社 2004 年版，第 253 页。

② 曹诗权：《未成年人监护制度研究》，中国政法大学出版社 2004 年版，第 91 页。

更新情况进行检查。

第六，对于未成年人权益受侵害可能性较大的家庭，法院或行政监督机构的工作人员担负定期走访该家庭的职责，这些须重点关注的家庭一般包括：监护人资格被撤销又恢复的家庭、监护人曾经被起诉撤销监护资格但判决不予以撤销的家庭、监护人曾有伤害未成年人权益或不履行监护职责但尚未被提起撤销监护资格之诉的家庭、监护人有不良嗜好或犯罪行为但尚未被提起撤销监护资格之诉的家庭等。

第七，当公安部门接到监护人侵犯未成年人权益的举报时，警察人员及时赶到未成年人住所，视情况决定是否将其带离监护人住处。若将未成年人带离监护人住处，应当由相应行政部门或其指定的社会机构承担临时监护职责，并且当监护人的行为符合撤销其监护资格的情形时，法院经相关人的申请或依职权撤销监护人的资格，并在必要时为未成年人指定新的监护人。

第八，在涉及未成年人利益的案件中，没有监护人代表未成年人的利益或监护人的利益与未成年人的利益相冲突时，有些国家规定了诉讼代表人制度，由法院为未成年人指定独立的诉讼代表人，在诉讼过程中代表未成年人的利益，向法院提出主张，保障未成年人的实体权益与程序利益。

第九，在德国、日本曾作为解决家庭纠纷、决定家庭监护中重大问题的亲属自治机构——亲属会议已被取消，取而代之以法院或国家行政机构来决定未成年人监护的重大事宜，并对监护人的履职情况进行监督，这都说明了未成年人监护由亲属自决向国家公决的方向转变。

第三节　未成年人监护制度的主要内容[①]

一、未成年人监护的设立与类型

（一）监护的设立原因

监护的设立原因，是指未成年人监护因何种事由而设立。对于父母监护，未成年人监护设立的原因一般为子女出生的事实，但是一些国家规定对于子女出生时父母不在婚姻关系中的，母亲自然享有监护权，而父亲不享有监护权或只有经过一定法律程序后或在一定条件下才享有监护权。对于非父母的监护，未成年人监护设立的原因为无父母、父母监护资格被撤销等未成年人不在父母监护之下的情形。根据是否列举子女不在父母监护之下的具体情形，非父母监护设立的原因可以分为概括式立法和列举式立法，前者一般规定"未成年人不在父母监护之下"这一原则性原因；而后者则罗列了未成年人不在父母监护之下的具体情形，如未成年人无父母、未成年人父母监护资格被撤销等情形。在父母遗嘱指定监护的情况下，应在遗嘱生效或父母双方皆不能履行监护职责的情况下开始遗嘱监护。临时监护始于监护人被确认前，被监护人的人身、财产或其他合法权益处于无人保护的状态时。[②]

（二）监护类型

未成年人监护类型可以分为两类：意定监护与法定监护，[③]前者指父母或监护人通过遗嘱、委托合同等方式为未成年人确定监护人，监护人的权利、义务及职责范围等内容由遗嘱或委托合同明确，若未

---

① 需要说明的是，由于父母的监护涉及父母分居或离婚后的监护问题，但因为该问题涉及离婚法之相关内容，由于篇幅所限，故本书对该问题不涉及。

② 陈苇：《婚姻家庭继承法学》（第三版），群众出版社 2017 年版，第 181 页。

③ 参见杨立新：《亲属法专论》，高等教育出版社 2005 年版，第 304 页。李霞：《监护制度比较研究》，山东大学出版社 2004 年版，第 298 页。

明确则适用法定监护的规则。意定监护包括父母指定监护、委托监护等。法定监护是指监护人的设立、职责及终止由法律直接规定的监护类型,包括:父母监护、法定当然监护、协议监护、监护监督机构指定监护、临时监护、机构监护。①

1. 意定监护

(1)父母指定监护。

父母指定监护,是指拥有监护资格的父母在其生前为未成年子女指定监护人的监护类型。关于享有指定权的主体,通常可以分为两类:第一,拥有监护资格的父母都可以指定,但是若父母指定不同人的,以最后死亡父母一方指定为准;第二,只有拥有监护资格的后死亡父母一方才享有指定权。关于指定的方式,通常可以分为两类:第一,只能采用遗嘱的形式指定;第二,可以采用包括遗嘱在内的多种形式指定,如公证、撰写书面材料等。

(2)委托监护。

委托监护,是指父母或其他监护人通过与第三人订立委托合同,将监护职责部分或全部转移给第三人的监护类型。原监护人只能转移监护职责而不能转移监护资格,因此即使监护人将监护职责全部转让给受托人,其仍为监护人。②

2. 法定监护

(1)父母监护。

父母监护,是指基于子女出生的事实,根据法律的规定而确认父母作为子女的监护人。有些国家规定,当子女出生时父母未婚或已经离婚的,由母亲作为监护人,父亲不享有监护权或只有经过一定法律程序后或在一定条件下才享有监护权。

① 陈苇主编:《当代中国内地与港、澳、台婚姻家庭法比较研究》,群众出版社 2012 年版,第 559 页。

② 李霞:《监护制度比较研究》,山东大学出版社 2004 年版,389 页。

(2)法定当然监护。

法定当然监护,是指当法律规定了监护人的范围和顺序,如果最先顺序监护人只有一人,或虽然有数人但是全体担任监护人的,为法定当然监护。[①] 通过法定当然监护确认监护人无须法院的指定,直接根据法律的规定确认监护人即可。

(3)协议监护。

协议监护,是指具有监护资格的数人间协商由谁作为未成年人监护人的监护类型。参与订立协议的人来源于法律规定的监护候选人之范围,可能是最先顺序监护候选人为二人以上,经过协议,由其中一人或一部分人担任监护人;也可能是不同顺序监护候选人间协议,由后一顺位监护候选人中的一人或一部分人担任监护人。

(4)监护监督机构指定监护。

监护监督机构指定监护,是指由监护监督机构为未成年人指定监护人。监护监督机构可以分为公力监督机构与非公力监督机构,前者分为司法监督机构(如法院)与行政监督机构(如俄罗斯的监护和照管机构、瑞士的未成年人保护机构),后者一般是亲属自治组织(如法国的亲属会议)。一般情况下,当未成年人不处于父母监护下并且父母未在生前为其指定监护人的,监护监督机构才为未成年人选任监护人。

(5)临时监护。

临时监护,是指在监护人被确定之前,若无人保护未成年人的人身、财产或其他权益的,由法律规定的个人或机构承担临时监护职责的监护类型。一般情况下,临时监护人履行职责止于常任监护人设立之时。

(6)机构监护。

机构监护,是指由国家机构或社会机构作为未成年人的监护人。机构监护水平可以代表一个国家的社会福利水平。一般情况下,只

---

① 杨立新:《亲属法专论》,高等教育出版社 2005 年版,第 304 页。

有当未成年人不处于父母监护之下并且没有其他适合担任监护人的自然人时,国家和社会机构才作为候补担任未成年人的监护人,这体现了“家庭监护为主,国家和社会监护为辅”的监护模式。

(三)监护人的拒绝权

监护人的拒绝权,是指监护候选人拒绝担任监护人的权利,分为无条件的拒绝权和有条件的拒绝权。无条件的拒绝权是指被指定或选任的监护候选人无须任何理由就可以拒绝担任监护人;有条件的拒绝权是指只有当被指定或选任的监护人存在一定情形时才可以拒绝担任监护人,这些情形一般包括:(1)已经担任了一定数量未成年人的监护人或保护人;(2)已年满一定年龄;(3)因疾病或残疾影响监护职责的正常履行;(4)因住所远离被监护人住所地而影响了监护职责的履行;(5)目前监护人已经不止一人。

(四)监护人的监护能力与监护资格

监护能力,是指监护人履行监护职责、监督和保护被监护人的能力,判断监护候选人是否具备监护能力,一般须考察监护人的健康情况、财产状况等因素。

监护资格,是指担任监护人的条件,其实际是一种法律地位,[①]分为积极资格和消极资格。积极资格是指担任监护人应当具备的条件,一般包括:成年;具备完全民事行为能力。消极资格又称“监护人缺格”,[②]是指不得担任监护人的条件,一般情况下,消极资格包括:未成年;不具备完全民事行为能力;被撤销监护资格;破产;与被监护人利益相冲突,如对被监护人提起诉讼的人及其配偶与近亲属;去向不明;因故意侵犯他人的生命、健康而被定罪等。

① 李霞:《监护制度比较研究》,山东大学出版社 2004 年版,第 389 页。

② 李霞:《监护制度比较研究》,山东大学出版社 2004 年版,第 344 页。

二、未成年人监护人的职责与责任

(一)监护人的职责

监护职责又称监护事务,是指监护人依法享有的监护权利与所负担的监护义务的总称。[①] 大陆法系国家在未成年人监护人职责的规定方面保持了人身性职责和财产性职责的区分。而对于英美法系国家,英国在1989年《儿童法》修改后,关于监护人职责的规定取消了人身性职责和财产性职责的区分,除了抚养义务,一般的非父母监护人几乎拥有与父母相同的职责。而美国法也没有区分人身性职责和财产性职责,同英国法类似,其也分为监护人的职责、权力、权利、义务等。[②]

一般情况下,监护人的人身监护职责主要包括:(1)照料未成年人的日常生活;(2)对未成年人进行教育;(3)保护未成年人的身心健康;(4)住所指定权;(5)医疗决定权;(6)未成年人返还请求权;(7)适当惩戒未成年人的权利;(8)与未成年人共同居住的义务。

一般情况下,监护人的财产监护职责主要包括:(1)在监护开始时,在监护监督人的监督下或与监护监督人共同清点财产、制作财产清单及账目;在履行监护职责的过程中及时更新财产账目,保留必要的证明材料;在监护终结时,提交财产目录及现有财产的清单等材料。(2)管理未成年人的财产。(3)代被监护人申请或接收给予被监护人的法定救济金、保险金或遗赠的财产等。(4)在一定条件下处分未成年人的财产。(5)补偿请求权,即对履行监护职责而预先支付的金钱要求补偿的权利。(6)报酬请求权,即因履行监护职责而要求适当报酬的权利。

除了人身监护职责与财产监护职责,监护人还可以作为未成年

① 杨大文主编:《婚姻家庭法》(第四版),中国人民大学出版社2008年版,第286页。

② 王竹青、杨科:《监护制度比较研究》,知识产权出版社2010年版,第159页。

人的法定代理人,代理其进行民事活动和诉讼活动,行使民事权利和诉讼权利,承担民事义务和诉讼义务。同时,监护人对被监护人不能独自作出的行为(如与第三人签订协议)有同意或拒绝同意的权利,而当被监护人未经监护人同意作出了该行为后,监护人有追认或拒绝追认的权利。

(二)监护人被禁止从事的事务

监护人被禁止从事的事务一般存在较大的损害未成年人权益的风险,如(1)当被监护人的利益与监护人、由监护人代理的第三人、监护人的配偶或亲属的利益相抵触时,在与之相关的事务上不得代理被监护人,如禁止监护人双方代理、自己代理、作为被监护人的法定代理人参与被监护人与其本人、其配偶或亲属的诉讼活动、从第三人处取得对被监护人的某项权利等。(2)禁止监护人非为被监护人的利益使用其财产。(3)禁止监护人无偿转让被监护人财产或权利,不得赠与、放弃债权、在未清偿债务的情况下取消担保物权、为第三人债务设立担保等。符合道德或者礼仪上考虑的赠与不在此限。(4)不得代被监护人放弃属于其的财产,如放弃接受赠与、遗赠、应继份与特留份等。

(三)监护人需要被批准才能从事的事务

对于一些监护事务,监护人只有在取得相关机构同意或批准的情况下才能从事,通常来说,进行批准或同意的机构一般是监护监督人或监护监督机构。与监护人被禁止从事的事务一样,这类被同意或批准才能从事的事务也存在较大损害被监护人权益的风险,其代表了国家和社会对未成年人监护的监督和干预。一般来说,监护人需要被批准才能从事的事务包括:(1)处分不动产或价值较大的动产,如处分土地、土地权利、在建船舶,以及在不动产或动产上设立抵押或其他物权;(2)拒绝接受法定应继份、特留份、赠与或遗赠等;(3)订立分割遗产的合同;(4)将属于被监护人的财产用于可支付利益的投资;(5)花费被监护人的生活费、补助金、抚养费等财产用于其日常生活之外的开支;(6)以被监护人的名义实行和解、仲裁或诉讼行为，如提起诉讼、缔结和解或仲裁协议；(7)监护人与被监护人间订立合同，如监护人购买被监护人的财产或与其订立租约；(8)以被监护人的名义为他人承担债务、设立担保或将被监护人财产赠与他人。

(四)监护人的责任

监护责任是指因监护人故意或过失，不恰当履行甚至逃避履行监护职责从而给被监护人的人身、财产或其他权益造成损失而应承担的责任。[①] 监护人应当在法律规定的范围内履行监护职责，维护被监护人的合法权益，其不得损害被监护人的权益，否则应当承担相应的责任。

三、未成年人监护的监督

监护监督制度，是指负有监护监督职责的自然人或组织负责对监护人履行监护职责进行监督，以维护被监护人之利益的法律制度。[②] 到了现代，许多大陆法系国家建立了监护监督机构和监护监督人相结合的双重监督机制；英美法系国家则一般不设立监护监督人制度，而是采司法监督机构与行政监督机构相结合的双重监督模式。[③]

(一)监护监督人

监护监督人，是指监督监护人履行监护职责的人。[④] 目前，法国、德国、日本都建立了监护监督人制度。通常情况下，为了保障未成年人的合法权益，非父母担任监护人时应设立监护监督人，但是当机构作为监护人或有数个监护人时，可以不必设立监护监督人。监护监督人一般通过法院或行政监督机构指定的方式设立，日本法也规

① 张伟、赵江红：《亲属法学》，中国政法大学出版社2009年版，第247页。

② 陈苇：《中国婚姻家庭立法研究》(第二版)，群众出版社2010年版，第510页。

③ 高伟：《未成年人监护制度研究》，西南政法大学2009年博士学位论文，第110页。

④ 王歌雅：《婚姻家庭继承法》，清华大学出版社2008年版，第129页。

定父母通过遗嘱指定监护人的同时也应当指定监护监督人。监护监督人应当与监护人形成制约关系才能保证监督的效果,因此选任的监护监督人应当尽可能避免与监护人存在亲缘、血缘等利害关系。关于监护监督人的职责,一般包括:(1)监督监护人履行监护职责,要求监护人向其报告履行监护职责的情况;(2)在监护人利益与被监护人利益冲突时,代表被监护人利益;(3)当监护人怠于履职或侵犯未成年人合法权益的,监护监督人应当立即向法院或行政监督机构报告,请求撤销监护人资格或让监护人承担法律责任;(4)对监护人履行特定监护职责进行批准、同意或拒绝;(5)在监护相对终止时,监护监督人应当及时向法院或行政监督机构报告,提议任命新的监护人。

(二)监护监督机构

监护监督机构,是指对监护人的监护活动进行监督以保障被监护人利益的机构。监护监督机构不仅包括行政监督机构(如德国的少年局、瑞士的未成年人保护机构、俄罗斯的监护和照管机构)与司法监督机构(如法国的监护法官与共和国检察官、德国的家事法院、日本的家庭法院、英国与美国的法院),[①]还包括法国的亲属会议等非公力组织。

一般来说,监护监督机构的职责主要包括:(1)协助监护人履行职责,向监护人提供与监护有关的意见与指引;(2)对监护人和监护监督人履行职责进行监督,对二者违背义务的行为采取必要的措施;(3)对监护人提交的财产清单、账目或报告进行查阅、检查、批准;(4)对监护人履行特定监护职责进行批准、同意或拒绝;(5)在尚未选任监护人或监护人不能履行其义务时,应当选任适格的监护人或对紧急的监护事务采取必要的临时措施;(6)随时要求监护人报告其履行监护事务的情况;(7)调查监护事务的履行情况和被监护人的财产状况;(8)基于监护人违背监护义务等行为而撤销监护人的资格。

① 参见马忆南:《婚姻家庭继承法学》,北京大学出版社2011年版,第234页。

（三）诉讼代表人

在涉及未成年人利益的诉讼中，如果没有人代表未成年人的利益或其法定代理人的利益与之冲突，那么法院或行政监督机构应当为未成年人选任独立的诉讼代表人，代表其参与诉讼。

四、未成年人监护的终止

监护的终止，是指监护关系因特定事由而归于消灭。监护的终止可以分为绝对终止与相对终止。监护的绝对终止，是指监护关系本身归于消灭，监护的绝对终止是出于被监护人的原因使设立的监护失去了存在的依据；所谓监护的相对终止，是指监护关系本身未消灭，仅是变更监护人，从而使原监护人终止其监护职务。监护的相对终止是出于监护人方面的原因，即目前的监护人因出现特定原因不能继续履行监护职责，而发生监护职责的转移，其实质是监护的变更。①

（一）监护终止的事由

监护终止的事由，是指导致监护关系终止的情形，可以分为导致监护绝对终止的事由与相对终止的事由。监护绝对终止的事由，一般包括以下几种情形：被监护人死亡；被监护人获得完全民事行为能力，如成年。监护相对终止的事由，一般包括以下几种情形：监护人资格被撤销；监护人辞职；监护人死亡；监护人丧失民事行为能力或监护能力。下面具体阐释撤销监护人资格与监护人辞职这两类导致监护相对终止的事由。

1. 撤销监护人资格

当监护人怠于履职、侵害未成年人的合法权益或丧失监护能力等情形出现时，应当撤销监护人的监护资格，终止当前的监护关系并重新选任合适的监护人，此为撤销监护人资格制度。撤销监护人资格事由一般分为监护人存在主观过错的事由和监护人客观无法履职

---

① 余延满：《亲属法原论》，法律出版社2007年版，第508－509页。

或不适合履职的事由,前者包括监护人作为地损害未成年人权益的侵害行为和不作为地不履行监护职责的行为;后者主要指监护人丧失民事行为能力而无法履职、监护人与被监护人利益冲突等事由,瑞士法还规定了监护人失踪、破产等情形。

2. 监护人辞职

当监护人身体状况、财产状况、家庭住址或与被监护人的关系等情况发生变化,以至于影响监护职责的履行,应当赋予监护人辞职的权利,终止当前的监护关系并重新选任合适的监护人,此为监护人辞职制度。一般情况下,允许监护人辞职的情形包括:(1)已满一定年龄;(2)已经作为一定数量未成年子女的监护人;(3)因疾病或残疾影响了监护职责的执行;(4)因住所地发生变化影响了监护职责的履行;(5)因经济状况发生变化影响了监护职责的履行;(6)监护人与被监护人关系发生变化以至于影响监护职责的履行。

(二)监护终止的后果

监护终止的后果,是指在监护终止后,监护人、监护监督人及其他相关人员或机构应当履行的职责。一般来说,监护终止的后果主要包括:

第一,通知。监护人死亡的,监护监督人、被监护人或其近亲属应当将监护人死亡的消息及时通知法院或行政监督机构;被监护人死亡的,监护人、监护监督人或被监护人的亲属应当及时将被监护人死亡的消息告知法院或行政监督机构。

第二,管理账目或报告的检查、审核。监护终止时,监护人应当及时清算被监护人的财产,制作最终财产清单与账目,若有监护监督人,监护监督人应当进行检查或一同制作账目或清单,然后监护人应当将财产清单与账目提交给法院或其他监护监督机构,法院或其他监护监督机构应当对财产清单与账目进行检查、审核。审核之后,法院或其他监护监督机构应当将审核结果通知监护人、被监护人或其继承人。

第三,财产清单与账目及财产的提交。财产清单与账目经法院或其他监护监督机构审核通过后,法院、监护监督机构或监护人应将原始财产清单与账目、审核后的财产清单与账目和被监护人的财产交给已经具有完全民事行为能力的原被监护人、新的监护人或被监护人的继承人。

第四,选任新的监护人。当监护相对终止时,被监护人仍为不完全民事行为能力人的,应当为未成年人指定或选任新的监护人。

第四节　未成年人监护制度的功能

我们认为,监护制度有如下几项功能:

一、补充被监护人行为能力的不足

设置监护制度的理论依据主要在于理性人的假设。理性人,是指能够衡量自身利益并据此作出合理判断与决策的人。[①] 从民法理论的角度看,完全民事行为能力人就是民法上的理性人,而无民事行为能力人或者限制民事行为能力人则被视为非理性人,因此未成年人即属于非理性人,其因身心发育不成熟在以下几个方面都较成年人来说更弱:第一,未成年人对外界侵犯的识别能力和抵抗能力较有完全民事行为能力的成年人更弱;第二,未成年人的利益表达以及表达途径都存在局限;第三,未成年人可能不完全了解社会目前提供的权利救济机制,即使了解,其寻求救济的能力也较弱。[②] 因此,应当为未成年人寻找合适的理性人,即为他们设置监护人,概括性地接管未成年人的民事活动。[③] 所以,监护的首要作用,在于弥补未成年人

---

① 王印红、吴金鹏:《对理性人假设批判的批判》,载《重庆大学学报》2015 年第 6 期。

② 高伟:《儿童监护制度研究——以私法公法化为研究视角》,西南政法大学 2009 年博士学位论文,第 126 页。

③ 朱垭梁:《〈民法总则(草案)〉第 17—22 条评析——监护与信托的功能耦合与制度融合》,载《安徽大学学报》(哲学社会科学版)2016 年第 6 期。

行为能力的不足,代表其作出意思表示。虽然在民法中,人作为平等法律主体享有人之所以为人的全部权利,但法律并非对所有人一视同仁,而是更倾向于对未成年人、老年人等弱者的保护。[①] 通过设置监护,补充未成年人行为能力之不足,目的之一在于保护作为弱者的未成年人之人身权益与财产权益。同时,由于未成年人民事行为能力不足,其可能实施不法行为,给国家或他人的利益造成损害,监护制度要求监护人应约束、教育和监督未成年人,防止其损害国家或第三人的利益、破坏社会的秩序。[②]

二、社会保障职能

在社会保障体系尚不健全的当下,我国尚未对不具备完全民事行为能力的弱势群体提供完全覆盖的福利化程序保障,国家公力救济在此方面存在不足。因此,在我国未来一段时间内,养老育幼、儿童教育、经济支持等保障性工作依然可能主要由家庭和亲属完成。而监护制度的设立在一定程度上是对家庭保障职能的反映和确认。对于无法受到家庭监护的未成年人,就应当通过设立政府性、社会性和公共福利性的机构作为国家或社会监护的主体,保障未成年人的合法权益,这对于国家的社会保障制度具有一定替代作用,此为未成年人监护制度带有"公法"功能色彩的社会保障职能。[③]

① [日]星野英一著:《私法中的人》,王闯译,载梁慧星主编:《民商法论丛》(第8卷),法律出版社1997年版,第191页。

② 余延满:《亲属法原论》,法律出版社2007年版,第471页。

③ 蒋月:《婚姻家庭与继承法》,厦门大学出版社2007年版,第214页。

第二章 中外未成年人监护制度的历史沿革

第一节 外国未成年人监护制度的历史沿革

一、古代外国未成年人监护制度的历史沿革

(一)古罗马法中人的三种权利:自由权、市民权和家长权

在罗马法中,生物学意义上的人被称为"Homo",法律意义上的人被称为"Caput",后者建立于前者的基础之上,生物学意义上的人必须具备以下几个特征:第一,必须同母体分离开;第二,生下来应存活;第三,分娩是完好的,即排除了流产所生;第四,必须有人的形态。只有同时具备了以上四个特征才被认为是生物学意义上的人。但是,要承认其为罗马法意义上的人,享有人之所以为人的人格(现代法律术语中的权利能力),生物学意义上的人还须拥有几种权利:第一,自由权,在盖尤斯的《法学阶梯》中,自由权的定义是:做一切想做之事的自然权利,以受法律禁止或强力阻碍为限,拥有这种自由权的人叫自由人;丧失这种自由权的人则是奴隶。第二,市民权,市民即为拥有罗马市民身份的人,而没有罗马市民身份的人在《十二表法》中被称为"hostis"(外人),在以后的法中被称为"peregrinus"(异邦人),他们是自由的,但是不受罗马法的保护。第三,家长权,或者被称为家父权,是家庭中最高和最完全的权力。广义上的家长权,是指家长对家属、奴隶、牲畜和其他财产的支配权,其是各种权

利的集合体,包括:(1)对物的所有权;(2)对奴隶的家主权;(3)对妻子的夫权;(4)对家子的父权;(5)买受劳动力的买主权。狭义的家长权仅指家长对家属的支配权,无论家属是否成年、缔结婚姻、拥有何种社会或政治地位,皆处于家长支配之下。[①]

(二)人格的丧失

自由权、市民权和家长权是构成罗马人完整人格的必要条件,当缺乏上述条件之一时,即丧失人格。这里需要区分的是人格丧失的自然要件和民法要件。因死亡而丧失人格的,这符合每个人的意识,属于自然法范畴;至于丧失自由权、市民权或家长权而丧失人格,罗马人将因为这三种权利的丧失而终止人格看作纯粹任意的和实证的事实,属于市民法范畴。[②] 人格的丧失可以分为三等:第一,丧失自由权而沦为奴隶,奴隶不是权利的主体,因而当然也丧失市民权和家长权,这属于人格大减;第二,丧失市民权成为外国人,由于市民权是家长权的前提,因此,丧失市民权即导致丧失家长权,这属于人格中减;第三,若仅丧失家长权,其市民权与自由权不受影响,这属于人格小减。[③] 这三种权利分别代表着三种身份:自由人、市民和家长,同理,丧失这三种身份之一即丧失人格。正如徐国栋教授说,我们也可以这么理解,在罗马法中,人格由身份构成,自由人、市民和家长三个身份是人格的组成要素,任何一项身份的缺失都将导致人格的减少。[④] 为了弥补未成年人人格的不足,进而保障家庭财产和家长的继承人的权益,罗马法设置了未成年人监护和保佐制度,可见,未成年人监护制度从其设立之初就表现出了与主体制度、人格身份制度及家庭法的内在关联。[⑤]

---

① 曹诗权:《未成年人监护制度研究》,中国政法大学出版社 2004 年版,第 154 页。

② [意]彼德罗·彭梵得:《罗马法教科书》,黄风译,中国政法大学出版社 2005 年版,第 24 - 32 页。

③ 周枏:《罗马法原论》,商务印书馆 2015 年版,第 126、129 - 130 页。

④ 徐国栋:《"人身关系"流变考(上)》,载《法学》2002 年第 6 期。

⑤ 曹诗权:《未成年人监护制度研究》,中国政法大学出版社 2004 年版,第 149 页。

（三）罗马的政治家庭

罗马家庭与“城邦”一词对应，是与现代家庭完全不同但以另一种初始状态为基础的家庭。[①] 在罗马法中，需要区分两种不同的家庭类型，一种是与权力相关联的政治家庭，另一种是与现代意义相近的自然家庭。罗马法中的未成年人监护制度一方面以政治化的家庭制度为基础，另一方面也从未间断向自然家庭的模式演进。政治组织形态的家庭是高度自治化的社会关系体系，其内部具有有效的权力与责任分配机制，无论出于维护家庭自身存续兴旺的需要，还是出于国家以家庭作为社会最小单位进行治理的需要，它都需要形成主人与奴隶等级分明、家长与家属长幼有度、市民与外国人内外有别、未成年人和妇女等幼弱有所养等阶级明晰的自治效果。[②] 在罗马家庭中，家长对其他家庭成员拥有广泛的支配权，家长甚至可以根据罗马法中“赋予生命的人亦有权带走生命”这一原则操纵子女的生死。[③] 这种支配权涵盖了早期监护的实质内容，表现为家长对家属的管理与支配。[④] 而当未成年子女出生后无家长或被家长解放，家长死亡、丧失家长权、市民权或自由权时，对于那些不足以自我保护的家属，均应该为其设置监护人。[⑤] 由此可见，罗马古时的监护制度始于家长死亡或丧失权力之时，这似乎就是罗马法从未在家长生存并享有家长权时设置监护的原因。[⑥]

可见，罗马早期的未成年人监护制度主要功能在于弥补家长权

---

① ［意］彼德罗·彭梵得：《罗马法教科书》，黄风译，中国政法大学出版社 2005 年版，第 33 页。

② 曹诗权：《未成年人监护制度研究》，中国政法大学出版社 2004 年版，第 151、153 页。

③ ［英］威廉·布莱克斯通：《英国法释义》，游云庭、缪苗译，上海人民出版社 2006 年版，第 504 页。

④ 史尚宽：《亲属法论》，中国政法大学出版社 2000 年版，第 694 页。

⑤ 周枏：《罗马法原论》，商务印书馆 2015 年版，第 277 页。

⑥ Dr. Papas diwan, *Law of Adoption Minority Guardianship and Custody*, Universal, Law Publishing Co. Pvt. Ltd. 2000, pxii.

的缺位，巩固家庭治理单位进而维系国家治理单位，其并不关注被政治功能掩盖的家属之利益。[①]

(四)未成年人监护和保佐的对象：自权人

他权人，是指受夫权、家长权或买主权支配的市民。与之对应，不受夫权、家长权和买主权支配的人，就是自权人。[②] 可见，若处于家长权的支配下，他权人的人身、财产权益都由家长管理、控制，他权人并无监护和保佐的需求，只有在家长死亡、丧失自由权、市民权或家长权等情形出现时，不处于家长权管理下的自权人才需要被监护与保佐。所以，自权人与他权人的确定与其是否受家长权支配有关，与结婚与否没有关系，即使家属结婚，若家长仍然健在，在家长权支配下的家属仍然为他权人。而他权人并非罗马法中未成年人监护和保佐的对象，监护和保佐的对象为自权人。

(五)罗马法中监护的分类

罗马法中的监护分为妇女监护和未适婚人的监护。

1. 妇女监护

在罗马法上，12 岁以上的女子即为适婚的妇女，自权女子终身处于监护权之下，12 岁以前适用未适婚人的监护，满 12 岁的女子则从未适婚人监护转为妇女监护之下。设置妇女监护也是为了保护家庭的财产，罗马人认为，由于妇女操持家务，对财产法律关系不甚了解，而罗马法中很多财产法律行为是要式行为，稍有不慎便致法律关系无效，所以对妇女设置监护，以弥补其管理财产行为能力的不足。[③] 关于对妇女的监护，罗马法学家盖尤斯认为，罗马家族为了防止财产流出家族之外，为未适婚人设置的监护存在“自然的理由”。但是，以女性轻浮为借口为女性监护辩护则似是而非，妇女的监护不

---

① 张善斌、宁园：《论未成年人监护的价值理念——以国家干预及其尺度为视角》，载《武汉理工大学学报》(社会科学版)2016 年第 6 期。

② 周枏：《罗马法原论》，商务印书馆 2015 年版，第 126 – 127 页。

③ 周枏：《罗马法原论》，商务印书馆 2015 年版，第 292 页。

存在合理的理由。正是因为这种监护同“夫权”一样落后于新的社会环境，立法的持续活动与其说在改造它，不如说在削弱和摧毁它。①

2. 未适婚人的监护

罗马法上的未适婚年龄为：男子未满14岁，女子未满12岁。当未适婚子女出生后无家长或被家长解放，家长死亡、丧失家长权、市民权或自由权时，由于该未适婚子女年幼无能，应该为其设置监护人。② 罗马法中监护人的职责，主要为监督和保护未适婚人，包括管理被监护人的人身与财产，批准被监护人从事某些事务等。在后来的发展中，因连续的立法活动，未适婚人监护渐渐丧失了权力的特色，逐渐发展出了义务性的职责，管理职责不断减少，而教育、代理的一面不断增强。③ 到了共和国末叶，官选监护的出现标志着国家开始干预监护人资格的赋予，监督监护人职责的履行，未成年人监护渐渐成为国家公共职务。此时，监护的性质也发生了变化，未适婚人的监护职责变成了管理未适婚人的财产并在适法行为中以自己的参与使未适婚人的意思变得完整有效的义务。④

关于未适婚人监护的种类，可以分为：遗嘱监护、法定监护和官选监护。

第一，遗嘱监护，是指家长在他的遗嘱中为其未适婚的子女指定监护人。最初，监护制度同继承制度有密切的关联，因为监护人最初由家父在去世前通过遗嘱指定，旨在为家庭的最高支配权指定一位接班人，保障其继承人的财产，维护家族的利益，所以家长仅为作为其继承人的家属指定监护人。到了共和国末叶，监护渐渐为被监护

① [意]彼德罗·彭梵得：《罗马法教科书》，黄风译，中国政法大学出版社2005年版，第129页。

② 周枏：《罗马法原论》，商务印书馆2015年版，第277页。

③ 龙卫球：《民法总论》，中国法制出版社2002年版，第285页。

④ [意]彼德罗·彭梵得：《罗马法教科书》，黄风译，中国政法大学出版社2005年版，第132页。

人的利益而设，无论子女是否被指定为继承人，家长都可以在遗嘱中为其指定监护人。[①]

第二，法定监护，在罗马法中，法定监护人是宗亲属，一般法定监护人的范围为：被监护人的兄、伯父、叔父、兄之子等。到了优士丁尼时期，宗亲关系逐渐削弱，才让血亲属负责监护。根据《十二表法》的规定，遗嘱监护优先于法定监护适用，家父通过遗嘱指定监护人的，无须再根据法律规定的监护人范围和顺序确认监护人。[②]

第三，官选监护，自从罗马法中监护制度开始注重保护被监护人的利益后，当未适婚人既无遗嘱监护人也无法定监护人时，国家开始介入未成年人监护领域，罗马城邦的裁判官和获多数票的平民护民官或者行省的总督负责公开任命监护人，此为官选监护。官选监护蕴含着独特的制度价值，其昭示着监护由家长权统摄的家庭自治走向了社会公职。罗马法早期，只有具备一定身份的人才可以获得监护资格，因此，奴隶、外国人与妇女无法被选任为监护人。到了共和国末叶，官选监护出现，监护的性质渐渐发展成为一种职责，监护人选任的标准开始集中于人的监护能力，选任监护人的身份限制被取消。[③]

(六)未成年适婚人的保佐

在罗马法中，保佐制度适用于精神病人、浪费人和未成年人。罗马人以百岁为上寿，25 岁为人生的 1/4，即为成年之时。[④] 保佐适用于不满 25 岁的适婚未成年人。在罗马古时，自权人达适婚年龄即取

---

① [意]彼德罗·彭梵得：《罗马法教科书》，黄风译，中国政法大学出版社 2005 年版，第 128 页。

② 周枏：《罗马法原论》，商务印书馆 2015 年版，第 277、279 页。曹诗权：《未成年人监护制度研究》，中国政法大学出版社 2004 年版，第 163、164 页。

③ [意]彼德罗·彭梵得：《罗马法教科书》，黄风译，中国政法大学出版社 2005 年版，第 133 页。曹诗权：《未成年人监护制度研究》，中国政法大学出版社 2004 年版，第 164 页。

④ 经过帝政后期的改革，成年年龄实际上已成为男 20 岁，女 18 岁。参见周枏：《罗马法原论》，商务印书馆 2015 年版，第 304 页。

得完全的行为能力,不再需要设置监护。但是到了共和国末叶,罗马商品经济发展迅速,法律关系愈加复杂,一些人利用适婚的未成年人对复杂的交易规则不甚了解而行骗图利,而这些适婚的未成年人自己也缺乏管理财产的能力与经验,可能对家庭财产挥霍浪费。在此情况下,公元前 2 世纪末,罗马制定了《普雷托里亚法》,之后大法官和敕令又加以补充和改进,设置了保佐制度用以保护被保佐人的权益。① 接受保佐的未成年人同未适婚的被监护人一样,其行为能力受到限制,保佐人对未成年人的行为进行协助,或者对被保佐人的法律行为进行同意使之生效。未成年人保佐可以分为两类,遗嘱保佐和官选保佐,没有法定保佐。在遗嘱保佐中,家长通过遗嘱指定的保佐人也须受到执法官的确认;在官选保佐中,保佐人由执法官直接指派。②

(七)未成年人监护与保佐的异同

1. 未成年人监护与保佐的相同之处

古罗马未成年人监护与保佐制度的相同之处在于:监护和保佐均是对市民法认为不足以自我保护的自权人设置的,他权人处于家长权之下,受家长的监督与保护,并且他权人没有自己的财产,无须设置监护与保佐。③

2. 未成年人监护与保佐的不同之处

古罗马未成年人监护与保佐制度的不同之处在于:第一,适用对象不同,对于未成年人来说,适用监护制度还是保佐制度应根据其年龄进行判断,不在家长权之下的未适婚人适用监护制度;不在家长权

---

① 周枏:《罗马法原论》,商务印书馆 2015 年版,第 300 页。

② [意]彼德罗·彭梵得:《罗马法教科书》,黄风译,中国政法大学出版社 2005 年版,第 137 页。

③ 周枏:《罗马法原论》,商务印书馆 2015 年版,第 276、295 页。曹诗权:《未成年人监护制度研究》,中国政法大学出版社 2004 年版,第 155－156 页。

之下的适婚未成年人则适用保佐制度。[①] 第二,制度目的不同,监护设置的目的主要在于补充被监护人行为能力的不足,保佐设置的目的主要在于管理被保佐人的财产,不过,这种区别到了帝政时期之后就不存在了。第三,制度使用的频率不同,对于不处于家长权下的未适婚人,一般需要为其设置监护人,监护是一种经常性的职务。而按照《十二表法》,保佐起初是对精神病人和浪费人设置的,在共和国末叶(约在公元前 191 年),未成年人开始被纳入被保佐人的范围。由于精神病人仅于发病时设立保佐,浪费人在改正不良习惯后就不再设置保佐,而未成年人保佐的设置也不是必须的,所以保佐一般是临时性的职务。随着时代的发展,监护和保佐这两个最开始大不相同的制度经过不断的立法活动,上述差异渐渐消弭,二者最终变为功能相同的制度。[②]

(八)监护与保佐性质的变革——家庭自治到国家干预

罗马古时,监护和保佐制度建立的初衷是保护家族财产的利益,以"家族利益"为立法本位。如果继承人无法管理财产,那么其就会影响家族的利益,于是罗马法创设了监护和保佐制度,以防止家族财产被他人侵占或遭受浪费。因此,若没有财产继承人,就无须设置监护,国家也将监护与保佐视为家族内部的私事,对此并不干涉。共和国末叶,罗马家族制度式微,监护和保佐渐渐不以家族利益为本位而设置,而是出于对未成年人利益的考量。同时,妇女、儿童等弱者的利益渐渐受到重视,监护和保佐不再仅是家族内部的私事,而变成了社会公益事务。家长去世后,如果没有为未成年人设置监护和保佐,国家应当选任监护人和保佐人监督、保护不在家长权之下的未成年

---

① [意]彼德罗·彭梵得:《罗马法教科书》,黄风译,中国政法大学出版社 2005 年版,第 138 页。

② 周枏:《罗马法原论》,商务印书馆 2015 年版,第 276、295 页。曹诗权:《未成年人监护制度研究》,中国政法大学出版社 2004 年版,第 155 - 156 页。[意]彼德罗·彭梵得:《罗马法教科书》,黄风译,中国政法大学出版社 2005 年版,第 138 页。

人,可见,在罗马法时期,公权力就已经渗入家庭监护与保佐的事务中。[①]

二、近代外国未成年人监护制度的历史沿革

对于近代西方未成年人监护制度,我们在大陆法系国家和英美法系国家里分别选取了两大典型立法进行考察:法国的《拿破仑民法典》与英国法。《拿破仑民法典》是 1789 年法国资产阶级大革命的产物,是资产阶级国家最早的一部民法典,其开创了近代民法的道路。而 18 世纪是英国的法律世纪,法律在这一个世纪中被提升到了重要的位置,整个英国社会都认识到了法律的力量。[②] 这时的英国法是后来包括美国在内的许多英美法系国家立法的蓝本,具有典型的代表性。因此,我们选取近代这两个国家的立法进行考察。

(一)近代法国未成年人监护制度

近代民法的代表莫过于法国 1804 年颁布的《拿破仑民法典》,该法典承袭了罗马法《法学阶梯》的体例与内容,是大陆法系国家第一部民法典,也是大陆法系其他国家制定民法典的蓝本。[③]《拿破仑民法典》奉行"个人主义"思想,但同时对"家庭等级制"予以妥协,其依然残留着家长制的痕迹。一方面,在财产法部分,该法典充满着"自由与平等"的个人主义精神;另一方面,在家庭法部分,该法典试图重新构建传统的家族制度。可见,《拿破仑民法典》仍是以封建父权思想为基础,残留着家长式家庭制度痕迹的法典。[④] 因此,作为家庭法内容的未成年人监护制度也带有不平等的父权与夫权色彩。

---

① 周枏:《罗马法原论》,商务印书馆 2015 年版,第 275 – 276 页。曹诗权:《未成年人监护制度研究》,中国政法大学出版社 2004 年版,第 160 页。

② David Lieberman, *The Province of Lgislation Determined: Legal Theory in Eighteenth Century Britain* ,New York: Cambridge University Press, 1989, pp. 1 – 2.

③ 高伟:《未成年人监护制度研究》,西南政法大学 2009 年博士学位论文,第 37 页。

④ 吴煜宗:《近代·家族·法》,载谢在全主编:《物权、亲属编》,中国政法大学出版社 2002 年版,第 314 – 325 页。

关于未成年人监护制度的体例,《拿破仑民法典》区分亲权制度和未成年人监护制度。该法典于第九章规定了亲权制度,子女在成年或解除亲权前,均处于父母的权力之下。亲权由父亲单独行使。该法典将21岁作为成年人与未成年人的分野,[①]区分未成年人监护制度(第388—487条)与成年人的禁治产及辅助人制度(第488—515条),并将二者分开规定,于第十章规定了未成年人监护制度,第十一章规定了成年人的禁治产及辅助人制度。

关于未成年人监护的种类,该法典将其分为四种:父母监护、父母指定监护、法定监护和亲属会议指定监护。

对于父母监护,父亲在婚姻关系存续期间,有权管理子女的个人财产。夫妻一方死亡,对于未解除亲权的子女,生存的夫妻一方作为其监护人。但是如果母亲一方单独作为监护人,应当由父亲生前以遗嘱等方式指定的辅助人辅佐才可以行使监护权。母亲也可以拒绝作为监护人,但其应当履行监护义务直到任命新的监护人。[②]

对于父母指定监护,后死亡的父母一方有为其子女指定监护人的权利。父或母指定的人并无必须担任监护人的义务,除非即使父母没有指定,亲属会议也可能选任此人担任监护人。[③]

对于法定监护,若后死亡的父或母没有为未成年人指定监护人,那么应当由未成年人的男性直系尊亲属担任监护人,第一顺序监护人为父系祖父,第二顺序监护人为其母系祖父,第三顺序监护人为其父的父系祖父,以此类推。[④]

关于亲属会议指定监护,对于未成年且未解除亲权的子女,如其无父母、父母指定的监护人以及男性直系尊亲属,或上述监护候选人均不适合担任监护人,亲属会议应为其选任监护人。亲属会议,由治

---

① 《拿破仑民法典》第372条、第373条、第388条。

② 《拿破仑民法典》第189－394条。

③ 《拿破仑民法典》第397条、第401条。

④ 《拿破仑民法典》第402条、第403条。

安审判员依职权或依未成年人的血亲、债权人或其他利害关系人的申请召开。[①]

关于未成年人监护监督人制度，对于包括父母监护在内的各种监护，亲属会议均应当选任一名监护监督人，当监护人与未成年人的利益冲突时，监护监督人应代表未成年人的利益进行干预。[②]

除此之外，《拿破仑民法典》还规定了免除监护（第427—441条）、不具备监护能力、排斥监护及免职（第442—449条）等一系列不适合担任监护人的情形；监护人的权利、义务及职责（第450—475条）等问题。

（二）近代英国未成年人监护制度

18世纪之前英国普通法中的家庭法基本停留在一个相对静止的阶段。教会法、盎格鲁—萨克森法以及相关判例都被作为理解当时监护法的重要因素。[③] 近代英国的未成年人监护制度有以下特点：

第一，英国早期的监护制度与财产的流转密切相关，甚至可以说监护就是对继承人的监护，与其说监护权为身份权，倒不如说其属于财产权。英国在12世纪就确立了长子继承制，而监护权往往与财产尤其是地产的流转相关。因此，财产的世袭流转都被考虑进了制度的设计中。

第二，父权的衰落、司法干预的增强。16世纪之前，封建社会的监护权以父权绝对原则为基础，司法机关并不介入监护权纠纷的解决。从16世纪开始，司法机构打破家庭自治的桎梏，开始干预未成年人监护，父权的地位开始衰落。在17世纪，1660年《保有权废除法案》促成了司法干预监护权的起点，这一法案打破了父权不可侵犯的做法，具有革命性意义。到了18世纪，反映国家权力的第三人

① 《拿破仑民法典》第405条、第406条。

② 《拿破仑民法典》第420条。

③ 曹诗权：《未成年人监护制度研究》，中国政法大学出版社2004年版，第198－199页。

开始代表子女的利益向父亲的权利提出挑战，公权力在继承、监护领域的介入与父亲调整家庭生活关系的父权之间产生了强烈的冲突。未成年人监护事务中父权的威慑进一步式微，如果父亲破产或者不适合监护，那么法院可以考虑不授予其监护权；如果父亲有伤害子女身体的行为，那么其父权也会因此受到限制。18世纪后期，司法机构干涉父权已经十分普遍，并且国家逐渐重视未成年子女的利益。[①] Mansfield 法官指出：司法机构不仅有权力审查父亲的行为，而且在必要时还可以干涉，法律允许父亲对子女的权力具有一定强制性，但是此权力要服从于国家的宪法和权力。[②] 1839年，英国通过了《子女监护法案》，该法案规定大法官可以出于对公益和子女利益的考量，在一定情况下赋予母亲监护权或探视权，这标志着司法正式干预未成年人监护事务，现代意义的英国未成年人监护制度建立。[③]

第三，母亲的监护权逐渐受到重视。因授予母亲监护权与父权绝对原则相左，但是基于女性适合照料幼童的自然天性，应尽量让母亲照顾子女的日常生活。在这一考量下产生了变通的做法，这在盎格鲁—萨克森法中即有体现，与罗马法将监护权控制在父亲或父系亲属手中之做法不同的是，盎格鲁—萨克森法将未成年人身体的监护与财产的监护分离。当父亲去世后，由母亲对其子女的身体进行监护，由男方的亲属对其子女的财产进行监护，一直到子女成年为止。可见，母亲可以对子女享有部分监护权，其在未成年子女监护中的地位已经有了很大的提高。[④] 在后来的判例中，对母亲监护权的

① 曹诗权：《未成年人监护制度研究》，中国政法大学出版社2004年版，第202、208－209、213页。

② Danaya C. Wright, Costructing Patriarchy: the Development of Interspousal Custody Law in England. De Manneville v. De Manneville, Rethingking the Birth of Custody Law under Patriarchy, Law & Hist. Rew. 247, 1999, p. 283.

③ Sarah Abramowicz June, English Child Custody Law, 1660－1839: The Origin Of Judicial Intervention In Parternal Custody, 1999, Colum. Rev. 1391.

④ 曹诗权：《未成年人监护制度研究》，中国政法大学出版社2004年版，第198－199、212页。

限制逐渐放宽:除非父亲在遗嘱中明确指定了其他监护人,否则母亲可以在父亲去世后获得未成年子女的监护权。并且除非父亲在遗嘱中明确禁止,否则母亲的监护权不因其再婚而终止。当时英国有的法院还认为,除非将子女置于母亲监护之下有让子女遭受灌输天主教义的风险,否则应当尊重母亲照顾孩子的"自然权利"。

第四,在监护权纠纷中,司法机构开始关注未成年子女的利益,在有些判决中甚至将未成年子女的利益凌驾于父母以及其他利益之上,这为后来"儿童最大利益原则"在英国的普遍适用打下了基础。①

三、现代外国未成年人监护制度的历史沿革

对于现代西方未成年人监护制度,我们在大陆法系国家和英美法系国家里分别选取了两大典型立法进行考察:德国的《德国民法典》与美国法。1896 年颁布、1900 年施行的《德国民法典》是资本主义社会向帝国主义过渡时期资产阶级国家编纂的规模最大、对资产阶级影响最广的一部民法典,假若将 1804 年《拿破仑民法典》誉为 19 世纪风车水磨时代民法典的代表,那么 1900 年《德国民法典》就可谓是 20 世纪工业社会民法典的代表。② 现代美国是世界上儿童权益保障最为充分的国家之一,也是实践儿童最大利益原则最为彻底的国家之一,通过对美国未成年人监护制度的考察,我们可以看到一个国家从传统父权制社会走向世界儿童权益保障佼佼者的历史脉络。综上,我们选取现代这两个国家的立法进行考察。

(一)现代德国未成年人监护制度

现代大陆法系国家民法的典范当属德国 1900 年施行的《德国民法典》,在未成年人监护制度体例方面,其区分亲权制度和未成年人监护制度,使用"小监护"的概念。在监护类型方面,其规定了父母指定监护、法院选任监护与法定监护。对于父母指定监护,父亲的指

① 曹诗权:《未成年人监护制度研究》,中国政法大学出版社 2004 年版,第 209 页。

② 王利明:《民法典的时代特征和编纂步骤》,载《清华法学》2014 年第 6 期。

定优先于母亲的指定。对于监护法院的选任监护，一般情况下，女性被确认为监护人的，须经其丈夫同意，除非这个女性的丈夫就是被监护人的父亲。但是女性监护候选人有无条件拒绝监护的权利，而男性候选人却没有这个权利。关于法定监护，该法典规定祖父母与外祖父母是法定监护人，并且祖父母担任监护人的顺位优先于外祖父母。①

关于监护人的职责，该法典规定监护人应保护、照管被监护人的人身权益和财产权益，并且在一些事务上作为其法定代理人。当被监护人利益与监护人或监护人代理的第三人利益产生冲突时，监护法院可以撤销监护人从事特定监护事务的权利。并且该法典也规定了禁止监护人作出的一系列行为，如礼尚往来之外的将被监护人财产赠与他人的行为、为其自己的利益而使用被监护人的财产等。还规定了一系列监护人需要得到监护法院批准或同意才能从事的行为，如处分土地或者设定、转移土地权利等。经过数次的修法，这些规定仍被保留在目前最新的《德国民法典》中沿用至今。②

该法典还设立了监护监督人制度，如果监护人职责包含对被监护人财产的管理，那么应当选任监护监督人，除非被监护人没有财产、财产太少或数人共同监护。监护监督人的职责在于将监护人死亡的消息以及其他使监护终止或让监护人免职成为必要的事项及时通知监护法院。③

关于监护法院和少年局的职责，监护法院应当对监护人以及监护监督人的履职行为进行监督，对于其违反义务的行为进行干预。监护人和监护监督人应当在被要求的任何时候向监护法院汇报履职情况和被监护人的个人情况。当时的《德国民法典》还设立了少年

---

① 参见1900年《德国民法典》第1776条、第1783条、第1786条。

② 参见1900年《德国民法典》第1793条、第1796条、第1804条、第1805条、第1821条。

③ 参见1900年《德国民法典》第1792条、第1799条。

局,少年局的职责包括:向监护法院建议适合担任的监护人、监护监督人和亲属会议(目前的《德国民法典》已废除亲属会议制度)成员,帮助监护法院监督监护人是否依法履职,将监护人违反法律的行为报告给监护法院。将监护的设立以及监护人或监护监督人变动的情形报告于家事法院。[①] 但与目前最新的《德国民法典》相比,1900 年的《德国民法典》并没有赋予少年局担任机构监护人的职责。

1900 年的《德国民法典》确立了较为完整的监护制度体系,但早期的监护法仍带有封建家长制与父权制的烙印,从 1900 年施行到第一次世界大战为止,《德国民法典》几乎没有被修改,根本性的变革发生在 1945 年以后,其目前已经朝着男女平等和未成年人最大利益的价值导向方向发展。[②]

(二)现代美国未成年人监护制度

关于现代美国未成年人监护制度,我们从两方面考察其演进过程:第一,监护标准从带有性别倾向向性别中立转变。此过程包含五项原则:第一个原则是父权优先原则,即早期美国法上父亲对婚生子女享有绝对的控制和监护权;第二个原则是幼年推定原则(或称母亲优先原则),即母亲优先作为子女的监护人;第三个原则是主要照顾者优先原则,即由日常主要照顾未成年人的父母一方优先担任子女的监护人;第四个原则是儿童最大利益原则,即强调子女利益的优先性,应根据儿童的最大利益选任其监护人;第五个原则是子女选择原则,即应尊重一定年龄以上并具有一定识别、判断能力的未成年人的意思为其确认监护人。第二,监护形式从单独监护向共同监护转变。

1. 由父权优先原则到儿童最大利益原则和子女选择原则

(1)父权优先原则。

在早期美国法上,夫妻的法律地位非常不平等,未成年人监护制

---

① 参见 1900 年《德国民法典》第 1837 条、第 1839 条、第 1849 - 1851 条。

② 陈卫佐:《德国民法典》(第四版),法律出版社 2015 年版,第 7 - 8 页。

度最早采用源于罗马法的父权优先原则，1871 年之前，美国社会普遍认为丈夫是一家之主，其对子女拥有监护与控制的权利，而妻子对其子女没有照管和监护的权利，子女实质上被看作父亲的私有财产。因此，当时的监护纷争只可能发生在父亲和子女作为其学徒的师傅之间，而不可能发生在父亲和母亲中。[①] 在当时作为殖民地的美国，夫妻离婚十分罕见，即使夫妻离婚，在“父权优先原则”的指导下，法院一般也判决父亲作为子女的监护人，子女与父亲分离的，父亲要向子女的母亲或第三人返还子女的权利。直到 19 世纪，法官开始关注离婚诉讼中未成年子女的利益，“父权优先原则”这一原先占据主导地位的原则开始动摇，尽管当时法律对母亲的监护权仍然漠视，但法院开始限制父亲对子女的权利，对父亲的监护资格附加了道德或经济等一系列条件，这为后来的“幼年推定原则”奠定了基础。[②]

（2）幼年推定原则。

从 19 世纪开始，美国一些州法院开始对未成年人监护案件实施“幼年推定原则”，幼年推定原则是指在子女幼年阶段，推定母亲能更好地照顾子女，从而由母亲获得子女的监护权。幼年推定原则建立在两种社会学推论之上：推论一，幼儿有获得母亲照顾的情感需求。一般而言，幼儿与人建立关系的时期是在 5 个月到 6 个月时，此时幼儿一般会选择母亲作为情感对象，一旦与其最初的情感对象分离，可能会影响其情绪、损及人格之形成。为了满足幼儿的情感需求，年幼的子女应由母亲担任监护人。[③] 推论二，母亲比父亲更适合照顾幼儿。这一推论建立在男女家庭劳动分工的基础上，其主张女性相比男性更擅长照料、保护子女，更适合担任监护人。对幼年推定原则的适用，法院一般将监护权判给母亲，除非父亲有证据证明母亲

① Geri S. W. Fuhrmann, Robert A. Zibbell, Evaluation for Child Custody, New York: Oxford University Press, 2012, p. 4.

② 吴用：《论性别平等对美国儿童监护立法流变的影响》，载《中国青年政治学院学报》2012 年第 5 期。

③ 林秀雄：《婚姻家庭法之研究》，中国政法大学出版社 2001 年版，第 94 页。

不适合担任监护人，否则若父亲仅仅证明自己适合担任监护人而不能提供母亲不合适的证据，那么仍不足以说服法官支持其获得子女的监护权。可见，根据幼年推定原则，除非母亲被认为是不能胜任的或对孩子的福祉有危害，否则离婚后父亲很难获得对幼年子女的监护权。到了20世纪30年代，美国许多法院已采用“幼年推定原则”处理未成年人监护案件。直到1970年，加利福尼亚州法律还规定，在其他条件相同的情形下，由母亲担任幼年子女的监护人。1973年，宾夕法尼亚州高级法院同样主张，由母亲担任幼年子女的监护人符合儿童最大利益原则。①

“幼年推定原则”尊重了许多美国家庭“男主外、女主内”的家庭劳动分工模式，相比“父权优先”原则，其进步之处显而易见，但是到了20世纪六七十年代，幼年推定原则也遭到了质疑，这些质疑主要包括：该原则统一以性别为判断标准，并没有考虑不同案件的具体情形，不符合儿童的最大利益；该原则与美国联邦宪法第十四修正案中的“平等保护”条款不符；该原则依据的“男主外、女主内”的家庭劳动分工模式假设在现代社会已经不再具有普遍性。基于以上原因，到了20世纪80年代，美国许多州开始通过立法废止“幼年推定原则”，或者根据宪法第十四条修正案的“平等保护”条款进行司法审查，确认在未成年人监护案件中优先考虑性别因素是无效的。② 不过，在司法实践中，一些州有时仍然将“幼年推定原则”作为目前占主流地位的“儿童最大利益原则”的补充，当判断儿童的最大利益存在困难从而让审判陷入僵局时，法院就会考虑根据“幼年推定原则”指定母亲作为监护人。这一方法在本质上仍然基于母亲是儿童的最佳照顾者的推定，这在许多法官内心已经形成了根深蒂固的观念：有学者对美国印第安纳州的25位法官进行调研，结果发现：一半以上

① 夏吟兰：《美国现代婚姻家庭制度》，中国政法大学出版社1999年版，第283页。

② ［美］哈里·D. 格劳斯、大卫·D. 梅耶：《美国家庭法精要》，陈苇等译，中国政法大学出版社，第140页。

的被调查法官支持在司法实践中适用“幼年推定原则”，即使对于不支持“幼年推定原则”的法官，其也在84.2%的情况下将6岁以下子女的监护权判决给母亲，同时也在75.9%的情况下将7岁以上子女的监护权判决给母亲。由此可见，在美国当今社会，仍有许多法官认为母亲较父亲更适合担任子女的监护人，“幼年推定原则”仍然存在适用的空间。①

(3)主要照顾者优先原则。

到了20世纪60年代末，随着美国社会越来越多女性参与社会劳动，美国家庭中父母亲的角色发生了变化，这为主要照顾者优先原则奠定了社会与家庭的基础。1981年美国Garska v. McCoy案确立了主要照顾者优先原则，主要照顾者优先原则，是指将未成年子女的监护权交予在日常生活中照顾、教育、陪伴子女花费时间和精力最多的父母一方。主要照顾者优先原则的理论依据在于：第一，儿童的最大利益原则要求在日常生活中对子女承担主要照顾职责的父母一方担任监护人；第二，有利于保持亲子间既有关系的稳定；第三，未成年人与主要照顾其的父母一方在感情上更加亲近，该原则考虑了未成年人的情感。②“主要照顾者”是指负责照顾子女衣食住行等生活事务以满足其日常需求的人。对于“主要照顾者”的判断标准，1992年，美国法律协会在“离婚法原则”中明确了对该原则的判断标准：父母离婚时，对子女的监护安排不能达成一致意见的，除非他方更适合履行监护职责，否则，法院一般应判决由在家庭中主要负责照顾子女的父母一方担任监护人。可以通过以下因素判断父母一方为子女的主要照顾者：①在家中全职照顾子女；②当父母双方均有工作，但

① Julie E. Artis, *Judging the Best Interests of the Child: Judges' Accounts of the Tender Years Doctrine*, Law&Society Review, 2004. 转引自冯源：《儿童监护事务的国家干预标准——以儿童最大利益原则为基础》，载《北京社会科学》2016年第3期。

② 吕亚芳、吴雪玉：《离婚后儿童监护的美国法演变及其启示》，载《湖北警官学院学报》2015年第9期。

主要由其中一方负责子女衣食住行等日常事务并且能陪伴子女。①

主要照顾者优先原则假定上述主要照顾者在离婚后仍应担负上述职责，以帮助儿童免受离婚带来的巨大变化。这一标准主张照料的连续性优先于其他的判断因素。“主要照顾者优先原则”的特点在于：第一，判决结果具有较强可预见性。如果法院适用该原则，除非另一方有足够有力的证据推翻该推定，当事人可以基于日常生活照顾子女的情况而预先判断谁将获得监护权。第二，在儿童监护权的分配问题上不再体现性别色彩。不过，也有反对者认为该原则仅在表面上体现性别中立，但实质上仍存在性别倾向，若许多家庭中子女的照顾者主要为母亲，那么适用主要照顾者优先原则的后果与幼年推定原则有何差别？不仅如此，“主要照顾者优先原则”的反对者还认为，当今社会越来越多样的照顾方式令主要照顾者优先原则的适用更加困难；该原则是立足于监护人的视角而非儿童的视角，可能不符合儿童最大利益原则；该标准可能导致过分看重照顾的数量而忽视照顾的质量？为何在监护权分配问题上照顾的连续性比其他因素更加重要？这些问题成为“主要照顾者优先原则”被更为科学的原则取代的理由。

随着人们逐渐认识“幼年推定原则”和“主要照顾者优先原则”的不足，标榜母亲优先主义纯粹的“幼年推定原则”和“主要照顾者优先原则”已经式微。目前，美国各州对于监护权分配的标准主要采性别中立的“子女选择原则”和“儿童最大利益原则”。②

(4)儿童最大利益原则。

子女最大利益原则，是指对于未成年子女监护人的选任，应以追求子女的利益为首要考虑标准。美国学者认为：“最大利益原则的发展超越了其原初的概念而被美国法院以及其他司法机构所接受，

① 王丽萍：《美国离婚后的子女监护制度及其启示》，载《法学论坛》2008 年第 2 期。

② 吴用：《论性别平等对美国儿童监护立法流变的影响》，载《中国青年政治学院学报》，2012 年第 5 期。

并使之作为英格兰与美国家庭法的基本原则,该原则一般适用于未成年人监护、抚养与收养等领域。”[①]1969 年美国《家庭法案》规定,法院应当按照儿童最大利益原则来判决父母监护权案件。那么,究竟应当适用什么标准来确定“儿童最大利益”？有的州并未规定判断的因素,而是给予了法官较大的自由裁量权;有的州规定法官应当综合子女的父母、老师、朋友及心理医生等相关人的意见判断儿童之最大利益。美国法学会于 1970 年制定的《统一结婚离婚法》第 402 条列举了判断儿童最大利益须考察的因素,为各州的立法提供了范本,这些因素包括:子女对住所、学校及周围环境的适应性;父母对担任子女监护人的意愿;子女对监护候选人的态度;子女与父母、兄弟姐妹及其他相关人的关系;前述所有相关人的心理及身体状况等。为增强儿童最大利益原则的可操作性,实践中有时还将“幼年推定原则”和“主要照顾者优先原则”作为“儿童最大利益原则”的补充。

与其他的原则相比,“儿童最大利益原则”的进步之处在于:第一,20 世纪 60 年代在许多国家发展的尊重儿童人权之潮流强调将儿童的利益置于父母利益之前,而“儿童最大利益原则”符合该潮流与趋势。第二,该原则的含义并不明确,并且其标准因地制宜、与时俱进,因此该原则的适用具有较大的包容性与灵活性。第三,该原则不存在“幼年推定原则”和“主要照顾者优先原则”带有的性别倾向,符合美国宪法第十四条修正案的“平等保护”原则。虽然存在这些进步之处,但“儿童最大利益原则”含义不明确的特点也会带来一些问题:在美国司法实践中,法官具有较大的自由裁量权,这不仅可能冲击英美法中遵循先例的惯例,导致“同案不同判”的结果,还可能不得不借助于其他原则来确定儿童之最大利益。因此,儿童最大利益原则可能建立于“主要照顾者优先原则”之上,从而将监护权判给主要照顾孩子的父母一方,也可能建立于“幼年推定原则”的基础之

---

① Lynne Marie Kohm, *Tracing the Foundations of the Best Interests of the Child: Standard in American Jurisprudence*. Journal of Law&Family Studies, 2008(2).

上，从而将监护权判给母亲，这增加了法院判决的不确定性。时至今日，儿童最大利益原则仍具有较大开放性，这既是其优点也是其不足的根源。虽然儿童最大利益原则还存在上述问题，但由于其的广泛适用，父母的权利逐渐被弱化，儿童的利益被置于父母的利益之前，这是国际儿童权益保护事业的一大进步。①

(5)子女选择原则。

子女选择原则，是指当子女达到一定年龄或者具有足够的判断能力时，让子女决定由父母哪一方作为其监护人，可见，该原则承认了子女独立的法律地位，尊重了其意愿与人格尊严。因此，在此原则的指导下，当子女已满一定年龄或具备基本的判断能力后，法院应征求子女的意愿，将其偏好考虑在内。当然，至于在多大程度上考虑子女的意愿，一般应当根据子女的实际年龄和判断能力而定。

对于法院如何获得子女的真实意愿，美国《统一结婚离婚法》第404条规定，法官可以在自己的办公室或法院的议事室接待涉案的子女，以了解子女对监护安排的意愿，此为法庭听询制度，在非公开的场合探寻子女的意见可以避免使子女在正式听审时被迫公开表明支持父母中的某一方。法官可以允许律师在听询时在场，并在此过程中记录子女的意愿。法院还可以咨询专业人员的意见，此意见应当形成书面报告，律师可以要求查看该书面报告。明尼苏达州法律规定，当儿童已满一定年龄并具有一定的判断能力，则法官可以在其办公室接待儿童，以此探寻儿童的意愿，在律师在场的情况下，律师可以对法官向儿童提出的问题进行建议。伊利诺斯州法律同样允许法官在其办公室征询孩子意见时安排律师在场。美国大多数法院要结合孩子的年龄、成熟程度及孩子所提出理由的合理性来考虑孩子的意见，同时仅仅将孩子的意愿作为判决的依据之一，罗得岛法规定，法院只需考虑14周岁以上子女的意愿，并且除了子女的意愿，法

① 冯源：《儿童监护事务的国家干预标准——以儿童最大利益原则为基础》，载《北京社会科学》2016年第3期。

院在对监护安排作出判决时还应当考虑其他因素。但佐治亚州和西弗吉尼亚州法律却赋予了子女选择绝对优先的权利,当子女已满14周岁,除非其选择的父母一方不适合担任监护人,否则法院应当尊重子女的选择。①

从20世纪70年代到现在,美国已有16个州在立法中明确规定,法院审理未成年人监护的案件应考虑子女的意愿;有32个州的法院在监护案件的司法实践中探寻未成年人的意愿。子女选择原则承认了子女独立的法律地位,尊重了其意愿与人格尊严,有利于维护其合法权益,但是该原则不能成为未成年人监护中唯一的原则。原因在于,一方面,并非所有的子女都能作出最有益于其最大利益的选择,此规则常因未成年人年幼或缺乏判断能力而无法作出选择;另一方面,强迫子女必须在父母之中选择其中一方,这或许会对未成年子女的心灵造成不可估量的伤害,甚至可能会恶化其与非监护父母一方的亲子关系。所以,子女选择原则应当是法院作出监护判决所依据的原则之一,在子女因年幼而不能作出选择或让子女参与诉讼可能会对其造成严重心灵创伤的情况下,法院应当适用"儿童最大利益原则"等其他原则作出判决。

2. 由单独监护到共同监护

关于父母分居或离婚后监护权的行使方式,美国各州的做法主要有四种:(1)单独监护,是指由父或母一方单独作为子女的监护人;(2)共同监护,是指父母双方皆同时取得子女的监护权,但对法律上的监护权和子女身体的监护权应当加以分配;(3)分配监护,是指父母双方皆取得子女的监护权,但对监护职责的履行应当在时间上加以分配;(4)分离监护,是指父母有多个子女的,双方分别取得对不同子女的监护权。关于监护权的行使方式,美国法经历了从单独监护到共同监护的发展过程。目前,美国社会最常见的监护方式是父母共同享有子女法律上的监护权,同时母亲单独享有子女身体

---

① 王丽萍:《美国离婚后的子女监护制度及其启示》,载《法学论坛》2008年第2期。

上的监护权。[①]

因分离监护与分配监护较为少见,所以下面考察较为常见的单独监护与共同监护:

单独监护,是指父母一方获得子女身体上的监护权、法律上的监护权或者同时获得身体和法律上的监护权。单独身体上的监护,是指拥有监护权的父母一方与子女共同居住,对其进行保护、教育与照料,而无监护权的一方仅享有探视权;单独法律上的监护,是指拥有监护权的父母一方有决定子女医疗、教育或其他影响子女日常生活重大事务的权利,而无监护权的一方一般仅能查询子女的医疗和学校记录。

共同监护于20世纪70年代在美国被提出。1979年,美国加利福尼亚州进行立法改革,该家庭法律系统首次体现了对共同监护的偏好。共同监护,是指父母双方共同获得子女身体的监护权、法律的监护权或同时获得身体和法律上的监护权,包括父母共同获得子女身体上的监护和共同法律上的监护。前者是指父母双方都可以参与子女的照顾和教育事务,从而使子女有条件与父母双方进行充分的接触与互动;后者是指父母双方均享有决定子女医疗、教育或其他影响子女日常生活重大事务的权利。[②]

共同监护的优点在于:第一,从父母的角度看,共同监护能保持父母双方与子女密切的联系,避免了父母双方因争夺监护权而引发的争执,共同监护有利于鼓励父亲参与子女的生活,提高母亲生活的独立性,促进男女平等的实现。第二,从子女的角度看,父母共同监护可以确保子女不因父母离婚而失去父母任何一方,为子女提供更丰富的生活支持,尽量给予其完整的"家"的概念,符合未成年子女

---

① 王丽萍:《美国离婚后的子女监护制度及其启示》,载《法学论坛》2008年第2期。

② Kirsti Kurki - Suonio, Joint Custody as an Interpretation of the Best Interests of the Child in Critical and Comparative Perspective, International Journal of Law, Policy and Family, 2000(3).

的最大利益。第三,与单独监护不同,共同监护不再在父母之间划分等级,从而使拥有探视权的父母成为真正的监护人。①

共同监护的反对者认为,第一,共同监护并不一定适合每一个案件的具体情况,但如果各州都通过共同监护的推定会迫使每一个案件在审理过程中都要考虑对其是否施行,这可能会造成不必要的程序成本,降低审判的效率。② 第二,共同监护需要父母双方为了子女的利益相互合作,特别在父母共同享有子女法律上的监护权时,若已离异的父母双方仍心存芥蒂,在决定子女的重大问题上持续发生冲突,则不应适用共同监护。强行要求离异夫妻合作会造成新的矛盾,这可能会影响子女的身心健康。因此,有学者认为,共同监护必须建立在父母双方自愿的基础上,法庭不得违背父母的意愿执意判决采取共同监护。③

目前,共同监护已成为现代美国各州法律所倡导的监护形式,将其作为对传统的"一方监护、他方探视"监护模式的一种替代方式,绝大部分州的立法都规定了共同监护这一监护方式。④ 但在司法实践中,对于大多数州而言,目前它还只是法官在判决时采取的选择之一,判决共同监护的比例并不高。比如,在俄勒冈州,推定共同监护的法案通过后,59%的案件判决母亲单独获得子女的监护权,10%的案件判决父亲单独获得子女的监护权,31%的案件判决父母双方共同获得子女的监护权。⑤ 在马萨诸塞州法院的500份记录中,判决由父母共同拥有子女身体上监护权的案件只有11件。在亚里桑那

---

① Ira Mark Ellman, Paul M Kurtz and Ann M. Stanton. Family Law, Charlottesville, Virginia: The MichieCompany, 1986, pp. 544 – 546.

② 曹诗权:《未成年人监护制度研究》,中国政法大学出版社2004年版,第218页。

③ O' Neil & Leonoff, Joint Custody: An Option Worth Examining, Perception, 1977, pp. 28 – 29.

④ Linda D. Elrod and Robert G. Spector, A Review of the Year in Family Law: Working Toward More Uniformity in Laws Relating to Families, FAM. L. Q. 2011(44), pp. 469 – 511.

⑤ Douglas W. Allen and Margaret Brinig, *Do Joint Parenting Laws Make Any Difference*. J. EMP. L. STUDS, 2011(8), pp. 304 – 313.

州的法庭记录中，判决父母享有共同监护权的案件比例也仅占6%。而加利福尼亚州也只有10%的未成年人与父母双方生活。[①] 在北卡罗来纳州进行的离婚调查显示：母亲拥有单独监护权的案件占72%；父亲拥有单独监护权的案件占13%；判决父母共同监护的案件占15%。即使是在华盛顿、加利福尼亚州和科罗拉多州这些极力推崇共同监护的州，也只有15%—20%的父母享有对子女共同的身体监护权。根据美国国家健康统计中心在1990年进行的调查可知，在所有有关未成年人监护的判例中，72%的案件判决由母亲单独拥有监护权，9%的案件判决由父亲单独拥有监护权，16%的案件判决由父母双方共同拥有子女的监护权，余下3%的案件则有关分配监护和分离监护。[②] 以上调查统计的结果均表明，即使共同监护为当前美国法律所倡导的监护形式，但其在司法实践中的适用并不普遍，父母单独监护仍为美国社会主要的监护形式。

第二节　我国未成年人监护制度的历史沿革

一、我国古代未成年人监护制度的历史沿革

（一）我国古代的宗法家族及家庭关系

家庭是由血缘、地缘等亲属团体组成的社会细胞，在清末之前，我国古代社会的社会结构和生产方式与宗法家族和自然经济紧密相关。宗法家族是我国古代人们生产、生活的基本单位，而自然经济自给自足，并且其只创造使用价值。宗法家族和自然经济互为条件，互相促进。[③]

---

① Robert M. Galatzer Levy and Louis Kraus, *The Scientific Basis of Child Custody Decisions*, New York. John Wiley &Sons, Inc, 1999, p. 392.

② 曹诗权：《未成年人监护制度研究》，中国政法大学出版社2004年版，第215－216页。

③ 曹诗权：《未成年人监护制度研究》，中国政法大学出版社2004年版，第259－260页。

宗法家族以父系血缘为组建纽带，家长、族长是家族的代表，国家和家庭之间的关系实质是君王和家长之间的关系。家长不仅是家族里的领主，更是国家的无衔官员，国家通过家长管理家族中的每一位家属，君君臣臣、父父子子，家长对家庭成员享有极大的权力，甚至可以生杀予夺，其他家庭成员没有独立的人格，个人的自由意志屈服于父系家长特权之下，这种状况一直持续到清朝末年。[①]

为了追求齐家治国平天下的目的，巩固家庭中的宗法治理结构，我国古代历朝推崇礼法并用，以儒家文化为圭臬，以五伦（君臣、父子、夫妻、兄弟、朋友）和“三纲五常”统摄和规范从国家到家庭的等级关系，通过“绵延子嗣、传宗接代”的观念凝聚家庭的向心力，以“父义母慈子孝兄友弟恭”与“一家之内，子必从父，妻必从夫，弟必从兄”的行为模式来调整家族等级体系；以“国无二君，家无二尊”的行为模式来建立国家与家庭的二元权利体系。[②]

我国古代传统文化是以“集体本位”为基本精神，古代法律的功能之一在于约束个体的行为以维护特定集体的秩序与利益，法律制度设计个人权利的出发点是对社会整体秩序的维护。[③] 在小农经济自成封闭、宗法家长制自治完整的社会背景下，家长负责安排与保护家庭中所有未成年人的一切事物，未成年人的监护事务被掩盖于家长权的内容下，现代意义的未成年人监护制度没有建立的条件。[④]

（二）我国古代未成年人监护制度考察

在中国古代的宗法家族中，家长拥有对包括家子在内的家庭成员的控制与管理权，当家长去世或因其他原因无法管理整个家族而导致家子无所托时，社会自助体系常以“托孤”等形式来代替家长继续行使对家庭中未成年人的管理权，作为对家长权缺位的补充。例

① 武树臣等：《中国传统法律文化》，北京大学出版社 1994 年版，第 60 页。

② 瞿同祖：《中国法律与中国社会》，中华书局 1981 年版。转引自曹诗权：《未成年人监护制度研究》，中国政法大学出版社 2004 年版，第 261 页。

③ 武树臣等：《中国传统法律文化》，北京大学出版社 1994 年版，第 65 页。

④ 曹诗权：《未成年人监护制度研究》，中国政法大学出版社 2004 年版，第 261、264 页。

如,在清代虽无监护制度之立法,但当对家族中别居异财的禁令逐渐松懈,随之社会上不在家长权之下的年幼之人逐渐增多,为了安置此类幼童,托孤制度应运而生,此制度即可类比于未成年人监护制度。此种形式,没有形成严格规范的法律制度,但却为中国古代监护制度的前身和萌芽。①

虽然中国古代无形式意义的未成年人监护制度,但是却有实质意义的未成年人监护制度,其有如下特点:(1)在表现形式上,夏朝至清朝中期,我国未成年人监护制度采诸法合体的形式,民刑不分。(2)在法律依据上,基于"礼"是我国古代社会最重要的伦理道德规范和行为准则,其可应用于封建社会的各种社会关系,因此其也成为当时未成年人监护制度的补充与基础。② (3)在监护的内容上,监护人的职责包括:在人身权利方面,监护人对于被监护人有教化权和惩戒权,但是惩戒权的严厉程度比家长弱;在财产权利方面,监护人享有管理被监护人财产的权利。(4)以近亲属监护为主,同宗族人的社会监护为辅。一般情形下,监护人的顺序为:第一顺序为伯叔父;第二顺序是兄长;第三顺序是从伯叔父;此外,伯叔母、外祖父母、舅父及同宗较远的亲属也可以担任监护人。宋代的《庆元断狱令》规定:诸大辟囚,本室同居亲年十岁以下大家人者,责付近家收养;无近亲者付邻人。可见,被判处死刑的罪犯,如果他有十岁以下同居且本宗的小孩无人养育,首要的监护人为其近亲属,没有近亲属的由"邻人"进行监护,"邻人"即为一切有血缘联系的同宗族人。③ (5)在利益本位上,监护立足于家庭或家族的利益而非未成年人的利益。(6)在性别视角上,以选任男性监护人为原则,带有重男轻女的不平等色彩。

上述我国古代未成年人监护规范的特点一直保持到了清朝末

① 陈惠馨:《亲属法诸问题研究》,台湾月旦出版公司 1993 年版,第 314 - 315 页。

② 程丽:《儿童家庭监护制度的历史嬗变及价值取向》,载《理论与改革》2016 年第 2 期。

③ 李霞:《监护制度比较研究》,山东大学出版社 2004 年版,第 237、239 页。

年，随着清廷开始改革社会制度，着手变法图存。虽然基于历史与政治的原因，诸多法规都未实际实施，但在这一时期，我国古代监护规范开始向近代监护法的方向发展，产生了形式意义的未成年人监护制度。

二、我国近代未成年人监护制度的历史沿革

（一）《大清民律草案》中的未成年人监护制度

清朝末年，西风东渐，清政府迫于压力进行立法改革，其通过参考德国、日本等国的相关规定，在1911年制定了《大清民律草案》，在该草案中，“监护”一词第一次出现在了中国法律中。其可以被视为我国未成年人监护立法的发端，为后来中国未成年人监护制度的发展奠定了基础，具有跨时代的意义。

在体例上，《大清民律草案》共五编、1569条，该草案区分亲权和监护权，其在第四编第四章第二节规定了亲权，第五章规定了监护制度。在未成年人监护方面，《大清民律草案》规定当没有亲权人或亲权人不能行使亲权时，设立监护。监护人只能为一人。未成年人监护可以分为法定监护、遗嘱监护与亲属会议选任监护，后两类监护必须设置监护监督人。在适用顺位上，法定监护最先适用，遗嘱监护次之，而亲属会议选任监护则于最后适用。法定监护人的顺位为：第一顺位为祖父；第二顺位为祖母；第三顺位为家长；第四顺位为最后行使亲权的父母一方通过遗嘱指定的人。关于监护人的职责，监护人可以享有亲权人对子女的全部权利义务，监护人应护养并教育未成年人；监护人有对未成年人住所的指定权；监护人可以在必要的范围内惩戒未成年人，甚至可以申请审判衙门将未成年人送至惩戒所惩戒；未成年人须经过监护人的同意才能开展营业活动。除此之外，还有作为监护人独特的权利义务：如报酬请求权；在监护开始时制作财产清单的义务；监护过程中，出具被监护人开销之预算、报告财产状

况的义务;监护终止或职务终止时,邀请监护监督人清算账目的义务等。①

因为清廷的瓦解,《大清民律草案》并未正式实施。有学者认为,该草案是中国民法史上第一部根据欧洲民法原理编纂的民法典草案,其结合了欧洲民法原理和当时中国的社会现实,建立了本土化的民法体系和规则。②

（二）《中华民国民法》中的未成年人监护制度

1930 年,南京国民政府颁布《中华民国民法》亲属编,该民法是中国历史上第一部民法典,在该民法中,形式意义的未成年人监护制度首次得到实施。③ 在体例上,《中华民国民法》亲属编仍使用“小监护”概念,区分规定亲权和监护。

关于监护制度,除非未成年人已经结婚,否则若未成年人无父母或父母不能行使亲权时,应当为其设置监护。未成年人监护之类型包括:遗嘱监护、委托监护、法定当然监护与亲属会议选任监护。父或母可以通过遗嘱指定监护人,其因特定事项,在特定时间内,可以委托他人行使监护权。法定监护人的顺位为:第一顺位为与被监护人共同居住的祖父母;第二顺位为家长;第三顺位为不与被监护人共同居住的祖父母;第四顺位为被监护人父亲的兄弟;第五顺位为亲属会议指定的人。关于监护人的职责,除了在委托监护中监护人职责以委托职务为限,在其他类型监护中,监护人在保护、增进被监护人利益范围内行使、负担亲权人对子女的权利、义务,除此之外,还有作为监护人独特的权利义务,如报酬请求权、监护开始时编制财产清册的义务、向亲属会议报告财产状况的义务,及监护终止或职务终止时,邀请监护监督人清算账目、交还财产的义务等。④

---

① 参见《大清民律草案》第 1372 – 1375 条、第 1410 – 1431 条。

② 杨立新主编:《中国百年民法典汇编》,中国法制出版社 2011 年版,第 8 页。

③ 刘丕峰:《中国古代私有财产权的法律文化研究》,山东人民出版社 2011 年版,第 87 页。

④ 参见《中华民国民法》第 1091 – 1109 条。

《中华民国民法》的起草，参考了法国、德国、日本与瑞士等大陆法系国家民法，同时吸收了南京临时政府、北洋政府法制建设的经验和成果，并且保留了中国固有的习俗与传统。[①] 有学者称赞道：《中华民国民法》十之六七采德国之立法，十之三四采瑞士之立法，十之一二采法国、日本及苏联之立法，其集现代大陆法系国家民法之精髓。[②] 1949 年中华人民共和国成立后，国民党时期的法律制度被废除，但《中华民国民法》在我国台湾地区经过数次修改后仍沿用至今。

三、我国现代未成年人监护制度的历史沿革

因受计划经济的影响，从中华人民共和国成立至改革开放这一段时间，我国私法一直被忽视，监护制度也长期未得到重视。虽然 1950 年与 1980 年两部《婚姻法》中亲子关系部分都规定了一些关于监护的内容，但当时尚未建立未成年人监护制度之体系，也未曾使用监护这一概念。

1986 年《民法通则》颁行，其中的未成年人监护制度使用“大监护”的概念，未设“亲权”制度，在“公民”一章中规定了监护制度，共计 4 条。这是中华人民共和国成立后，我国法律第一次认可并使用“监护”这一概念，为监护制度的研究与发展奠定了基础。在以后制定的部门法中，监护这一概念得到了普遍的使用。在 2017 年 10 月施行的《民法总则》中，监护制度在“自然人”这一章的第二节专节规定。在原则方面，《民法总则》确立了“最有利于被监护人原则”与“尊重被监护人真实意愿原则”，用以指导监护人确认和监护人职责的履行。在监护人的确认方面，规定担任监护人的父母有权在生前通过遗嘱为未成年人指定监护人。未成年人不在父母监护之下的，应当为其设立法定监护，监护顺位依次为：祖父母、外祖父母；兄、姐；

① 朱勇主编：《中国法制通史》（第 9 卷），法律出版社 1999 年版，第 639 页。

② 梅仲协：《民法要义》，中国政法大学出版社 1998 年版，第 1 页。

愿意担任监护人的其他人或组织,这些具有监护资格的人之间可以通过订立协议确定监护人,但当协议确定监护人存在争议的,可请求人民法院等相关机构指定监护人。当没有适合担任监护人的人选时,由我国民政部门或居(村)民委员会担任监护人。在监护人的职责方面,监护人的职责包括:保护被监护人的人身、财产及其他权益,作为被监护人的法定代理人代理其从事民事法律行为等。除此之外,该总则还规定了监护人资格的撤销、恢复和监护终止等内容。[①]《民法总则》颁行后,我国形成了以《民法总则》为主,以《民法通则》《婚姻法》《未成年人保护法》《义务教育法》《预防未成年人犯罪法》等法律法规及司法解释为配套的未成年人监护法律体系。

第三节　中外未成年人监护制度的变革趋势

通过考察外国和我国未成年人监护制度的历史沿革,可以发现二者在以下几个方面遵循着相似的发展规律:

一、监护立法理念的变革

未成年人监护从以家庭或父母利益为本位发展到以未成年人利益为本位。罗马早期监护人最初由家父在去世前通过遗嘱指定,其旨在为家庭的最高支配权指定一位接班人,保障家族财产的利益。未成年人监护制度的设计带有阶级性和政治性,其并不关注被制度掩盖的家庭成员的利益,而是旨在维护家庭这一治理单位。到了共和国末叶,罗马的经济有了很大的发展,家族制度奔溃,财产共有的观念渐渐消失,妇女、儿童等弱者的利益受到重视,监护人的设置渐渐不以家族利益为本位,而是开始以未成年人利益为本位。

近代以来,家长权逐渐被瓦解,个人开始获得独立的主体价值,法国摆脱了罗马法将未成年人当作权利客体的立法传统,将其视为

---

① 《民法总则》第26－39条。

独立的民事主体进行保护；而英国法中，司法机构在监护权纠纷中重视未成年子女的利益，未成年子女的利益开始凌驾于父母以及其他利益之上。虽然此时未成年人的利益在西方国家中已受到关注，但未成年人监护制度的设计仍以父母和监护人之利益为本位。[①] 到了现代，儿童权益保障力度加强，德国法规定了禁止监护人作出的一系列行为，在划定监护人行为边界的同时增强了对儿童权益的保障；美国法更是将确定监护人的标准从以父亲权益为本位的"父权优先原则"发展到以子女利益为本位的"儿童最大利益原则"，其在保障儿童权益方面至今都位列于世界前列。第二次世界大战之后，全球范围的人权保障运动推动着监护制度的转型，不仅是德国与美国，世界上许多其他国家未成年人监护制度的立法理念都发生了变化，开始以未成年人利益为本位。[②]

与国外未成年人监护发展规律类似，我国古代传统文化是以"集体本位"为基本精神，古代法律的功能之一在于约束个体的行为以维护特定集体的秩序与利益，具体到我国古代实质意义上的未成年人监护制度，其便是为了维护宗法家族的利益而非未成年人的利益而设。到了近代，《中华民国民法》第 1097 条规定，监护人在行使父母对于未成年子女的权利、履行父母对于未成年子女的义务时应维护被监护人之利益，[③]可见，此时未成年人监护已向着未成年人利益本位的方向发展。到了现代，我国 2017 年施行的《民法总则》更是规定了监护制度的两大原则：尊重被监护人真实意愿原则与最有利于被监护人原则，这从基本原则的设置上明确了监护制度应以被监护人利益为本位，具体到未成年人监护制度，就是未成年人利益本位。

① 张善斌、宁园：《论未成年人监护的价值理念——以国家干预及其尺度为视角》，载《武汉理工大学学报》（社会科学版）2016 年第 6 期。

② 何勤华、魏琼：《西方民法史》，北京大学出版社 2006 年版，第 261 页。

③ 杨立新主编：《中国百年民法典汇编》，中国法制出版社 2011 年版，第 506 页。

二、监护性质的变革

监护的性质从权力发展为职责。在罗马法中，监护人的职责主要包括对被监护人的人身、财产进行管理以及在某些事项上核准被监护人的行为。在后来的发展中，因连续的立法活动，未适婚人监护渐渐丧失了权力的特色，逐渐发展出了义务性的职责，管理职责不断减少，而教育、代理的一面不断增强。在罗马法后期，未适婚人的监护内容变成了管理未适婚人的财产并在适法行为中以自己的参与使未适婚人的意思变得完整有效的义务，同时，官选监护的出现昭示着监护由家长权统摄的家庭自治走向了社会公职。到了近代，《拿破仑民法典》中的未成年人监护制度表现出了明显的职责性，该法典第 450 条规定，监护人应照顾未成年人的身体，并代理其一切民事行为，以善良管理人的注意管理被监护人的财产，并对在监护过程中造成的财产损失负赔偿责任。《拿破仑民法典》重视监护中的财产管理关系、轻视被监护人人身监管的特性，与该法典中重视父亲对子女人身的支配、轻视对子女财产保护的亲权制度形成鲜明对比。[①] 可见，在该法典的亲权制度仍然沿袭罗马法家长控制权之性质时，监护的职责属性已经十分凸显。1900 年的《德国民法典》沿袭了监护的职责性质并一直保持到现在，规定了监护人有权利和义务照管被监护人的人身和财产，并且在一些事务上作为其法定代理人等职责。

在我国古代，监护的内容包括：在人身权利方面，监护人对于被监护人有教化权和惩戒权，但是惩戒权的严厉程度比家长权弱；在财产权利方面，监护人享有管理被监护人财产的权利，可见，在我国古代，监护的内容以控制、管理及规训未成年人为主，监护实质为监护人的控制权。到了近代，我国未成年人监护的性质虽然还带有权力的色彩，如《大清民律草案》第 1373—1375 条、第 1419 条规定，监护人有对未成年人住所的指定权；监护人可以在必要的范围内惩戒未

① 曹诗权：《未成年人监护制度研究》，中国政法大学出版社 2004 年版，第 175 页。

成年人，甚至可以申请审判衙门将未成年人送至惩戒所惩戒；未成年人须经过监护人的同意才能开展营业活动。但许多监护事务已经体现了职责的性质，如《大清民律草案》第1372条、第1419条、第1422条规定，监护人应护养并教育未成年人；在监护开始时，监护人应当会同监护监督人制作财产清单；监护人每年年初应当开具该年之预算，并且在亲属会议同意之后才能开支被监护人的金钱财产。《中华民国民法》第1099条规定，监护开始时，监护人应当会同亲属会议指定的人对未成年人的财产开具财产清单。到了现代，《民法通则》《民法总则》进一步围绕义务为中心设计监护人的监护职责，如果说《民法通则》第18条"监护人依法履行监护的权利"的表述让人们对监护的性质尚存争议的话，那么《民法总则》第34条对监护人职责内容的规定就完全消除了这种争议，因此，目前未成年人监护职责的性质在我国已有明确的法律依据。

三、监护人性别的变革

监护人从只限男性到性别不限。马克思在其作品《神圣家族》中谈到：平等观念的本质是人与人同等对待的社会关系。[①] 从法学角度来说，平等应当是指人在同一情境中具有相同的法律地位，其实际上是人类本质上的平等在法律上的反映和体现。[②] 法律上的平等反对歧视，歧视是指人不被当作与他人同等的人，或者其应享有的权利得不到法律的确认，即使确认了也得不到与他人同等的保护，或者法律义务比他人更加沉重，被不适当地提出更多的要求，平等价值要求权利不因歧视而被不当剥夺。[③] 而女性的监护权在历史上就经历了一段从被不当剥夺到被承认的历程。

---

① [德]卡尔·马克思：《神圣家族》，载马克思、恩格斯：《马克思恩格斯全集》（第2卷），人民出版社1998年版，第48页。

② 胡平仁：《法理学》，中国民主法制出版社2014年版，第152页。

③ 葛洪义主编：《法理学》，中国政法大学出版社1999年版，第72页。

罗马古时,法定监护人是宗亲属,一般法定监护人的范围为:被监护人的兄、伯父、叔父、兄之子等,女性家庭成员终身处于监护之下,未达适婚年龄的女性家庭成员适用未适婚者的监护,已达适婚年龄的女子则转为在妇女监护之下。到了优士丁尼时期,宗亲关系逐渐削弱,妇女偶有监护的机会。到了近代,法国与英国皆承认了一定条件下母亲对子女的监护权利,这是两国法律的进步之处。但是,近代的法国法和英国法还仍以封建的父权思想为基础,作为家庭法内容的未成年人监护制度仍带有不平等的父权与夫权色彩,《拿破仑民法典》虽规定父母皆可以作为子女的监护人,但却强调若母亲一方单独作为监护人,应当由父亲生前以遗嘱等方式指定的辅助人辅佐才可以行使监护权,若父亲单独作为监护人则没有此限制;英国法虽然规定父亲去世后,由母亲对其子女的身体进行监护,但并未赋予母亲对子女财产的监护权,子女财产由男方的亲属进行管理与处分,一直到子女成年为止。可见,近代西方国家的未成年人监护制度在男女平等问题上虽有进步,但还存在对封建父权思想的妥协。到了现代,1900 年《德国民法典》规定,在父母指定监护的情况下,父亲的指定优先于母亲的指定适用;对于法院的选任监护,一般只有在丈夫同意的情况下,女性才可被确认为监护人,除非这个女性的丈夫就是被监护人的父亲;父系祖父母与母系祖父母皆为未成年人的法定监护人,但父系祖父母担任监护人的顺位优先于母系祖父母,可以看出,1900 年《德国民法典》中的未成年人监护制度仍带有男尊女卑的色彩,而在 2010 年最新修订的《德国民法典》中,这些男女差别对待的规定已经完全被删除。同样,美国法中最开始选任监护人的标准也是适用带有性别色彩的“父权优先原则”和“幼年推定原则”,直到 20 世纪,以儿童利益为本位的“主要照顾者优先原则”“儿童最大利益原则”和“子女选择原则”才开始崭露头角,这些现代意义上选任监护人的标准是性别中立的,其并不强调性别是确认监护人时应当考虑的要素。此时,在许多国家中,男女被指定或选任为监护人的机会渐渐趋同,法院或监护主管机构在选任监护人时,更看重的是监护人的监护能力、健康状况、经济状况以及与未成年人的关系等，不再将性别作为选任监护人考量的因素。由此可见，从古代、近代到现代，国外未成年人的监护权呈现出男性家庭成员独有到男女家庭成员皆可争取的发展规律。

与国外未成年人监护人性别的发展规律类似，在我国古代，宗法家庭中选任监护人以选任男性监护人为原则，带有重男轻女的不平等色彩。到了近代，《大清民律草案》规定法定监护人的顺序为：第一顺序：祖父；第二顺序：祖母；第三顺序：家长；第四顺序：最后行使亲权的父或母以遗嘱指定的人。可见，祖父的监护顺位优位于祖母；《中华民国民法》规定法定监护人的顺序为：第一顺序：与未成年人同居的祖父母；第二顺序：家长；第三顺序：不与未成年人同居的祖父母；第四顺序：伯父、叔父；第五顺序：由亲属会议选定之人。可见，该法虽然在祖父母的选任顺位上不区分性别，但是在第四顺位上仅规定了伯父与叔父，并未规定姑姑与姨姨等同亲等女性尊亲属。由此可见，虽然《大清民律草案》与《中华民国民法》皆规定了女性亲属具有监护资格，但是在一定程度上，部分女性亲属的监护顺位仍后位于同亲等男性亲属。到了现代，我国 1987 年施行的《民法通则》与 2017 年施行的《民法总则》则将父亲与母亲规定于同一监护顺位，祖父母、外祖父母规定于同一监护顺位，兄、姐规定于同一顺位，在监护人选任规则以及权利义务的设置上完全体现了男女平等原则。

四、公权力干预的变革

未成年人监护从绝对的家庭自治到公权力干预逐渐增强。在古罗马社会，罗马法中的未成年人监护制度以政治化的家庭制度为基础，政治组织形态的家庭是高度自治化、阶级分明的社会关系体系，家长是这一自治体系中的领导者，其拥有对家子、妻子等家属绝对的控制权。当家长去世之后，根据家长的遗嘱或法律的规定，家庭中的男性亲属成员成为未适婚人的监护人，这一过程完全在家庭中进行，国家公权力被排除在家庭之外。在共和国末叶，监护不再单纯是家庭内部的私事，而成为带有社会公益性质的事务，此时公权力开始干预未成年人监护，当未适婚人既无遗嘱监护人也无法定监护人时，罗马城邦的裁判官、获多数票的平民护民官或者行省的总督负责公开任命监护人，此为官选监护，此时，公权力就已经渗入家庭监护与保佐的事务中。到了近代，公权力对未成年人监护的干涉增强，《拿破仑民法典》设置了亲属会议制度，由未成年人住所地治安审判员作为亲属会议的组成人员对未成年人监护事务进行监督；而英国1839年《子女监护法案》规定大法官可以基于对子女利益和公益的考虑，享有凌驾于父权之上的权利，监护不再纯粹是家庭内部的事务。到了现代，国家对未成年人的公权力干预进一步加强，德国设置了监护法院与少年局的双重监督机构，监护法院负责监督监护人与监护监督人的履职行为，对于其违反义务的行为进行干预；而少年局的职责包括向监护法院建议合适的监护人、监护监督人和亲属会议成员，帮助监护法院监督监护人是否依法履职等；美国法确定监护人的标准从“父权优先原则”发展到“未成年人最大利益原则”，在这一过程中，国家公权力的参与程度同样不断加强。在过去，仅凭父亲（在“父权优先原则”的情形下）或母亲的身份（在“幼年推定原则”的情形下）就可以将监护人指定为父母一方，除非存在父母一方不适合担任监护人的情形，否则性别就是法院确认监护人的决定性标准。后来“主要照顾者优先原则”“儿童最大利益原则”以及“子女选择原则”出现，法院在指定监护人时考察的因素增加，特别是对于内涵的解释较为宽泛的儿童最大利益原则，法院需要综合各方面情形进行判断，这导致公权力对家庭的干预也加强。不仅如此，1804年《拿破仑民法典》与1900年《德国民法典》中的未成年人监护类型皆包括“法定当然监护”，当未成年人不处于父母亲权之下并且父母未为子女指定监护人时，直接按照法律规定的监护人范围和顺序确定监护人。但是，目前最新的《法国民法典》与《德国民法典》都删除了这一监护类型，当未成年人不处于父母的亲权之下并且父母未为子女指定监护人时，直接由监护法官主持的亲属会议或家事法院为未成年人指定监护人,这在监护人确认的方式上体现了公权力干预的增强。

与国外未成年人监护发展规律类似,我国古代的未成年人监护制度是建立在宗法家族之上的,宗法家族以父系血缘为组建纽带,家长、族长是家庭中的领袖,又是国家的无衔官员,国家赋予家长在家庭中绝对的权力,通过家长、族长统治个人,国家对未成年人的监护并不干涉。到了近代,《大清民律草案》与《中华民国民法》都规定了监护监督机构——亲属会议,《大清民律草案》规定了审判衙门在亲属会议的召集、亲属会议成员的选定以及对不服亲属会议决议的处理等方面的职责。[①] 而《中华民国民法》虽然没有规定公权力机构在亲属会议的召集与亲属会议成员的选任方面的职责,但是却规定了对亲属会议的决定有不服的应当于三个月内向法院申诉。可见,公权力在我国近代未成年人监护监督及司法救济方面有所介入。到了现代,公权力干预未成年人监护的趋势进一步增强,国家机关不仅作为监护监督机构对未成年人监护进行干预,还作为监护保障机关履行国家监护职责,在我国 2017 年施行的《民法总则》中,对确认监护人存在争议的,人民法院有权指定监护人;当监护人怠于履职或侵害未成年人合法权益的,法院依申请撤销监护人资格;当没有依法具有监护资格的人时,监护人由民政部门担任,至今形成了以“家庭监护为主,国家监护为辅”的未成年人监护法律体系。

① 杨立新主编:《中国百年民法典汇编》,中国法制出版社 2011 年版,第 204 页。

第三章　国外亲权制度和未成年人监护制度的考察与比较评析

以下对法国、德国、日本、瑞士、俄罗斯的亲权制度与法国、德国、日本、瑞士、俄罗斯、英国及美国的未成年人监护制度进行考察与比较评析。

第一节　国外亲权制度和未成年人监护制度立法体系的考察与比较评析

一、国外亲权制度和未成年人监护制度立法体系的考察

（一）国外亲权制度体系的考察

与未成年人监护制度立法体系不同，亲权制度不存在内部体系的问题，因此所谓亲权制度的立法体系皆指该制度的外部体系，即亲权制度在该国民法典中的位置。下面考察法国、德国、日本、瑞士、俄罗斯的亲权制度体系。

1. 法国亲权制度体系的考察

亲权制度被规定在《法国民法典》第一卷“人”的第九篇“亲权”中。

2. 德国照顾权制度体系的考察

父母照顾权制度被规定在《德国民法典》第四编“亲属法”的第

二章“血亲关系”第五节“照顾权”中。

3. 日本亲权制度体系的考察

亲权制度被规定在《日本民法典》第四编“亲属”中的第四章“亲权”中。

4. 瑞士亲权制度体系的考察

亲权制度被规定在《瑞士民法典》第二编“家庭法”第二分编“父母”第八章“亲子关系的效力”第三节“亲权”中。

5. 俄罗斯亲权制度体系的考察

亲权制度被规定在《俄罗斯联邦家庭法典》的第四编“父母子女的权利与义务”中的第十二章“父母的权利与义务”中。

(二)国外未成年人监护制度立法体系的考察

关于未成年人监护制度的立法体系,我们从两方面进行考察,第一,未成年人监护制度的外部体系(因英国和美国为普通法系国家,没有制定统一的民法典,监护制度以单行法或判例的形式呈现,所以并不存在这个问题),即未成年人监护制度在民法典中的立法体系,其在民法典的结构中居于何位置?是采“集中式”立法体系而位于总则中或亲属编(婚姻家庭编)中,还是采“总分式”立法体系而两者皆有之?第二,未成年人监护制度的内部体系,即未成年人监护制度是否包括亲权制度?使用大监护(广义的监护)还是小监护(狭义的监护)概念?[①] 以下我们分别对法国法、德国法、日本法、瑞士法、俄罗斯法、英国法和美国法中未成年人监护制度的立法体系进行考察。

1. 法国未成年人监护制度立法体系的考察

(1)未成年人监护制度外部体系的考察。

关于未成年人监护制度的外部体系,《法国民法典》并非沿袭潘德克吞体系的总分结构,而是继承了罗马法《法学阶梯》的体系,分为“人法”“物法”与“债法”三卷,经过多次修改,最新的《法国民法

① 陈苇、李艳:《中国民法典之监护制度立法体系构建研究》,载《西南政法大学学报》2017 年第 2 期。

典》增加了“担保法”作为第四卷。未成年人监护制度采用“集中式”立法体系，被规定在第一卷“人法”的第十编“未成年与解除亲权”第一章的第二节与第十二编“受监护的未成年人与成年人概括财产的管理”中。

（2）未成年人监护制度内部体系的考察。

关于未成年人监护制度的内部体系，《法国民法典》中的未成年人监护制度不包括亲权制度，其使用的是狭义的未成年人监护概念。

2. 德国未成年人监护制度立法体系的考察

（1）未成年人监护制度外部体系的考察。

关于未成年人监护制度的外部体系，在《德国民法典》中，未成年人监护制度采用“集中式”立法体系，被规定在第四编“亲属法”第三章“监护、法律照管、保佐”第一节“监护”中，总则中并未规定监护制度。

（2）未成年人监护制度内部体系的考察。

关于未成年人监护制度的内部体系，未成年人监护特指不在父母照顾权（《德国民法典》将亲权命名为父母照顾权）下的未成年人监护，其使用的是狭义的未成年人监护概念。

3. 日本未成年人监护制度立法体系的考察

（1）未成年人监护制度外部体系的考察。

关于未成年人监护制度的外部体系，《日本民法典》虽然对于监护制度采用“总分式”的体系，但在第一编“总则”的第二章第二节“行为能力”中只涉及成年人监护，没有未成年人监护的内容，未成年人监护制度被规定在该法典第四编第五章“监护”中。因此，对于未成年人监护制度，其采“集中式”立法模式。

（2）未成年人监护制度内部体系的考察。

关于未成年人监护制度的内部体系，《日本民法典》中的未成年人监护制度不包括亲权制度，其使用的是狭义的未成年人监护概念。

4. 瑞士未成年人监护制度立法体系的考察

(1)未成年人监护制度外部体系的考察。

关于未成年人监护制度的外部体系,《瑞士民法典》的未成年人监护制度采用“集中式”立法体系,位于第二编“家庭法”第二分编“父母”第八章“亲子关系的效力”第五节“受监护的未成年人”中,第一编“人法”中没有监护制度。

(2)未成年人监护制度内部体系的考察。

关于未成年人监护制度的内部体系,《瑞士民法典》中的未成年人监护制度不包括亲权制度,其使用的是狭义的未成年人监护概念。目前,《瑞士民法典》中直接规定未成年人监护制度的只有第327条,未成年人监护制度须援引该法典“亲权”与“成年人保护制度”的规则,该法典第327条a款规定,未成年人的监护人享有和父母几乎同样的权利。

5. 俄罗斯未成年人监护制度立法体系的考察

(1)未成年人监护制度外部体系的考察。

关于未成年人监护制度的外部体系,俄罗斯的监护制度使用“总分式”的立法模式,但因《俄罗斯联邦民法典》没有设置亲属编(或称为婚姻家庭编),所以有关监护和照管的规则被规定在《俄罗斯联邦民法典》“总则”的第31—40条与《俄罗斯联邦家庭法典》第20章第145—150条中。

(2)未成年人监护制度内部体系的考察。

关于未成年人监护制度的内部体系,《俄罗斯联邦民法典》中的未成年人监护制度不包括亲权制度,其使用的是狭义的未成年人监护概念。《俄罗斯联邦民法典》第31条第3款规定,在下列情况下,应当设立未成年人监护:①当未成年人没有父母并且没有被收养时;②父母的亲权被剥夺;③父母逃避其监护职责,特别是教育和保护职责。《俄罗斯联邦家庭法典》第145条也规定,监护和照管是为不在父母照顾之下的未成年人而设置。可见,俄罗斯使用的是狭义的未成年人监护概念。

6. 英国未成年人监护制度内部体系的考察

英国未成年人监护制度主要被规定在 1989 年《儿童法》中，该法是英国最重要的儿童保护法案，其体现了在公法领域与私法领域对儿童态度的巨大转变。[①] 英国并无编纂民法典，所以英国法并不存在未成年人监护制度的外部体系等问题。关于未成年人监护制度的内部体系，1989 年英国的《儿童法》规定，监护人拥有与父母几乎同样的父母责任（在该法中被称为"parental responsibility"，本文译为"父母责任"）。[②] 英国法并未规定亲权制度。因此，英国的未成年人监护制度采广义的未成年人监护概念，未成年人监护制度包括父母监护和非父母监护。

7. 美国未成年人监护制度内部体系的考察

与英国类似，美国并未编纂民法典，所以美国法并不存在未成年人监护制度外部法律体系的问题。因受英国普通法的影响，美国早期的家庭法采制定法与判例法并列的模式。如今，虽然判例法仍是家庭法的表现形式，但其作用主要在于完善各州已有的规范或是对尚未规定的内容进行补充，制定法已经代替了判例法的位置，成为家庭法的主要表现形式。因此，可以说目前美国的家庭法是由一系列单行法构成的。[③] 作为家庭法一部分的未成年人监护制度，在以前，根据宪政联邦和各州分权理论，除了少量有关儿童权利或监护的制度出于宪法第十条修正案的规定，[④]家事事务领域主要的立法权力属于各州，儿童监护的规定原则上由各州自行决定，各州都有自己的

① 曹贤余：《英国亲子法律关系中"父母责任"的规定及启示》，载《人民论坛》2013 年第 11 期。

② 1989 年《儿童法》第 5(6)条。

③ 夏吟兰：《美国现代婚姻家庭制度》，中国政法大学出版社 1999 年版，第 1 页。

④ 根据美国宪法第十条修正案规定，宪法并未将权力授予美国联邦政府，也没有禁止将权力授予各州，并且保留了将权力分别授予各州或授予给民众。这一规定长期以来都被解读为将家庭法归于各州专属管辖下。参见［美］哈里·D. 格劳斯、大卫·D. 梅耶：《美国家庭法精要》，陈苇等译，中国政法大学出版社 2007 年版，第 7 页。

未成年人监护制度，这主要是出于排斥联邦政府涉足此领域的立法传统。近40年来，联邦宪法法院对家庭法进行了前所未有的干预，并且这种干预愈演愈烈，其取消了许多在传统主义者看来不受联邦司法干预的州家庭法，使州的法律趋于一致。[①] 美国1973年颁布的《统一结婚离婚法案》第四章的"监护"第401条至第410条几乎围绕着父母离婚诉讼中未成年人监护的安排进行规定。1997年，美国全国统一州法委员会会议通过了《统一监护和保护程序法案》，其取代了1982年由全国统一州法委员会通过的同名法案，该法案内容包括未成年人的监护和保护与成年人的监护与保护。法案分为五章，第一章主要介绍定义和一般规定，包括与监护人和保护人职位有关的规定和法院的管辖权；第二章规定法庭或父母对未成年人监护的内容；第三章是对无行为能力人的规定，包括成年人监护和未成年人监护的内容；第四章规定了未成年人保护和成年人保护制度的内容。第五章是统一法案的格式规定。[②] 因此，可以看出美国法使用广义的未成年人监护概念，其不仅包括父母对未成年子女的监护还包括非父母监护人对未成年人的监护。

二、国外亲权制度与未成年人监护制度立法体系的比较评析

（一）国外亲权制度体系的比较评析

关于亲权制度的体系，前文除了法国的立法外，德、日、瑞、俄四个国家的亲权制度都被规定在该国民法典的亲属编或婚姻家庭编中。

（二）国外未成年人监护制度立法体系的比较评析

关于未成年人监护制度的法律渊源，前述国家立法可以被分为

---

① ［美］哈里·D. 格劳斯、大卫·D. 梅耶：《美国家庭法精要》，陈苇等译，中国政法大学出版社2007年版，第5页。

② 王竹青：《美国持续性代理权和成年人监护制度立法及法律适用》，知识产权出版社2016年版，第212页。

两类:第一,将监护制度规定在其民法典及其他单行法中,作为大陆法系国家的法国、德国、日本、瑞士、俄罗斯采此立法例;第二,将监护制度规定在单行法或体现在判例法中,作为英美法系国家的英国、美国采此立法例。下面对前述大陆法系五个国家未成年人监护制度的外部体系与前述大陆法系和英美法系七个国家未成年人监护制度的内部体系进行比较评析。

1. 国外未成年人监护制度外部体系的比较评析

关于未成年人监护制度的外部体系,在将未成年人监护制度规定在本国民法典及其他单行法的国家中,可以分为两类:第一,采“总分式”立法体系,未成年人监护制度被规定在民法典的总则与独立的婚姻家庭法中,俄罗斯采此立法体系;第二,采“集中式”立法体系,未成年人监护制度被集中规定在民法典的总则、婚姻家庭编或其他章节中,日本、法国、德国、瑞士采此立法例。在采“集中式”立法体例的国家中,因《法国民法典》采法学阶梯体系而并不包含总编与分编,其未成年人监护制度被集中规定在第一卷“人”中;而在包含总则(总编)与分则(分编)的民法典中,德国、日本与瑞士民法典总则(总编)中没有关于未成年人监护制度的内容,未成年人监护制度都被规定在亲属法编或家庭法编中。可见,在上述国家的民法典中,大部分国家的未成年人监护制度被规定在亲属法编或婚姻家庭法编中。[①] 因此,可以看出,未成年人监护制度与婚姻家庭法的联系十分紧密,前者隶属于后者的观点与实践被许多国家所接受与践行。

2. 国外未成年人监护制度内部体系的比较评析

关于未成年人监护制度的内部体系,这和前述国家采大监护概念(未成年人监护包括非父母监护与父母监护)还是小监护概念(仅指非父母的监护)有关。上述国家立法可以分为两类:使用大监护概念,英国、美国采此立法例;使用小监护概念,上述所有大陆法系国

① 陈苇、李艳:《中国民法典之监护制度立法体系构建研究》,载《西南政法大学学报》2017 年第 2 期。

家包括法国、德国、日本、瑞士、俄罗斯采此立法例。父母监护与非父母监护一般在制度设立的基础、国家干预的程度、责任承担的主体、权利义务的内容等方面存在差别,并且父母监护还包括父母离婚后对子女监护的分配这一问题,而非父母的监护并不存在这一情形。基于父母监护与非父母监护存在上述不同之处,因此前述大陆法系国家采用小监护概念,将未成年人监护制度独立于亲权制度,未成年人监护制度仅包含非父母对未成年人的监护。

第二节 国外亲权和未成年人监护设立与类型的考察与比较评析

一、国外亲权和未成年人监护设立与类型的考察

下面考察法国法、德国法、日本法、瑞士法、俄罗斯法中亲权的设立规则。

(一)国外亲权设立的考察

1. 法国亲权设立的考察

亲权设立于子女出生之时,父母当然作为子女的亲权人。

2. 德国照顾权设立的考察

父母有照顾子女的权利和义务。父母结婚的,照顾权由双方共同享有;父母未结婚的,照顾权一般由母亲所有,除非父母双方表示共同行使照顾权。①

3. 日本亲权设立的考察

子女出生时父母在婚姻关系中的,父母共同行使亲权。父母在子女出生前离婚的,由母亲作为亲权人;但在子女出生后父母离婚的,父母双方可以协议确定由哪一方作为亲权人,协议不成的,由家

① 《德国民法典》第1626条、第1626a条。

庭法院进行裁决。[①]

4. 瑞士亲权设立的考察

父母结婚的,共同行使亲权。父母未结婚的,由母亲单独行使亲权,如果母亲为未成年人、被剥夺亲权或死亡的,未成年人保护机构将亲权判决给予父亲。根据父母双方共同的请求,未成年人保护机构可以将亲权转移给另一方。[②] 关于亲权人的资格,瑞士法规定未成年的父母及亲权被禁止的父母不得享有亲权。[③]

5. 俄罗斯亲权设立的考察

成年父母享有亲权,并且父母有相同的亲权。当未成年父母已满 16 周岁时,其可以与被指定的监护人一起行使对其子女的亲权,未成年父母与指定监护人对行使亲权存在争议的,由监护和照管机构解决争议。[④]

(二)国外未成年人监护设立与类型的考察

下面考察法国法、德国法、日本法、瑞士法、俄罗斯法、英国法和美国法中未成年人监护的设立与类型。

1. 法国未成年人监护设立与类型的考察

(1)监护设立的原因。

当父母均已去世或亲权均被剥夺时,应为未成年人设置监护。[⑤] 可见,对于未成年人监护人设立的原因,法国法采取列举式立法模式。

(2)未成年人监护类型。

根据监护发生的方式,《法国民法典》中未成年人监护类型分为:父母指定监护、委托监护、亲属会议指定监护、机构监护。具体说来:

---

① 《日本民法典》第 818 条、第 819 条。

② 《瑞士民法典》第 296 - 298 条。

③ 《瑞士民法典》第 296 条。

④ 《俄罗斯联邦家庭法典》第 61 - 1 条、第 62 - 2 条。

⑤ 《法国民法典》第 390 条。

第一,父母指定监护。

父母中后去世的一方在其本人去世时仍然行使亲权的,可以通过公证或遗嘱的方式为未成年子女指定监护人。被指定的监护人不以未成年人的血亲属为限。除为未成年人利益可以排除指定外,父母所作的指定对亲属会议具有约束力。父母指定的监护人并无义务接受或负担监护职责,即父母指定的监护人享有拒绝接受监护的权利。①

第二,委托监护。

法国法规定了委托监护制度。不过,父母不可以自行将亲权转让或抛弃,但可以向法官提出请求,将亲权的全部或一部分(送养未成年人的同意权除外)交予第三人行使,如近亲属、家庭成员、获得认可的接纳儿童的部门或社会救助部门。家事法官作出的判决能导致亲权全部或一部分转移,亲权转移后,由父母双方或一方与接受行使亲权的受托人共同行使亲权。② 这种父母将亲权职责转移给第三人行使的监护类型即为委托监护。

第三,亲属会议指定监护。

如父母没有指定监护人,或者被指定的监护人停止履行监护职责,由亲属会议另行指定监护人。亲属会议应当根据未成年人的具体状况、有关当事人的监护能力及需要管理的概括财产的组成,指定监护人实施保护措施。若指定数位监护人的,每一个监护人互相独立,不相互承担责任,其可以实施任何一个监护人无须经过批准即可实施的任何行为,但应当相互告知决定。值得注意的是,该法典并没有规定亲属会议指定的监护人有拒绝监护的权利。③

第四,机构监护。

如果父母没有指定监护人,也没有设立亲属会议指定监护人,那

---

① 《法国民法典》第 403 条。

② 《法国民法典》第 376 条、第 377 条、第 377 - 1 条、第 377 - 3 条。

③ 《法国民法典》第 404 条、第 405 条。

么监护法官应当将未成年人交由公共行政部门监护，此部门须在救助儿童方面具备管辖权限。若由机构作为监护人，既不设亲属会议，也不设监护监督人。机构中具体履行监护职务的人，对未成年人的财产享有受司法监督的法定管理人的权力。①

(3)监护人的监护资格。

关于监护人的监护资格，《法国民法典》规定了担任监护人的消极资格，下列之人不得担负监护任务：第一，未解除亲权的人，其已成为被监护未成年人父母的除外；第二，被监护或保护的成年人、财产受管理的成年人；第三，被取消行使亲权的人；第四，依据《刑法典》第131－26条的规定被禁止担任监护职务的人。②

2. 德国未成年人监护设立与类型的考察

(1)监护设立的原因。

未成年人不处于父母照顾权之下，或者父母既非在涉及人身亦非在涉及财产的事务上有代理未成年人权利的，或者未成年人家庭状况不能确定的，应当为未成年人设置监护。③ 可见，对于未成年人监护人设立的原因，德国法采取列举式立法模式。

(2)未成年人监护类型。

根据监护发生的方式，《德国民法典》中未成年人监护类型可以分为：父母指定监护、委托监护、家事法院选任监护、少年局的机构监护。具体说来：

第一，父母指定监护。

被监护人的父母在其死亡时对子女的人身和财产享有照顾权的，可以为未成年子女指定监护人。如果父母分别指定并且指定不同人的，以最后死亡父母一方的指定为准。当父母死亡时，指定监护生效，被指定的人成为未成年人的监护人。父母可以指定有权利能

---

① 《法国民法典》第411条。
② 《法国民法典》第395条。
③ 《德国民法典》第1773条。

力的社团作为监护人。当父母指定的监护人不具有监护能力、可能会危害被监护人利益或年满 14 周岁的被监护人提出异议等，父母指定的监护人应当被忽略，由家事法院选任监护人。①

第二，委托监护。

父母将子女交给养育者养育较长时间的，家事法院可以依父母或养育人的申请，将照顾权事务转移给养育人。若养育人申请，则须得到父母的同意。养育人获得照顾权后，有权对有关未成年人日常生活的事务进行决定，以及在此事务上代理照顾权人。② 这种父母将照顾权职责转移给第三人行使的监护类型即为委托监护。

第三，家事法院选任监护。

当父母生前未指定监护人或者指定的监护人因不具有行为能力或可能危害被监护人利益而被忽略时，家事法院应当在听取少年局意见的基础上选任监护人。父母可以在其生前指定排除家事法院选任某些人作为其未成年子女的监护人。选任监护人以一个人为原则，但以选任一对夫妻作为共同监护人为例外。在没有适合做独任监护人的自然人时，经过社团的同意，家事法院可以选任有权利能力的社团作为监护人，亦可以选任少年局作为监护人。无论是选任社团还是少年局，家事法院都以作出书面处分的方式进行选任。③

监护人应当承担家事法院选定其为监护人的职责，没有正当理由不能拒绝。但若被选任的监护人有下列情形，可以拒绝承担监护职责：其一，因其负担对家庭的照顾致使监护职责的履行受到妨碍；其二，监护人已年满 60 周岁；其三，对 3 个以上未成年子女的人身或者财产享有照顾权；其四，因疾病或残疾影响了监护职责的正常履行；其五，因其住所远离家事法院所在地而影响了监护职责的履行；其六，目前监护人已经不止一人；其七，执行一个以上监护或照管的

① 《德国民法典》第 1776 条、第 1777 条、第 1778 条、第 1782 条、第 1791a 条。

② 《德国民法典》第 1630 条、第 1688 条。

③ 《德国民法典》第 1775 条，第 1778 条，第 1779 条，第 1791a、b 条。

人。对数个兄弟姐妹的监护，仅视为一个监护；执行两个监护监督，等同于执行一个监护。值得注意的是，该拒绝权必须在家事法院选任前提出，已经被选任为监护人之后，拒绝权消灭。无理由拒绝承担监护的人，其对因延迟选任监护人而造成的被监护人的损害承担赔偿责任。家事法院宣告拒绝为无理由的，虽然拒绝人享有上诉的权利，但其应当在享有的法律救济不受影响的情况下，依家事法院的要求承担临时监护职责。①

第四，少年局的机构监护。

需要设置监护的非婚生子女出生时，少年局成为监护人。少年局的法定监护依非婚子女出生的事实自动发生，不需要法院选任，但是家事法院应当给予少年局的法定监护以证明。② 法院打破选任原则而直接规定少年局依法作为需要监护的非婚生子女的监护人，是因为婚姻之外出生的子女一般相对婚生子女而言更有保护的必要。③

(3)监护人的监护资格。

关于监护人的监护资格，《德国民法典》规定了担任监护人的积极资格，即其必须是成年人，且应当有民事行为能力。④

3. 日本未成年人监护设立与类型的考察

(1)监护设立的原因。

当没有对未成年人行使亲权的人或行使亲权的人没有管理权时，应当为未成年人设置监护。⑤ 可见，对于未成年人监护人设立的原因，日本法采取概括式立法模式。

(2)未成年人监护类型。

《日本民法典》中未成年人监护类型分为：父母遗嘱指定监护、

① 《德国民法典》第 1785 – 1787 条。

② 《德国民法典》第 1791c 条。

③ 杜景林等：《德国民法典》，中国政法大学出版社 2015 年版，第 1072 页。

④ 《德国民法典》第 1780 条、第 1781 条。

⑤ 《日本民法典》第 338 条。

委托监护与家庭法院选任监护。具体说来:

第一,父母遗嘱指定监护。

对未成年人最后行使亲权的人,可以通过遗嘱指定监护人。但是,作出指定的父母一方必须有管理权。①

第二,委托监护。

行使亲权的人可以将对子女财产的管理权委托给第三人行使。② 这种父母将子女财产的管理权转移给第三人行使的监护类型即为委托监护。

第三,家庭法院选任监护。

我们根据为未成年人向法院申请选任监护人主体的不同,可以将家庭法院选任监护分为三类:

其一,未成年人亲属和其他利害关系人申请法院选任的监护:对未成年人最后行使亲权的人没有通过遗嘱指定监护人的,家庭法院根据未成年人亲属或其他利害关系人的请求,选任未成年人的监护人。

其二,监护人申请法院选任的监护:即使未成年人有监护人,家庭法院也可以根据监护人申请或依职权,在必要时为未成年人多选任监护人。因监护人辞任而有必要选任新的监护人时,该监护人应当及时向家庭法院请求为未成年人选任新的监护人。③

其三,未成年人父母申请法院选任的监护:因父亲或母亲辞去亲权、管理权,抑或父亲或母亲丧失亲权、亲权停止或者丧失管理权,有必要选任监护人时,该父亲或母亲应当及时向家庭法院请求为其子女选任监护人。④

家庭法院选任监护人时,应当考虑监护人的年龄、职业、健康状

① 《日本民法典》第 839 条。

② 《日本民法典》第 831 条。

③ 《日本民法典》第 840 条、第 845 条。

④ 《日本民法典》第 841 条。

况、生活经历、财产状况、与未成年人之间的关系（包括是否存在利害关系）、监护人的意见及其他情形。[①]

（3）监护人的监护资格。

关于监护人的监护资格，《日本民法典》规定了担任监护人的消极资格，下列人员不得担任监护人：未成年人；破产人；去向不明的人；被家庭法院撤销资格的法定代理人、保佐人或辅助人；对被监护人提起诉讼的人及其配偶、直系血亲。[②]

4. 瑞士未成年人监护设立与类型的考察

（1）监护设立的原因。

若父母尚在、未成年人处于亲权保护下时，为父母照顾子女提供建议和支持，在以下情形中，未成年人保护机构应当审核是否设立监护人：①进行子女安置程序；②父母对亲权分配或探视权等问题发生争议。如父母无法行使亲权，或父母在某项事务中的利益与子女相冲突，未成年保护机构也应当指定监护人或者自行采取必要的措施。[③] 可见，无论子女是否在亲权之下，未成年人保护机构都可以根据实际需求为未成年人指定监护人。但是，子女不在亲权下设立的监护仍为常态，并且对于未成年人监护人设立的原因，瑞士法采取列举式立法模式。

（2）未成年人监护类型。

《瑞士民法典》中未成年人监护类型分为：委托监护、未成年人保护机构指定监护和机构监护。具体说来：

第一，委托监护。

当父母得到未成年人保护机构或寄养人所在地主管机关同意后，可以将子女交给第三人寄养，若父母同意第三人行使亲权的，第三人可以代表父母行使亲权。当子女与第三人共同生活较长时间，

① 《日本民法典》第 840 条。

② 《日本民法典》第 847 条。

③ 《瑞士民法典》第 306 条、第 308 条第 1 款、第 314a 条、第 327a 条。

若将孩子接走将有损其利益,那么未成年人保护机构可以禁止让父母将孩子带离第三人处。[①] 这种父母将子女的亲权转移给寄养者行使的监护类型即为委托监护。

第二,未成年人保护机构指定监护。

在瑞士法中,未成年人监护的规定类推适用成年人保护的规定(特别是有关监护人的确认、成年人保护机构与监护人之间合作的规定)。[②] 所以,根据《瑞士民法典》对成年人保护的规定,我们可推知未成年人保护机构指定监护人遵循以下规则:

未成年人保护机构设立未成年人监护应基于法律的规定或当事人近亲属的请求。[③] 未成年人监护人的监护资格为:未成年人保护机构任命的监护人应为自然人,监护人应当具有完成监护的能力和必要的知识,其应利用必要的时间亲自完成任务。如果被监护人提议某人作为其监护人,只要被提议的人符合监护条件并同意,则未成年人保护机构应当尊重其意愿;如果未成年人保护机构指定特定人担任监护人,而被监护人对此提出异议,则未成年人保护机构应当对异议尽可能予以考虑。不仅如此,未成年人保护机构在任命监护人的问题上应当尽可能尊重被监护人家庭成员及其他近亲属的意愿。

未成年人保护机构任命的监护人应当接受监护之任务,但有正当理由的监护人可以拒绝接受任命。为了督促监护人完成任务,未成年人保护机构应当确保监护人能够得到其需要的指示、建议和支持。一般情况下,未成年人保护机构指定一名监护人,但特殊情况确有需要的也可以任命数个监护人。如果有数个监护人,可以由全体监护人进行共同监护,也可以根据未成年人保护机构的分配各自进行监护,如果这些监护人不同意共同监护,未成年人保护机构应当尊重他们的意见。如果监护人在特定监护事务上与被监护人的利益冲

① 《瑞士民法典》第300条、第310条、第316条。

② 《瑞士民法典》第327c条。

③ 《瑞士民法典》第390条。

突或其从事特定监护事务存在困难的，则监护人在此事务中权利自动终止，未成年人保护机构应当任命新的监护人或由未成年人保护机构自行解决。[①]

第三，机构监护。

如果未成年人保护机构认为指定监护人存在困难或没有合适的可被指定的候选人，其可以自己完成监护任务，特别是同意某个法律行为，这是瑞士法中的机构监护。[②]

5. 俄罗斯未成年人监护设立与类型的考察

(1)监护设立的原因。

当未成年人没有父母并且没有被收养、父母被剥夺了亲权或父母逃避其对子女的责任(特别是教育和保护的责任)时，应当为未成年人设立监护。[③] 可见，对于未成年人监护人设立的原因，俄罗斯法采取列举式立法模式。

(2)未成年人监护类型。

根据监护发生的方式，《俄罗斯联邦民法典》中未成年人监护类型包括：监护和照管机构指定监护与照管、机构监护与临时监护。具体说来：

第一，监护和照管机构指定监护与照管。

未成年人住所地的监护和照管机构应当在其意识到未成年人有监护需求的一个月内，为其指定监护人或照管人；在一些特殊情形下，由监护人或照管人所在地的监护和照管机构为未成年人指定监护人和照管人。监护和照管制度是建立在自愿的基础上的，只有经本人同意方能指定公民为监护人或照管人。[④] 实践中的做法是：在指定监护人和照管人时应获得其配偶以及其他成年家庭成员的书面

---

① 《瑞士民法典》第400－403条。

② 《瑞士民法典》第392条。

③ 《俄罗斯联邦民法典》第31条第3款。

④ 《俄罗斯联邦民法典》第35第1款、第3款。

认可,这一方面是为了减少指定监护之后可能产生的家庭冲突,另一方面监护职责的承担也可能需要监护人和照管人家庭成员的帮助与支持。①

监护和照管机构指定的监护人和照管人应当是成年人、有完全民事行为能力。被剥夺亲权的人、有慢性酒瘾或毒瘾者、被撤销监护资格的人、尚处于亲权之下的人、因行为恶劣而被撤销收养资格的人、由于健康状况不适合担任监护职责的人不能担任监护人和照管人。此外,在指定监护人和照管人时还应当考虑其道德情况、承担监护职责的能力、和未成年人的关系、监护人和照管人的家庭成员对未成年人的态度以及在可能的情况下考虑未成年人的态度等。②

第二,机构监护。

若未成年人被安排到教育机构、医疗机构、居民服务机构、专门安置孤儿和不在亲权之下的孩童机构,监护人或照管人的职责由上述机构承担。所以,在此情形下,机构是未成年人的监护人或照管人,不另外设置其他的监护人和照管人。③

第三,临时监护。

无论是未成年人住所地的监护和照管机构,还是监护人或照管人所在地的监护和照管机构,若其无法在意识到未成年人监护需求的一个月内指定监护人和照管人,那么监护和照管机构应当临时担任监护人或照管人履行职责。④

(3)监护人的监护资格。

关于监护人的监护资格,《俄罗斯联邦民法典》规定了积极资格与消极资格,前者包括:只有具有完全行为能力的成年人才可以作为监护人和照管人;后者包括:被剥夺了亲权的人,或者因故意侵犯他

① [俄]E. A. 苏哈诺夫:《俄罗斯民法》,黄道秀译,中国政法大学出版社2011年版,第130页。

② 《俄罗斯联邦民法典》第146条。

③ 《俄罗斯联邦民法典》第35条第4款、《俄罗斯婚姻家庭法典》第147条第1款。

④ 《俄罗斯联邦民法典》第35条第1款。

人的生命、健康而被定罪的人不可以被指定为监护人和照管人。除此之外，该法还明确了确认监护资格应考察的要素：指定监护人或照管人时，应当考察监护人或照管人从事监护或照管事务的能力、其道德和其他素质、和未成年人的关系以及具备一定识别能力的被监护人或被照管人的意愿。[①] 一般指定被监护人或被照管人的亲属来担任监护人和照管人。[②]

6. 英国未成年人监护设立与类型的考察

(1)监护设立的原因。

因为英国法采大监护的概念，因此未成年人监护设立于子女出生之时。

(2)未成年人监护类型。

根据监护发生的方式，英国 1989 年《儿童法》中未成年人监护类型分为：父母监护、父母指定监护、监护人指定监护、委托监护、法庭选任监护和特殊监护。具体说来：

第一，父母监护。

当孩子出生时父母缔结了婚姻，父母双方都承担父母责任。当孩子出生时父母并未结婚，由母亲承担子女的父母责任，父亲可以申请法院判决其承担父母责任，或者父母订立“父母监护契约”，确认父亲拥有父母责任。[③]

第二，父母指定监护。

拥有父母责任的父母可以在其生前，指定其他人在自己死亡时担任其未成年子女的监护人。指定的形式可以分为三种：其一，以书面的形式作出，由作出指定的人撰写、签名并写上日期；其二，以遗嘱的形式作出，遗嘱并非必须由作出指定之人亲笔撰写，但是应按照其

---

① 《俄罗斯联邦民法典》第 35 条第 2 款、第 3 款。

② ［俄］E. A. 苏哈诺夫：《俄罗斯民法》，黄道秀译，中国政法大学出版社 2011 年版，第 130 页。

③ 1989 年《儿童法》第 2 条、第 4 条。

意思制作;其三,以遗嘱之外的其他书面方式作出的情况下,若作出指定的人无法亲笔书写、签名,则代为书写的人应当在作出指定的人在场的情况下,按照其意思撰写指定的书面材料,同时有两位见证人在场并由其检查签名的真实性。① 父母一方死亡后,一般由仍然生存的父母一方单独作为监护人,当指定了监护人的,指定监护人与仍然生存的父母一方当事人一起担任共同监护人。②

第三,监护人指定监护。

父母之外的监护人可以在其生前,指定其他人在自己死亡时替代其履行职责,担任未成年人的监护人。指定应当以书面的形式作出,由作出指定的人签名并写上日期。指定的形式可以分为三种:其一,以书面的形式作出,由作出指定的人撰写、签名并写上日期;其二,以遗嘱的形式作出,遗嘱虽然并非必须由作出指定之人亲笔撰写但应按照其意思制作;其三,以遗嘱之外的其他书面方式作出的情况下,若作出指定的人无法亲笔书写、签名,则代为书写的人应当在作出指定的人在场的情况下,按照其意思撰写指定的书面材料,同时有两位见证人在场并由其检查签名的真实性。③

关于指定监护人的拒绝权,由父母指定或监护人指定的监护人,其可以在知道遗嘱或其他指定文书生效的合理时间内通过书面法律文书的方式拒绝其指定。若大法官已经规定了监护人拒绝指定的方式,那么如果监护人未按照规定的形式作出拒绝,拒绝视为不生效。④

第四,委托监护。

履行父母责任的人可以将部分或全部父母责任安排第三人行使,被安排行使父母责任的第三人可以获得对未成年人的父母责任,

① 1989 年《儿童法》第 5 条第 3 款、第 5 款。

② 陈苇主编:《外国婚姻家庭法比较研究》,群众出版社 2006 年版,第 483 页。

③ 1989 年《儿童法》第 5 条第 4 款、第 5 款。

④ 1989 年《儿童法》第 6 条第 5 款。

而作出这种安排的人应承担父母责任无法被履行的后果。[①] 此为英国法上的委托监护制度。

第五,法庭选任监护。

当未成年人没有拥有父母责任的父母,或者获得生效的未成年人居住裁定的父母或监护人死亡时,法院应当依据相关人的申请为未成年人选任监护人。在家事诉讼中,即使没有相关人的申请,法院也可以在其认为必要时,为未成年人选任监护人。[②]

第六,特殊监护。

特殊监护源自法院的特殊监护指令(Special Guardianship Order),其是于2002年作为S14条被加入英国《儿童法》中的。对于不在父母权之下的儿童,法院依申请或职权为其指定监护人,特殊监护作为收养的替代方式,避免了在被监护人父母尚在的情况下完全隔断生父母与子女的关系,同时也可以避免将孩子长期放在托儿机构给其成长带来不利影响,因此受到了英国司法实务界的欢迎。[③]

7. 美国未成年人监护设立与类型的考察

(1)监护设立的原因。

因为美国采"大监护"之概念,所以监护设立于子女出生之时。

(2)未成年人监护类型。

根据监护发生的方式,美国未成年人监护类型可以分为:父母监护、委托监护、父母指定监护与法院选任监护。具体说来:

第一,父母监护。

法定监护人只能是未成年人的父母,不包括其他人。[④] 监护职责一般由父母双方共同履行,父母一方死亡时,则由生存一方单独履

---

① 1989年《儿童法》第2(9)-(11)条。

② 1989年《儿童法》第5条第1款、第2款。

③ John Mitchell, Adoption and Special Guardianship: A Permanency Handbook, Family Law. 2009, pp. 150-151.

④ 笔墨:《美国的未成年人监护》,载《中国社会报》2014年6月17日。

行监护职责。[1]

第二,委托监护。

除了同意未成年人结婚或收养的权利,未成年人的父母或监护人可以将监护职责委托给第三人承担,时间不超过6个月。[2]

第三,父母指定监护。

拥有父母责任的父母可以在其生前,指定其他人在自己死亡时担任其未成年子女的监护人。美国《统一监护和保护程序法案》第202条规定:父母可以通过遗嘱或其他书面的方式,为任何已经出生或将来出生的未成年子女指定监护人,父母在指定时可以明确监护人的权限,但父母指定的监护人权利不得多于父母的权利。在法院确认之前,作出指定的父母可以取消或修改指定。当法院发现作出指定的父母在两年之内可能无法照顾子女,基于父母指定的请求,在指定生效之前,法院可以确认父母选择监护人的效力并且终止其他人对未成年子女的指定。法院确认父母指定的申请后,已满14周岁的未成年子女、父母另一方或其他享有对未成年人照顾和监护权利的人,有权在任何时候向法院提交书面拒绝的文书以阻止父母的指定。这种拒绝只针对父母的指定,父母指定的监护人被拒绝,但是又被法院重新选任为监护人后,上述相关人不得再提交拒绝文书。

当作出指定的父母死亡、丧失行为能力或者由医生书面确认其已经无法照顾其未成年子女,指定监护生效。如果父母双亡或被判决为无行为能力人,后一个死亡或者丧失行为能力的父母一方的指定有效。被指定的监护人必须在指定开始生效的30天内提交接受指定的文书,其才能开始履行监护职责。可见,监护人对于是否接受监护的指定有同意的权利。关于监护人接受指定的程序,被父母指定的监护人应当将接受指定的文书和遗嘱的副本提交给遗嘱所在地或者检验遗嘱文本所在地的法院,同时将接受指定的书面通知交给

---

① 李霞:《监护制度比较研究》,山东大学出版社2004年版,第164页。

② 美国《统一监护和保护程序法案》第105条。

作出指定的父母(如果还活着的话)、已满 14 周岁的未成年人以及任何父母之外监管和照顾未成年人的人。[①]

第四,法院选任监护。

当经过父母的同意、父母的监护权终止、父母不能履行监护职责、父母没有为子女指定监护人或被指定的监护人拒绝任职等情形出现时,应当进行法院选任监护。[②]

法院可以为未成年人选任以下类型监护人:

其一,选任监护人。关心未成年人福利的人以及未成年人本人都可以申请法院选任监护人。在法院获得了父母的一致同意、所有的父母权都终止或者父母不能履行父母责任的情形下,法院应当以未成年人最大利益为原则,为其指定一位监护人。[③] 并且,法院为未成年人选任监护人的数量可以不止一个,即使未成年人已经有监护人,法院也可以在任何时候选任补充的监护人,以满足特定的监护需求。[④]

其二,临时监护人。在必要的情况下,法院可以依申请或依职权为未成年人指定临时监护人,临时指定的通知应当给予未成年人的父母和已满 14 周岁的未成年人。除了法院另有规定,临时监护人一般享有监护人的所有权利,临时监护期间一般不超过 6 个月。[⑤] 美国 1970 年《统一结婚离婚法案》第 403 条也规定,监护诉讼的一方当事人可以作为临时监护人,法院在选任临时监护人前应当举行听证会,如果没有人反对,那么临时监护人可以在宣誓之后就任。如果在父母起诉离婚或法定分居时,法院为子女选任了临时监护人,但后来离婚或法定分居的诉讼请求被驳回,除非一方父母或监护人继续就监护提起诉讼,否则法院应当终止临时监护。如果父母在没有提

① 美国《统一监护和保护程序法案》第 202(a)(b)(c)(d)(g)条、第 203 条。

② 美国《统一监护和保护程序法案》第 204 条。

③ 美国《统一监护和保护程序法案》第 204(a)(b)条。

④ 美国《统一监护和保护程序法案》第 112(c)条。

⑤ 美国《统一监护和保护程序法案》第 204(d)条。

起离婚或法定分居诉讼情况下单独提起监护诉讼,法院也可以为子女选任临时监护人。

其三,紧急监护人。如果法院发现诉讼程序将会对未成年人的健康和安全造成极大伤害,并且没有人有权对此予以干涉,那么法院可以依申请为未成年人指定紧急监护人,紧急监护人的权力只限于紧急监护指定法律文书上记载的范围,并且不超过 30 天。法院应当将指定紧急监护人听证会的时间和地点通知于 14 周岁以上的未成年人、生存的父母及父母之外任何关心、照顾未成年人的其他人。①

法院应当以未成年人最大利益为原则指定监护人,如果未成年人已达到 14 周岁并且自己指定了一位监护人,法院应当遵从未成年人的意志,除非未成年人的指定有违其最大利益。为了锻炼未成年人的自决能力或有其他合理的原因,在为未成年人指定监护人之时或之后,法院可以依职权、依未成年人或其他利害关系人的申请变更监护类型,使监护变成限制性监护从而限制监护人的权利。②

关于父母指定监护与法院选任监护的顺位,前者优先于后者适用,但是如果父母指定的监护人在监护生效后 30 天内并未接受指定,那么法院可以为未成年人选任监护人。③

关于监护人接受选任的程序,法院选任的监护人应当将接受选任的文书和选任的法律文书提交给未成年人住所地或目前居所地的法院。除非指定先前被法院所批准,否则在提交通知和指定的法律文件的 30 天之后,监护人应当向法院申请确认监护的指定。④

为了帮助法院选任最合适的监护人,美国设置了家事调查员制度,通过家事调查员的调查,确认与监护人相关的信息,为法院选任监护人的判决提供参考。在监护诉讼中,法院可以依职权、依父母或

---

① 美国《统一监护和保护程序法案》第 204(e)条。

② 美国《统一监护和保护程序法案》第 206(a)(b)条。

③ 美国《统一监护和保护程序法案》第 204(c)条。

④ 美国《统一监护和保护程序法案》第 202(d)(2)(f)条。

监护人的申请,对关于未成年人监护的安排涉及的情况进行调查并制作报告。调查的机构可以是法院的社会服务机构、少年庭的工作人员、被法院雇用的当地福利部门或私人机构。为了完成调查报告,调查者应当咨询任何对未成年人及监护安排有相关信息的人员。在法院允许的情况下,调查者还可以将未成年人带至专业的机构或人员处咨询。并且调查者还可以在未经父母和监护人允许的情况下,向曾经服务于未成年人的心理医生、精神医生或其他专业人员进行咨询,但是在未成年人已达 16 周岁的情况下,除非法院发现其缺乏判断或同意的能力,否则调查者向上述机构专业人员调查时应经过满 16 周岁未成年人的同意。调查员制作的调查报告应当在听证会上作为证据提供,并且法院应当在听证会进行的 10 天前将调查报告寄送至律师和不由律师所代表的任何一方当事人处。[①] 家事调查员深入未成年人的家庭,挖掘其与各监护候选人间的真实关系,有利于帮助法官确认最适合担任监护人的人选,体现了公权力对监护案件的积极干预。

二、国外亲权和未成年人监护设立与类型的比较评析

(一)国外亲权设立的比较评析

关于亲权的设立原因,前述大陆法系国家的共同点在于:自子女出生后,除非母亲没有监护能力,否则母亲都享有子女的亲权。不同点在于:有的国家规定,子女出生后,父母处于婚姻关系存续期间的,父亲自然享有亲权;父母未结婚的或已经离婚的,父亲不享有亲权或只有履行一定法律程序后或在一定条件下才享有亲权,德国、日本、瑞士采此立法例。有的国家规定,子女出生后,无论夫妻是否在婚姻关系中,父亲都享有亲权,法国、俄罗斯采此立法例。我们认为,在子女出生时若父母不在婚姻关系中(如离婚或未结婚)则亲权由母亲行使的规定源自“幼年推定原则”的适用。根据该原则,推定母亲比

---

① 美国《统一结婚离婚法案》第 405 条。

父亲更加适合照顾和关心幼童,母亲的性别身份能够为幼年子女的照顾、保护、教育和成长提供更加有利的环境。因此,当父母离婚后,应由母亲行使一定年龄以下幼儿的亲权。我们认为,新生婴儿当属"幼年推定原则"中的年幼子女,当新生儿出生时若父母已不在婚姻关系中,在共同监护已无可能的情况下应当将亲权赋予父母中的一方,由母亲单独行使亲权符合"幼年推定原则"基于的社会学推论,因此,德国、日本、瑞士的规定有其合理性。

关于亲权的拒绝权,上述没有一个国家对此有规定。可见,与监护不同,无论在何种情况下,父母没有拒绝担任亲权人的权利。关于亲权人的资格,俄罗斯法规定了行使亲权的积极资格,即亲权人应当成年;瑞士法规定了行使亲权的消极资格,即未成年的父母与亲权被禁止的父母不得行使亲权,排除不适合担任亲权人的父母行使亲权,这有利于子女权益的保障。

(二)国外未成年人监护设立与类型的比较评析

下面对法国、德国、日本、瑞士、俄罗斯、英国以及美国的未成年人监护设立的规则进行比较评析。

1. 国外未成年人监护设立原因的比较评析

关于未成年人监护设立的原因,前述国家立法根据采"大监护"还是"小监护"概念可以分为两类:在采"大监护"概念的英国与美国,监护开始于子女出生之时;在采"小监护"概念的法国、德国、日本、瑞士和俄罗斯,监护开始的原因是未成年人不处于父母的亲权之下,根据是否列举父母不在亲权之下的具体情形,未成年人监护开始的原因又可以分为两类:第一,采概括式立法模式,即一般规定"未成年人不在亲权之下或没有对未成年人行使亲权的人"这一原则性原因,概括式立法模式抽象性高、包容性强,其克服了列举式立法模式可能列举不完全的缺点,并且有利于在不修法的前提下涵盖未来可能出现的设立监护之新的原因,采此类模式的为日本法;第二,采列举式立法模式,即列举了未成年人不在父母亲权之下的具体原因,如父母双方均已去世、父母双方均被剥夺亲权、未成年人家庭状况不能确定、父母逃避其对子女的责任（特别是教育和保护的责任）等情形，列举式立法模式具体、直观，其可操作性强，有利于限制法官的自由裁量权，采此类模式的为法国法、德国法、瑞士法与俄罗斯法。

2. 国外未成年人监护类型的比较评析

关于未成年人监护类型，前述国家立法可以分为意定监护（包括父母指定监护、父母委托监护与监护人指定监护）和法定监护（包括监护监督机构指定监护和机构监护）两类，以下分别评析：

(1)意定监护。

其一，父母指定监护，指拥有亲权（或监护权）的父母在生前为其未成年子女指定监护人的监护方式，法国、德国、日本、英国、美国采此立法例。

关于享有指定权的主体，可以分为两类：第一，享有亲权（或监护权）的父母都可以指定，但是若父母指定不同人的，以最后死亡父母一方指定为准，德国、美国采此立法例；第二，只有享有亲权（或监护权）的后死亡父母一方才享有指定权，法国、日本采此立法例。英国法对此问题没有明确规定。我们认为，德国、美国的规定更加合理，原因在于：若先死亡父母一方为子女指定了监护人，但后死亡父母一方并未为子女指定监护人（如因为意外事故而来不及作出指定），如果按照法国、日本的立法，先死亡父母一方因无权指定而导致指定无效，因此应按照其他方式为子女确定监护人；如果按照德国、美国的立法，先死亡的父母同样有指定权，那么就应当尊重其的意思指定监护人。我们认为，父母指定监护被认为是亲权的延伸，一般情况下，父母能为子女确认最适合担任监护人的人选，因此法律应当尽可能尊重父母的意思。在上述情形中，若根据法国、日本的立法，先死亡父母因无指定权而导致指定无效，但又因后死亡父母一方没有指定，所以只能跳过先死亡父母一方的意思而适用其他监护方式，这可能不利于为未成年人确定最适合担任监护人的人选。但是，若根据德国、美国的立法，即使后死亡的父母一方没有指定，若先死亡父母一方指定的，也可以根据该指定确认监护人，这最大限度尊重了父母的意思,体现了法的自由价值,同时也有利于为未成年人确认其父母认为最适合的监护人。因此,我们认为德国、美国的立法更加合理。

关于指定的方式,可以分为两类:第一,只能采用遗嘱的形式指定,德国、日本采此立法例;第二,可以采用包括遗嘱在内的多种形式指定,如公证、撰写书面材料等,法国、英国、美国采此立法例。我们认为,父母指定监护基于父母的真实意思,因此只要能确认父母真实的意思,指定监护的方式不宜仅限制于遗嘱一种。

其二,委托监护。监督、保护、教育被监护人是监护人的法定职责,一般情况下,其应当亲自履行监护职责,但若监护人因客观原因暂时无法亲自履行时,应允许其将监护职责授予第三人或机构行使,因此,法国、德国、日本、瑞士、英国及美国都设置了委托监护制度。上述六国立法不同点有三:第一,将有权设立委托监护的主体限制为父母,法国、德国、日本、瑞士采此立法例;无论是父母还是非父母监护人都有权将监护职责委托于第三人履行,英国、美国采此立法例。第二,监护人能否自行将监护职责转移,法国、德国与瑞士规定父母不得自行转移监护职责,应当由法院判决或获得监护监督机构的同意;而日本、英国、美国法则规定父母(或监护人)可以自行将监护职责转移。第三,是否对转移的监护职责内容进行限制,日本法规定父母只能转移对子女财产的管理权,美国法规定可被转移的监护职责应排除同意未成年人结婚或收养的权利;而其他国家对此并未限制,父母既可以转移对子女的财产监护职责,也可以转移人身监护职责。对此,我们认为,现实中同样存在监护人暂时无法履行除同意未成年人结婚或收养之外的人身监护职责和除管理权外的其他财产监护职责之情形,如果不允许监护人暂时转移这类监护职责,那么在此情形下就只能通过撤销监护人资格、指定其他监护人或变更监护人才能解决该问题,这限制了委托监护发挥作用,可能造成未成年人监护制度适用的僵化。

其三,监护人指定监护,即非父母监护人可以在其生前指定其他人在自己死亡后替代履行其职责,担任未成年人的监护人,指定可以以遗嘱或其他书面形式作出,英国采此立法例。

(2)法定监护。

其一,监护监督机构指定监护,以监督主体为分类依据,可以分为法院选任监护、行政监督机构指定监护和亲属自治组织指定监护。关于法院选任监护,德国、日本、英国、美国采此立法例。在这四个国家当中,对于不处于父母监护下并且父母未在生前为其指定监护人的未成年人,法院直接通过个案审查为其确认监护人,而没有规定法定监护人的范围和顺序。为此,可以看出这些国家并不存在亲等越近就越适合作为监护人的法律推定(这是我国设立法定监护制度并且将近亲属纳入法定监护人范围的法理基础),血缘关系只是法院指定监护人考察的因素之一,法院选任监护人,应当根据监护人的经济能力、身体健康状况以及与被监护人的关系等因素综合确定。关于法院如何启动该类监护,可以分为以下几种类型:第一,由未成年人、父母、其他近亲属、监护人或利害关系人申请法院启动,日本、英国、美国采此立法例;第二,由法院依职权主动为未成年人选任监护人,英国、美国采此立法例;第三,由行政监督机构向法院申请启动,德国采此立法例,其行政监督机构为少年局。关于行政监督机构指定监护,俄罗斯、瑞士采此立法例。俄罗斯的行政监督机构为未成年人住所地的监护和照管机构;瑞士的行政监督机构为未成年人保护机构。关于亲属自治组织指定监护,法国采此立法例,该国亲属自治组织为亲属会议。

其二,机构监护,法国、德国、瑞士、俄罗斯、英国采此立法例。

机构监护是监护制度发展到一定阶段的产物。在未成年人监护制度发展的历史上,家庭监护曾主要甚至在一定时期内是唯一的监护形式,家庭从过去到现在一直被认为是未成年人的庇护所,天然承担着对其监护的职责。随着社会的变迁、时代的发展,家庭成员间的关系渐渐松动,原来具有私法色彩的未成年人监护制度逐渐溢出家庭自治的范畴,公权力开始介入家庭领域,最显著的现象是,一些国家通过设立公力机构和社会机构替代家庭成员履行监护职责,国家监护和社会监护以机构监护的形态出现。[①] 虽然国家和社会承担监护职责在短期内会增加国家和社会的负担,但是未成年人是国家的未来,是社会建设的接班人,因此,从长远来看,未成年人的利益与国家和社会的利益是一致的,维护其合法权益就是对国家未来利益的保障。因此,国家负责承担未成年人监护的职责存在充分的理由与激励,机构监护符合国家与社会的长远利益。[②]

关于执行监护职责机构的名称:德国为少年局;法国是社会救助儿童的公共行政部门;俄罗斯的机构包括监护和照管机关与教育、医疗、居民服务等机构;瑞士是未成年人保护机构;英国是接受照顾令的地方当局。

关于机构监护的对象,可以分为两类:第一,需要监护人的非婚生子女,此为德国少年局的监护对象,对于非婚生子女,一般由其母亲行使照顾权,除非父母双方表示共同行使照顾权,当该非婚生子女不在父母照顾权之下,由少年局作为其监护人;第二,不在父母监护之下的未成年人,父母、亲属会议或监护监督机构都没有为其指定监护人的未成年人,并且没有适合作为监护人的自然人。法国公共行政部门的监护,德国家事法院选任少年局或社团作为监护人的监护,俄罗斯监护和照管机构的监护,俄罗斯教育、医疗、居民服务等机构的监护,瑞士的未成年人保护机构的监护,英国地方当局的监护针对这类对象。

3. 国外未成年人监护人拒绝权的比较评析

关于在确认监护人时,监护候选人的意愿在多大限度上被考虑,各国立法例可以分为以下几种情形:第一,明确规定监护人有拒绝担任监护人的权利,或选任监护人需要征得被选任的监护候选人同意,法国父母的指定监护、德国家事法院的选任监护、瑞士未成年人保护

---

① 林菊枝:《亲属法新论》,台湾五南图书出版公司 2006 年版,第 241 页。

② 陈苇主编:《当代中国内地与港、澳、台婚姻家庭法比较研究》,群众出版社 2012 年版,第 563 页。

机构的指定监护、俄罗斯监护和照管机构的指定监护、英国的父母指定监护和监护人的指定监护、美国的父母指定监护和法院的选任监护采此立法例;第二,没有规定监护人的同意权或拒绝权,但规定在选任或者指定监护人时应当参考监护人的意见,日本家庭法院的选任监护采此立法例。

关于拒绝权是否附加条件,明确规定了拒绝权的国家的立法可以分为两类:第一,无条件的拒绝权,即监护候选人无须任何理由就可以拒绝担任监护人,如法国法中父母的指定监护、英国法中父母的指定监护和监护人的指定监护;第二,有条件的拒绝权,即只有在监护候选人有正当理由时才可以拒绝担任监护人,如德国法中家事法院的选任监护、瑞士法中未成年人保护机构的指定监护。可以看出,当父母或监护人指定监护人时,被指定的监护人一般拥有无条件的拒绝权;而代表公权力的机构指定监护人时,被指定的监护人只有在存在正当理由时才能拒绝监护。

4. 国外监护人监护资格的比较评析

监护资格直接影响到监护人履行监护职责的质量,日本法和俄罗斯法规定了确认监护资格应当考察的因素。日本法规定,家庭法院选任监护人必须考虑的因素包括:监护人的年龄、职业、健康状况、生活经历、财产状况、与未成年人之间的关系(包括是否存在利害关系)、未成年人监护人的意见及具体情形。俄罗斯法规定,指定监护人或照管人时,应当考虑其道德和其他个人的品质,履行监护或照管职责的能力、监护人和未成年人的关系以及如果可能的话,应当考察被监护人或被照管人的意愿。值得注意的是,日本法规定将职业作为选任监护人必须考虑的因素之一。我们认为,对于一些需要经常出差的职业,可能会对监护人承担监护职责造成影响,因此日本法将职业作为判断监护资格的要素之一有其合理性。

除了规定确认监护人应当考察的因素,一些国家还规定了担任监护人的积极资格与消极资格。规定监护人积极资格的国家包括:德国、瑞士与俄罗斯。德国法规定监护人必须是成年人,且应当有民事行为能力;瑞士法规定未成年人保护机构任命的监护人应为自然人,监护人应当具有完成监护的才能和必要的知识;俄罗斯法规定只有具有完全民事行为能力的成年人才可以作为监护人和照管人。可见,上述国家都从监护能力角度明确了监护人的积极资格,规定担任监护人必须具备完全民事行为能力,这是监护人是否能履行好监护职责的前提。

规定监护人消极资格的国家包括:法国、日本与俄罗斯。法国法规定未解除亲权的人、被监护或保护的成年人、财产受管理的成年人、被取消行使亲权的人不得担任监护人;日本法规定未成年人、家庭法院罢免的法定代理人、保佐人或辅助人、破产人、对被监护人提起诉讼或曾经提起诉讼的人及其配偶、直系血亲、去向不明的人不得担任监护人;俄罗斯法规定被剥夺了亲权的人、因故意侵犯他人的生命、健康而被定罪的人不可以被指定为监护人和照管人。可见,上述国家规定监护人的消极资格是从两个方面出发:第一,不具备监护能力,如未成年人、未解除亲权的人、被监护或保护的成年人、财产受管理的成年人、去向不明的人;第二,不具备监护品德与信任,如被取消行使亲权的人、家庭法院罢免的法定代理人、保佐人或辅助人、对被监护人提起诉讼或曾经提起诉讼的人及其配偶、直系血亲和因故意侵犯他人的生命、健康而被定罪的人。前者是确保监护人具备履行监护职责的能力,后者则是为了防备监护人的道德风险,避免其对被监护人不利,二者的目的皆在于保障被监护未成年人的合法权益。

第三节　国外亲权人和未成年人监护人职责与责任的考察与比较评析

一、国外亲权人和未成年人监护人职责与责任的考察

(一)国外亲权人职责与责任的考察

下面我们考察法国法、德国法、日本法、瑞士法和俄罗斯法中亲

权人职责和责任的规定。

1. 法国亲权人职责的考察

父母应共同行使亲权。父母任何一方实施的与子女人身有关的亲权行为，均视为得到另一方同意。①

(1)亲权人的人身职责。

父母应保护子女的健康与安全，为其指定住所，对其进行教育，尊重其人格，协助子女作出与己有关的决定，使其能力得到发展。②

(2)亲权人的财产职责。

父母应当按照子女的需要、本人及另一方的收入，分担子女的抚养费和教育费用。并且，父母应当管理、使用其子女财产并取得收益。享有亲权的父母一方或双方对子女财产管理的权利被称作法定管理权，父母共同行使亲权的，由二人共同对子女的财产实行法定管理；如果父母单独对子女财产行使亲权的，父母的一方在法官的监督下对子女的财产实行法定管理。子女年满 16 周岁或虽未满 16 周岁但已结婚的，父母对子女财产的使用、收益权停止。③

2. 德国照顾权人职责与责任的考察

照顾权包括对子女人身和财产的照顾，在照料子女时应当考虑有一定判断能力子女的意见。④ 父母对子女照顾权的行使应建立在双方合意的基础上，当对涉及子女重大利益的特殊事务不能达成一致意见时，家事法院应依父母一方的申请，判决将决定权交予父母一方。⑤ 照顾权包括对子女的代表权，当子女的利益与父母的利益或父母代理第三人利益相抵触时，家事法院应当剥夺父母对子女个别事物或一定范围事物的代理权。⑥

---

① 《法国民法典》第 372 条。

② 《法国民法典》第 371 -1 条、第 371 -3 条。

③ 《法国民法典》第 371 -2 条、第 382 -384 条。

④ 《德国民法典》第 1626 条。

⑤ 《德国民法典》第 1628 条。

⑥ 《德国民法典》第 1629 条、第 1796 条。

(1)父母的人身照顾职责。

关于父母对子女人身的职责,父母应当对子女进行照料、教育、监督,拥有照顾权的父母享有子女住所决定权、未成年人返还请求权、确定子女交往等权利。对已婚子女的人身照顾权,仅限于人身事务代理权。①

(2)父母的财产照顾职责。

关于父母对子女财产的照顾职责,父母可以将子女的收入用于其抚养事宜。对于子女的金钱财产,父母应对其进行投资。父母对履行照顾职责而预先支付的金钱有补偿请求权。父母应当将其管理的子女的财产做成目录并提交家事法院,除非财产价值不超过15000欧元或给予人在给予财产时另有指示。若提交的目录不完整,家事法院应当请求主管机关、主管的公务员或公证员制作该目录。②

对于父母财产照顾权的限制,被继承人在生前或者赠与人在赠与前明确限制父母对该财产的管理权的,父母对该特定财产的管理权受限。不仅如此,父母不得代表子女进行赠与,社交、礼仪或道德上之赠与除外。③

(3)照顾权人需要被批准才能实施的行为。

父母处分子女的船舶、土地,抛弃继承份、特留份或遗赠,以子女的信用接受金钱、营业等行为需要经过家事法院的同意。④ 与监护人须家事法院承认的事务相比,父母行使照顾权时须家事法院批准的事务更少。

(4)照顾权人的责任。

父母双方造成子女人身或财产损害的,应当作为连带债务人承

① 《德国民法典》第1631条、第1632条、第1633条。

② 《德国民法典》第1640条、第1642条、第1648条、第1649条。

③ 《德国民法典》第1638条、第1641条。

④ 《德国民法典》第1643条、第1645条、第1821条、第1822条。

担责任。[①]

3. 日本亲权人职责与责任的考察

亲权由父母共同行使,但当父母一方无法行使亲权时,由另一方单独行使亲权。[②]

(1)亲权人的人身职责。

亲权人有权教育子女、指定子女的住所、在适当范围内惩戒子女以及许可或不许可子女从事特定的职业。[③]

(2)亲权人的财产职责。

亲权人应管理子女的财产,并代子女实施财产法律行为。父母共同行使亲权的,一方以共同的名义代子女实施法律行为,即使该行为违背父母另一方的意思,也不影响该行为的效力,相对人为恶意的除外。子女财产的收益可以用来支付子女养育的费用。亲权人应当尽到与管理自己财产同样的注意义务管理子女的财产。[④]

关于对父母财产权的限制,将财产无偿给予子女的第三人明确表示不允许父母管理该财产,父母对该财产没有管理权。但若无偿给予子女财产的第三人没有明确指明该财产的管理者或管理者的管理权终止,检察官、子女或其亲属可以申请法院指定管理者。[⑤]

4. 瑞士亲权人职责与责任的考察

《瑞士民法典》规定亲权人的职责包括代理、人身职责与财产职责。[⑥]

(1)亲权人的人身职责。

父母有权决定子女的姓名,照顾、教育子女(包括普通教育、职业教育与宗教教育)。在必要时为子女利益作出决定,并且在涉及

① 《德国民法典》第1664条。
② 《日本民法典》第818条。
③ 《日本民法典》第820－823条。
④ 《日本民法典》第825条、第827－828条。
⑤ 《日本民法典》第830条。
⑥ 《瑞士民法典》第304条。

子女利益的重大事项上尽量考虑其意见。①

(2)亲权人的财产职责。

父母有权管理子女的财产。若父母的一方死亡,另一方应当向未成年人保护机构提交子女的财产清单。在父母都生存的情况下,未成年人保护机构也可以根据子女财产的实际情况,要求父母根据子女的财产制作清单和账目。父母可以将子女的财产支付其抚养、教育等开支,并在一定限度内用于家庭日常开支。②

父母不能以子女的名义进行捐赠,但日常礼仪性质的捐赠除外。子女因受赠获得的财产,如果这部分财产正在产生诸如储蓄利息等孳息,父母不得处分这部分财产。如果赠与人在赠与时明确父母不得动用或管理这部分财产,那么父母不得管理和处分这部分财产。③

5. 俄罗斯亲权人职责与责任的考察

父母应当作为子女的法定代理人,代理其实施民事行为或参与诉讼,但是当父母的利益与子女的利益相冲突时,父母不可以代表其子女的利益,监护和照管机构应当指定一位代表代理子女。父母行使亲权应当充分考虑子女的意愿,如果父母对行使亲权产生分歧,可以诉诸监护和照管机构或法院解决纠纷。④

(1)亲权人的人身职责。

未成年的父母有权与子女一同居住,并保护子女的权益。并且,父母有教育和照料子女的权利与义务,有义务促进子女的身体、精神和道德的全面发展。父母在为子女选择教育机构和方式时,应当考虑子女的意见。父母有权要求不法扣留子女的第三人返还子女,如果第三人不予返还,父母可以诉诸法院,除非子女回到父母身边不符合子女的最大利益,否则法院应当判决第三人返还子女。⑤

① 《瑞士民法典》第301-303条。

② 《瑞士民法典》第318条、第319条。

③ 《瑞士民法典》第304条、第321条、第322条。

④ 《俄罗斯联邦家庭法典》第64条。

⑤ 《俄罗斯联邦家庭法典》第63-1条、第63-2条、第64条、第68条。

(2)亲权人的财产职责。

未成年人的父母有抚养子女的权利和义务。①

(3)亲权人的责任。

在行使亲权时,父母不得对子女的身心健康造成伤害,包括父母对子女残忍、粗鲁的行为、羞辱其尊严、虐待或对其剥削。父母在行使亲权时对子女权益造成的损害应当承担责任。②

(二)国外未成年人监护人职责与责任的考察

下面我们分别根据两大法系立法的不同特征考察法国法、德国法、日本法、瑞士法、俄罗斯法、英国法和美国法中的未成年人监护人的职责与责任。

1. 法国未成年人监护人职责与责任的考察

监护是一种保护儿童的公共性质的任务,是家庭与公共行政部门的责任。监护职责一般应当由监护人本人亲自负担,此种职责不能转移至监护人的继承人。

(1)监护人的人身监护职责。

监护人应当保障未成年人的人身权益,代理未成年人行使民事行为,但法律允许被监护人独立实施的行为除外。监护人得到亲属会议的批准或者按照亲属会议的指令,可以作为被监护人的法定代理人参与诉讼,向法院主张人身权利,在这一过程中,亲属会议可以建议监护人撤诉与和解等事宜。③

(2)监护人的财产监护职责。

监护人应作为未成年人的法定代理人管理被监护人的概括财产。在监护设置的3个月内,监护人可以在监护监督人在场时(若确立了监护监督人),对被监护人财产进行清点并制作账目,清点后将账目送至法院。实施监护期间,监护人应当根据被监护人财产的

---

① 《俄罗斯联邦家庭法典》第63-1条。

② 《俄罗斯联邦家庭法典》第65-1条。

③ 《法国民法典》第394条、第407条、第408条。

变化适时更新账目数额。若没有制作财产账目,或制作的财产账目不准确或不完整,被监护人或其死后的继承人可以提出证明真实财产数额的证据。①

监护人每年均应对其管理财产的状况制作账目,并且附有必要的证明材料,监护人应当对账目的内容保密,但每年应当将账目交予以下人员或机构查阅、审核:第一,年满16周岁的被监护人;第二,监护监督人;第三,初审法院首席书记员。若被监护人财产数额很少,可以免除监护人制作管理账目以及将其交予相关人员及机构审核的义务。亲属会议可以根据监护人履行监护职责的情况给予监护人以适当的报酬。②

未经亲属会议批准,或在没有设立亲属会议的情况下,未经法院批准,监护人不得从事以下事务:第一,以被监护人的名义进行仲裁或和解;第二,以被监护人的名义对其财产进行处分;第三,对被监护人的财产进行分割;第四,代替被监护人放弃其应继承的遗产;第五,在遗产尚未被其他继承人继承或国家尚未经法院判决占有该遗产时,监护人撤回代未成年人放弃遗产的行为;第六,为了未成年人的利益,购买未成年人的财产或订立租约。第七,代替被监护人参与诉讼,主张人身性质的权利。③

即使得到批准,监护人也禁止做的行为:第一,无偿转让被监护人的财产或权利、减免债务、在未清偿债务的情况下取消担保物权、为第三人债务设立担保等;第二,从第三人处取得其对被监护人的某项权利,如债权;第三,以被监护人的名义从事自由职业或经商;第四,非为了被监护人的利益而购买被监护人的财产或订立租约等。④

---

① 《法国民法典》第496条、第503条、第504条。

② 《法国民法典》第401条、第510-512条。

③ 《法国民法典》第408条、第505-508条。

④ 《法国民法典》第509条。

(3)监护人的责任。

关于监护人在履职过程中给未成年人造成的损害,《法国民法典》规定,监护人应对不当管理被监护人的财产而造成的损失承担赔偿责任。监护人、监护监督人等均应对其在履行职责中的任何过错承担责任。如果造成损害的过错在于监护法官、初审法院首席书记员或书记员,则可以针对国家提起诉讼。诉讼时效为5年,时效期间从被监护人成年时或财产管理停止之时这两个时间中先到来的时间开始起算。①

2. 德国未成年人监护人职责与责任的考察

(1)监护人的人身监护职责。

关于监护人的人身监护职责,监护人被置于与父母相同的地位,照顾、保护被监护人的人身权益,这与父母行使关于人身利益方面的亲权内容相同。监护人有对未成年人进行照料、教育、监督和决定其居所的权利和义务;监护人有向不法扣留未成年人的任何人请求交出未成年人的权利;监护人有确定未成年人交往的权利;监护人对已婚或曾婚的未成年人人身方面的权利,仅限于代理其个人事务,而不包括对未成年人人身的照顾。监护人与被监护人信仰不同宗教的,家事法院可以限制监护人对被监护人进行宗教方面的教育。监护人教育未成年人时,应有意识培养未成年人独立自主作出决策的能力。②

(2)监护人的财产监护职责。

关于监护人的财产监护职责,监护人应当在监护监督人在场的情况下,将被监护人在当时拥有或者嗣后归属于被监护人的财产做成目录,在保证制作的目录正确且完整之后,将目录提交给家事法院。监护人在制作目录时,可以邀请公证人、鉴定人及公务人员在场

① 《法国民法典》第412条、第413条、第450条。

② 《法国民法典》第1618a条、第1626条第2款、第1631条、第1632条、第1800条、第1801条。

见证。目录制作得不充分的，家事法院可以请求主管机关、公务人员或公证人重新制作。监护人每年至少应当向家事法院报告一次被监护人的个人情况及财产管理的账目，管理财产数额较小的，可以在更长的时间周期内提交账目，但不得超过3年。账目内容应当包括收入与支出、财产的增加与减少等情况。有监护监督人的，监护人也应当向其提交账目并说明财产变动情况。监护监督人应当将检查结果记载于账目之上。同时，监护人应当依请求向监护监督人告知监护的执行情况，并且许可其查阅有关监护的文件。①

对因履行监护职责而先行垫付的费用，监护人可以要求被监护人偿还。监护一般是无偿的，监护人没有报酬请求权。但是在被监护人有资金并且法院选任监护人时确认可以支付报酬的情况下，或者在监护难度达到一定程度时，监护人可以在监护事务的范围内要求适当的报酬。在有特别理由时，也可以给予监护监督人适当报酬。少年局或社团无论作为监护人还是监护监督人，都没有报酬请求权。②

监护人进行下列行为，需要经过家事法院的同意：第一，处分土地或者土地权利；第二，处分船舶或者在建船舶；第三，抛弃法定应继份、遗赠、特留份，以及订立分割遗产的合同，承担他人债务，以被监护人的信用接受金钱；第四，以被监护人名义开始新的营业，或者终止目前的营业；第五，独任监护人独自将属于被监护人财产的金钱用于可支付利益的投资。家事法院对需要其同意的行为作出裁判前，在有监护监督人并且听取其意见条件允许的情况下，应当听取监护监督人的意见。对于需要获得家事法院同意的事件，监护人未获得家事法院的同意而订立合同的，家事法院可以嗣后同意或拒绝同意，同意或拒绝同意在其通知另一方的时候发生效力，合同生效于同意发生效力之时。监护人隐瞒实情向不知情第三人说明其已经获得家

① 《德国民法典》第1799条、第1802条、第1840－1842条。

② 《德国民法典》第1835条、第1836条。

事法院同意的，另一方在家事法院同意的通知到达前有权撤回。①

关于监护人被禁止从事的事务，《德国民法典》规定，监护人不得代理被监护人进行赠与，但符合道德或者礼仪上考虑的赠与不在此限。监护人和监护监督人不得将被监护人的财产用于自己的事务，若为自己的利益使用被监护人财产的，监护人或监护监督人应当支付利息。监护人有代理被监护人的权利和义务，但在下列事务上，监护人不得代理被监护人：第一，监护人配偶或其直系血亲与被监护人间的法律行为。第二，转移被监护人对监护人享有的抵押权、质权等担保物权，撤销或者减少被监护人的担保等法律行为。②

(3)监护人的责任。

监护人和监护监督人对因其违背义务而造成的损害，应向被监护人承担法律责任，但以其存在过错为限。数人同时对损害负责任的，承担连带责任。监护监督人或共同监护人放任监护人损害被监护人权益的，应对其监管不力承担责任。③

3. 日本未成年人监护人职责与责任的考察

(1)监护人的人身监护职责。

在监护人的人身监护职责方面，《日本民法典》规定监护人有对被监护人进行教育的权利及义务；指定被监护人住所的权利；在监护及教育的必要范围内惩戒子女；对被监护人工作的同意权，并且当发现被监护人有不能胜任其营业的事实时，监护人可以适当限制和撤销允许被监护人工作的许可。④

(2)监护人的财产监护职责。

在监护人的财产监护职责方面，《日本民法典》规定监护人有管理被监护人财产的权利和义务，并有权代表被监护人从事财产法律

---

① 《德国民法典》第1806条、第1810条、第1821-1823条、第1826条、第1829条。

② 《德国民法典》第1793条、第1795条、第1804条、第1805条、第1834条。

③ 《德国民法典》第1664条、第1833条。

④ 《日本民法典》第6条、第820-823条、第857条。

行为。监护人应当在被任命为监护人之日起一个月内制作财产清单。在设立监护监督人的情况下，监护监督人应当与监护人一同制作财产清单，否则清单不发生法律效力。监护人应当在制作财产清单前向监护监督人申报其对被监护人的债权和债务。当开始履行监护职责后，监护人应当对每年的监护活动所开销的金额进行预算。监护人可以从被监护人的财产中支付其履行监护职责开销的费用。家庭法院可以依据监护人的监护情况和被监护人的财产状况，将被监护人财产的一部分用于支付监护人适当的报酬。①

在得到监护监督人的同意后，监护人才能从事或同意被监护人从事下列事务：第一，营业；第二，领取或利用存款本金；第三，买卖不动产或重要的动产；第四，提起诉讼或应诉；第五，订立赠与、仲裁或和解的合同；第六，分割遗产、接受或放弃继承；第七，接受附负担的遗赠或赠与、拒绝遗赠或赠与；第八，大型修缮、新建、增建或改建；第九，贷款或担保的行为；第十，超过规定期间（建筑物租期为三年；动产的租期为六个月）的租赁行为；第十一，变更亲权人为未成年人确定的住所、教育方式、营业许可及限制或撤销营业许可。除了需要获得监护监督人的同意才能履行的职责，无偿给予被监护人财产的第三人表示禁止监护人管理该财产的，监护人对这部分财产的管理权受限。②

监护人未经监护监督人的同意实施或者同意被监护人实施上述行为，被监护人可以撤销。被监护人的相对人，可以在被监护人获得完全民事行为能力之后的一个月的期间内，要求其对此可撤销的行为作出追认与否的决定，如果被监护人在规定的期间内没有作出追认答复，视该行为已经获得被监护人的追认；与此类似，被监护人在其获得完全民事行为能力前，就其无权作出的行为要求监护人催告确认，监护人没有在法律规定的时间内作出答复的，视为该行为已经

---

① 《日本民法典》第853－855条、第859条、第861条、第862条。

② 《日本民法典》第13条第1款、第830条、第857条、第864条。

生效。[①]

(3)监护人的责任。

监护人为了自己的利益使用被监护人的金钱的,返还时应考虑对此金钱从消费之日起就应当计算的利息。监护人为了自己的利益使用了被监护人除金钱之外财产的,若有损害应当承担赔偿责任。损害赔偿请求权因监护终止五年内不行使而归于消灭,监护终止但是被监护人尚未成年并暂时没有新的监护人的,时效计算于被监护人成年后或后任监护人就任之时。[②]

4. 瑞士未成年人监护人职责与责任的考察

若父母死亡、丧失民事行为能力或被撤销资格等原因导致未成年人不在亲权保护下时,《瑞士民法典》第 327 条 C 款规定未成年人的监护人享有和父母同样的权利,所以,在瑞士法中,监护人的权利与义务参照亲权的规定。如未成年人保护机构指定监护人,应当在授权书中明确监护人权利、任务和对行使亲权的限制,如代表子女请求支付抚养费用,对子女安置、亲权分配或探视权问题提出建议并提起诉讼,对探视权的实施情况进行监督等。[③]

(1)监护人的人身监护职责。

在监护人的人身监护职责方面,《瑞士民法典》规定,监护人应当照顾未成年人,根据自己的能力和经济状况教育未成年人,并促进未成年人在品德、智力及体能方面的发展。监护人应该允许未成年人享有与其年龄及成熟程度相适应的安排自己生活的自由,并尽可能考虑未成年人在重要事务中的意见。[④]

(2)监护人的财产监护职责。

在监护人的财产监护职责方面,《瑞士民法典》规定,监护人在

---

① 《日本民法典》第 20 条、第 864－866 条。

② 《日本民法典》第 832 条、第 873 条、第 875 条。

③ 《瑞士民法典》第 308 条。

④ 《瑞士民法典》第 301 条、第 302 条。

监护期间有权管理未成年人的财产。如果未成年人保护机构基于未成年人财产的种类、重要性及监护的情况认为有必要,可以命令监护人就未成年人的财产制作财产清单或按期提交财务报告。监护人应当将未成年人的财产收益用于支付未成年人的抚养、教育及培训费用,并在合理的限度内用于家庭支出。收益用于上述花费后若有结余应当归入未成年人自己的财产。只要日常生活需要,损害赔偿金也可以被分批使用于未成年人的抚养。如监护人与未成年人共同生活的,可以要求未成年人适当支付其本人的生活开支。监护人可以根据其监护职责的履行情况要求适当的报酬并偿还合理的费用,报酬的数额由未成年人保护机构根据监护任务的范围和复杂程度决定。这些报酬和费用应当从被监护人的财产中提取。若被监护人没有财产或无法提取被监护人的财产,那么报酬和费用应当由州承担。①

只有征得未成年人保护机构的同意,监护人才能以被监护人的名义从事下列行为:第一,解除被监护人的房屋租赁合同。第二,订立和解除长期安置被监护人的合同。第三,代被监护人明确表示接受和放弃继承;订立或解除继承协议、遗产分割协议。第四,代被监护人取得或转让不动产或动产;在不动产或动产上设立抵押或其他物权;超出日常管理范围设定用益物权。第五,以被监护人名义订立或同意大笔借贷、认购外汇。第六,为被监护人订立人身保险金的合同。第七,对被监护人的企业进行并购或清算;将被监护人的大笔资金投资于公司。第八,代被监护人达成和解、提交仲裁或订立清偿协议,但监护人因情况紧急而采取的临时措施除外。第九,被监护人与监护人间订立合同,但被监护人无偿委托监护人的情形除外。第十,其他未成年人保护机构认为应当征得其同意的行为。监护人实施上述行为若未征得未成年人保护机构的同意,也未得到被监护人的法

① 《瑞士民法典》第318条、第320条、第323条、第404条。

定代理人的同意,那么对被监护人只产生人法规定的效力。①

在瑞士法中,监护人被禁止从事或从事受限的事务包括:未成年人因受赠获得的财产,如果这部分财产正在产生诸如储蓄利息的孳息,监护人不得处分这部分财产。如果赠与人在赠与时明确监护人不得动用或管理这部分财产,那么监护人不得管理和处分这部分财产。被继承人可以通过遗嘱禁止监护人管理未成年人的特留份。监护人虽不被禁止与被监护人之间的财产让与,但规定了严格的限制条件。② 监护人不得以未成年人的名义进行捐赠、创立基金或缴纳保证金,但是日常基于人情的赠与除外。③

(3)监护人的责任。

监护人若不关心未成年人或怠于履行照顾未成年人的义务,情节严重的,未成年人保护机构采取其他措施无效或效果不佳的,可以撤销监护人的资格。④

5. 俄罗斯未成年人监护人职责与责任的考察

监护人是不满14周岁未成年人的法定代理人,其应当为了被监护人权益,以其名义代其对外进行民事法律行为。监护人的代理行为无须专门授权,其代理权源自监护和照管机关颁发的证书或者该机关指定该人为监护人的决定。照管人应当对14周岁到18周岁的未成年人依法不能单独实施的法律行为作出同意或者不同意的意思表示。⑤ 照管人并不完全代替被照管人,而只是帮助他作出理智的决定,弥补未成年人经验的不足。⑥ 除了作为未成年人的法定代理人参与民事活动外,监护人和照管人的其他职责可以分为人身职责

---

① 《瑞士民法典》第416-418条。

② 王竹青、杨科:《监护制度比较研究》,知识产权出版社2010年版,第162页。

③ 《瑞士民法典》第304条、第403条、第321条、第322条。

④ 《瑞士民法典》第311条。

⑤ 《俄罗斯联邦民法典》第32条第1款、第2款。

⑥ [俄]E. A. 苏哈诺夫:《俄罗斯民法》,黄道秀译,中国政法大学出版社2011年版,第128-129页。

与财产职责。

(1)监护人与照管人的人身职责。

在监护人与照管人的人身职责方面,《俄罗斯联邦民法典》规定监护人或照管人应当照顾被监护人或被照管人的生活起居;带其接受医疗,对其进行教育;为其提供必要的服务,保障未成年人的合法权益,促进其德、智、体的全面发展;监护人或照管人有权根据未成年人的意见、监护和照管机构的指示和法律的规定,以自己认为适合未成年人的方式履行职责。一般情况下,监护人或照管人应当与被监护人或被照管人共同生活,但是在得到监护和照管机关的同意,并且不对未成年人权益产生不利影响的前提下,照管人可以与年满 16 周岁的未成年人分开居住。监护人和照管人应当确保未成年人接受最基本的普通教育,并制造条件尽可能地让其接受中等普通教育。并且监护人和照管人有权通过法院要求任何没有合理理由而扣留未成年人的人返还未成年人。若监护人或照管人与未成年人的住址发生变化,监护人和照管人应当及时通知监护与照管机关。①

(2)监护人与照管人的财产职责。

在监护人与照管人的财产职责方面,《俄罗斯联邦民法典》规定监护人完全代替被监护人从事财产法律行为,监护人以被监护人的名义、为被监护人的利益实施一切必要的法律行为。② 当需要经常性管理被监护人或被照管人的不动产或价值较大的动产时,应当设立信任管理。信任管理合同双方是监护和照管机构与机构确定的管理人,监护和照管机构代被监护人或被照管人委托管理人对其上述财产进行管理,监护和照管机构对管理人的管理行为进行监督。交付信任管理的财产应当从被监护人或被照管人的财产中分离出来,依照被监护人或被照管人的利益而使用,而没有被交予信任管理的

---

① 《俄罗斯联邦民法典》第 36 条第 2 款、第 150 条第 1 款和第 2 款。

② [俄]E. A. 苏哈诺夫:《俄罗斯民法》,黄道秀译,中国政法大学出版社 2011 年版,第 128 - 129 页。

财产则仍由监护人或照管人进行管理。当监护或照管终止时(如被照管人年满 18 周岁)或者信任管理合同终止时,信任管理终止。①监护人和照管人没有抚养被监护人或被照管人的义务。同时因为监护人或照管人往往是被监护人或被照管人的亲属,所以,一般情况下,监护人和照管人也没有报酬请求权。②

监护和照管机关可以对以下事项进行同意,监护人没有获得同意不得实施以下行为:第一,在不对未成年人教育和权益产生不利影响的前提下,照管人与年满 16 周岁的未成年人分开居住;第二,在维护被监护人或被照管人利益的条件下,监护人和照管人可以开支被监护人或被照管人无权自己支配的生活费、补助金、抚养费、工资、其他社会补助费或管理财产的收益。但若这些开支是属于维持被监护人或被照管人生活衣食住行的必要开支的则不需要得到监护和照管机关的同意。③

监护人无权实施下列行为,照管人无权对被照管人实施以下行为表示同意:第一,处分被监护人或被照管人的财产,处分的形式包括:交换、赠与、出租、抵押和无偿使用;第二,放弃属于被监护人或被照管人的财产或分割其财产以使其价值减少。第三,除非不符合未成年人的利益,否则监护人和照管人不得阻止未成年人与其父母或近亲属接触与交流。④

监护人、照管人、他们的配偶和近亲属禁止与被监护人或被照管人进行交易,但是被监护人和被照管人接受赠与或无偿获得财产使用权的情况除外。在被监护人或被照管人与监护人或照管人配偶或近亲属作为双方当事人的诉讼中,监护人或照管人无权作为被监护人或被照管人的法定代理人参加诉讼。⑤

---

① 《俄罗斯联邦民法典》第 38 条。

② 《俄罗斯联邦民法典》第 36 条第 1 款、第 150 条第 5 款。

③ 《俄罗斯联邦民法典》第 36 第 2 款、第 37 条第 1 款。

④ 《俄罗斯联邦民法典》第 37 条第 2 款、第 150 条第 3 款。

⑤ 《俄罗斯联邦民法典》第 37 条第 3 款。

(3)监护人与照管人的责任。

当监护人或照管人因过错而不正确履行其职责时,如利用监护和照管的关系谋取私利,对被监护人或被照管人不加监管、不给予必要的帮助甚至伤害其利益,监护和照管机构不仅可以撤销监护人或照管人的资格,指定新的监护人或照管人,还可以采取必要措施让监护人或照管人承担法律责任。①

6. 英国未成年人监护人职责与责任的考察

1989年英国的《儿童法》规定监护人拥有与父母几乎同样的父母责任,②所以监护人的职责可以援引《儿童法》关于父母责任的规定,这种法律设计反映的并不是对监护人的过分信任,而是因为英国一直都强调儿童保护的国家干预,公权力对父母也施加了同样的干预和监督,因此在父母与监护人的权利义务上并无区分的必要。③

父母责任指法律规定父母或监护人享有的对于未成年人人身及财产的权利(right)、义务(duty)、权力(power)、责任(resposibility)和权威(authority)。④ 一般来说,父母责任包括以下内容:(1)权利和权力:第一,对未成年人身体的权利,包括子女返还请求权和住所指定权;第二,决定孩子接受哪所学校教育的权利;第三,宗教选择权;第四,管理未成年人财产的权利;第五,代理未成年人参与诉讼的权利;第六,医疗同意权;第七,对未成年人结婚的同意权;第八,与未成年人接触的权利。(2)义务:第一,对未成年人进行教育;第二,对未成年人进行照顾;第三,对未成年人进行保护。⑤ 父母拥有最完全的父母责任。父母与非父母监护人承担责任的差别一般在于监护人没有

---

① 《俄罗斯联邦民法典》第39条第3款。

② 1989年《儿童法》第5(6)条。

③ 王竹青、杨科:《监护制度比较研究》,知识产权出版社2010年版,第165页。

④ 1989年《儿童法》第3(1)(2)条。

⑤ 王竹青、杨科:《监护制度比较研究》,知识产权出版社2010年版,第108-114页。

抚养未成年人的义务。[①] 另外,因为英国建立了发达的信托制度,所以在监护之前,若被监护人的财产已经被设置了信托,那么监护人对未成年人财产的管理权受到限制。[②]

当有多人享有对同一个未成年人的父母责任时,前一个获得父母责任的人不会因为后来其他人也获得对同一个未成年人的父母责任而自动终止其父母责任。并且每个拥有父母责任的人都可以单独履行父母责任,除非法律要求某项父母责任的履行需要征得其他拥有父母责任的人的同意。任何履行父母责任的人都无权违背法院为被监护人作出的各种指令。履行父母责任的人可以将部分或全部父母责任安排第三人行使,被安排行使父母责任的第三人可以获得对未成年人的父母责任,而作出这种安排的人应承担父母责任无法被履行的后果。无论有没有父母责任都不影响一个人应承担的对未成年人的抚养义务,也不影响在未成年人死亡时,其享有的对未成年人遗产拥有的权利。[③]

7. 美国未成年人监护人职责与责任的考察

20 世纪后,在美国,公权力开始对家庭监护进行监督,要求父母在对子女进行监护时充分参考子女的意见。[④] 下面分职责、权力、权利、豁免和责任几类来考察美国未成年人监护人职责的内容:

(1)监护人的职责。

监护人应鼓励被监护人参与到自己事务的决定当中,帮助其发展并获得管理自己事务的能力。除非法院另有限制,否则监护人应当对被监护人的生活、教育、健康以及福利相关的事情作出决定,监护人在就被监护人事务作出决定时,应当参考被监护人的意见。监护人应当依据被监护人的最大利益,勤勉、谨慎地履行监护职责。[⑤]

---

① 王竹青、杨科:《监护制度比较研究》,知识产权出版社 2010 年版,第 108、117 页。

② 陈苇主编:《外国婚姻家庭法比较研究》,群众出版社 2006 年版,第 485 页。

③ 1989 年《儿童法》第 2(5) - (11)条、第 3(4)(5)条。

④ 笔墨:《美国的未成年人监护》,载《中国社会报》2014 年 6 月 17 日。

⑤ 美国《统一监护与保护程序法》第 314a 条。

监护人应了解被监护人的能力、限制、需求、机会以及身心健康程度,注意维持与被监护人的交往与联系。监护人有权为了维护被监护人的财产权益而提起诉讼,也有权将其管理下的被监护人的财产使用在被监护人的抚养、照料、教育、健康及福利等事务上。如果任命了专门的财产保管人,那么监护人应当至少一个季度一次向保管人提交被监护人的金钱以用于其未来的花费。如果被监护人获得了完全民事行为能力或者被监护人的住所发生了变化,监护人应当立即通知法院。[①]

(2)监护人的权力。

除非法院另有限制,否则监护人可以享有以下权力:第一,申请或接收任何为了支持监护而给予被监护人或监护人的金钱,此金钱可能来源于法定救济金、保险金、遗赠、信托或管理。第二,除非对监护事务有管辖权的法院作出了相反的指令,否则监护人可以指定被监护人的居所,但将被监护人居所迁移出州之外则必须获得法院的许可。第三,如果未成年人财产保管人没有被赋予起诉的权利,那么监护人可以发起诉讼,或者采取合适的措施要求对被监护人有抚养义务的人提供金钱支持。第四,监护人有权同意对被监护人采取的医疗、治疗和其他服务措施。第五,监护人有权对被监护人的结婚与离婚作出同意与否的决定。第六,在合适的情况下,监护人有权代表被监护人作出关于其福祉的决定,法院可以授权监护人享有对他人收养被监护人的同意权。[②]

(3)监护人的权利、豁免和责任。

在法院同意的情况下,监护人有权就其履行监护职责享有适当报酬,以及对提供给被监护人的住房、膳食和衣服享有适当补偿的权利。监护人之外如果还任命了专门的财产保管人管理被监护人的财产和金钱,那么在没有法院指令的情况下,管理者可以给予监护人适

① 美国《统一监护与保护程序法》第314b条。

② 美国《统一监护与保护程序法》第315a条、第315b条。

当的补偿和报酬。父母之外的监护人没有抚养被监护人的义务,不需要花费自己的金钱和财务来履行监护事务。监护人无须因为仅存在监护关系就对第三人对被监护人实施的行为承担责任。监护人不对因选择第三人为被监护人提供医疗、照顾或其他服务而给被监护人造成的损害承担责任。①

二、国外亲权人和未成年人监护人职责与责任的比较评析

(一)国外亲权人职责与责任的比较评析

关于父母行使亲权的原则,法国、德国、瑞士、俄罗斯规定了尊重子女真实意愿原则。一般情况下,亲权人的职责包括代子女进行民事行为和诉讼行为、人身亲权职责与财产亲权职责。

1. 代理

当父母与子女的权益冲突时,父母不得在特定事物或一定范围事务上代理子女,德国、俄罗斯对此有规定。

2. 人身亲权职责

关于亲权人的人身亲权职责,前述国家规定的共性在于:第一,对子女进行教育,法国、日本、瑞士、俄罗斯对此有规定;第二,对子女进行照料,德国、瑞士、俄罗斯对此有规定;第三,住所指定权,法国、德国、日本对此有规定;第四,子女返还请求权,德国、俄罗斯对此有规定。前述国家规定的差异在于,有些国家规定了较有特色的人身亲权职责:第一,对子女进行监督,德国对此有规定;第二,对子女进行适当惩罚,日本对此有规定;第三,确定子女交往范围,德国对此有规定;第四,子女从业许可权,日本对此有规定;第五,决定子女的姓名,瑞士对此有规定;第六,与子女共同居住的权利,俄罗斯对此有规定。

3. 财产亲权职责

关于亲权人的财产亲权职责,前述国家规定的共性在于:第一,

---

① 美国《统一监护与保护程序法》第316条。

管理子女的财产，法国、日本、瑞士对此有规定；第二，制作财产清单和账目并提交相关机构审查，德国、瑞士对此有规定；第三，使用子女的财产，法国、德国对此有规定；第四，抚养子女，提供抚养费、教育费等生活费，法国、俄罗斯对此有规定。第五，用子女财产的收益支付子女抚养、教育的费用，日本、瑞士对此有规定；第六，没有一个国家规定父母的报酬请求权。前述国家规定的差异在于，有些国家规定了较有特色的财产亲权职责：第一，补偿请求权，德国对此有规定；第二，规定亲权人应当尽到与管理自己财产同样的注意义务来管理子女的财产，日本对此有规定。

关于对父母财产管理权和处分权的限制，前述国家的共性在于：第一，如赠与人或遗嘱人在将财产给予子女时明确表示父母不得管理、使用或处分这部分财产，父母对这部分财产的管理、使用和处分权受到限制，德国、日本、瑞士对此有规定；第二，父母不得代子女进行赠与，道德、礼仪上的赠与除外，德国、瑞士对此有规定。

关于亲权人经相关机构批准才能实施的行为，德国法对此有规定，父母处分土地或者土地权利、船舶或者在建船舶、抛弃继承份额、遗赠或特留份、以子女的信用接受金钱、营业等行为需要经过家事法院的同意。

4. 亲权人的责任

关于亲权人的责任，德国法规定，父母双方造成子女人身或财产损害的，应当作为连带债务人承担责任。俄罗斯法规定，父母在行使亲权时对子女权益造成的损害应当承担责任。

（二）国外未成年人监护人职责与责任的比较评析

关于监护人的职责，前述大陆法系国家即法国、德国、日本、瑞士及俄罗斯分为人身监护职责和财产监护职责，而英美法系国家即英国和美国则将监护人的职责分为权利、权力、义务和职责等。我们认为，一方面，监护职责是一系列权利与义务的集合，有些职责，如对未成年人的教育，既可以被认为是监护人的权利，也可以被认为是义务，所以，在监护人的职责中，权利与义务的分野并不明晰；另一方面，将监护的职责划分为人身监护职责和财产监护职责也符合大陆法系国家一以贯之的立法传统。所以，我们并不对监护职责根据权利和义务的标准进行划分，而是根据关乎被监护人的人身利益还是财产利益为区分来对法国、德国、日本、瑞士、俄罗斯、英国和美国的立法进行比较评析。

1. 国外监护人人身监护职责的比较评析

根据对前述国家监护人职责的考察，我们可以总结出前述国家对未成年人人身监护职责规定的共性在于：(1)对未成年人进行教育，德、日、瑞、俄、英五国对此有规定。(2)照料未成年人的生活起居，德、瑞、俄、英四国对此有规定。(3)决定未成年人的居所，德、日、英、美四国对此有规定。(4)保护未成年人的身心健康，法、德、英三国对此有规定。(5)向不法扣留未成年人的人要求返还，德、俄、英三国对此有规定。(6)对未成年人需要实施的医疗手段作出同意与否的表示，英、美两国对此有规定。(7)鼓励被监护人自我事务独立决定。父母应允许未成年人享有与其年龄及成熟程度相适应的安排自己生活的自由，并在履行职责时尽可能考虑未成年人在重要事务中的意见，这呼应了联合国 1989 年《儿童权利公约》规定的"尊重儿童意见原则"。瑞、美两国对此有规定。(8)对未成年人结婚的同意权，英、美两国对此有规定。

在监护人的人身职责方面，前述国家规定不同之处在于，有些国家规定了较有特点的职责：(1)监护人与未成年人共同居住的义务。除非得到监护和照管机关的同意，并且不对未成年人教育和权益产生不利的影响，否则，监护人不被允许与不满 16 周岁的未成年人分开居住，俄罗斯对此有规定。(2)对被监护人信仰宗教的选择权，英国对此有规定。(3)决定被监护人选择哪所学校教育的权利，英国对此有规定。(4)在监护及教育的必要范围内惩戒未成年人，日本对此有规定。

对于日本法赋予了监护人在一定程度范围内惩戒未成年人的权利。我们认为，惩戒是教育未成年人的手段之一，不同的监护人教育未成年人的方式可能不一样,有的监护人擅于通过说教的方式循循善诱,而有的监护人则通过惩戒的方式让其下不为例。所以,一定程度的惩戒作为教育未成年人的方式之一,可以被教育的职责所涵盖,不必单独规定。同理,英国法赋予了监护人为未成年人选择院校进行学校教育的权利,我们认为,这一权利保障了未成年人的受教育权,是监护人家庭教育职责的延伸,亦不必独立于教育职责之外。

2. 国外监护人财产监护职责的比较评析

根据对前述国家监护职责的考察,我们可以总结出前述国家对未成年人财产监护职责规定的共性在于:法、德、日、瑞四国都规定了监护人制作、更新财产清单与账目的职责,该职责可以分为三个阶段:第一阶段,在监护设立之时或之后的规定期间内,监护人对被监护人财产进行清点并制作财产清单和账目,监护监督人应在场监督或一同制作,财产清点后将财产清单和账目送至法院或行政监督机构审核。第二阶段,执行监护事务期间,监护人应当适时更新被监护人财产清单和账目的数额,并应要求将财产清单和账目交予法院或行政监督机构查阅、审核。第三阶段,在监护终止时,监护人应与监护监督人或在其帮助下制作最终财产清单和账目,并将其提交予法院或行政监督机构进行审核。

财产清单或目录制作不充分、不准确或程序不规范,上述国家处理的方式主要有:(1)德国法规定监护人在制作财产目录时,可以邀请公证人、鉴定人及公务人员在场见证。目录制作得不充分的,家事法院可以请求主管机关、公务人员或公证人重新制作。(2)法国法规定若没有制作财产清单,或制作的财产清单不准确或不完成,被监护人或其死后的继承人可以提出证明真实财产数额的证据。(3)日本法规定有监护监督人的,监护监督人应当共同参与财产清单的制作,否则制作的清单没有法律效力。

免除监护人制作财产清单的情形:瑞士法规定若是未成年人的近亲属担任监护人,在未成年保护机构认为妥当的情形下,其可以免除监护人提交财产清单与账目的义务。

除了制作、更新财产清单与账目的职责外，前述国家监护人财产监护职责的共性还包括：(1)监护人管理未成年人的财产，前述七国对此皆有规定。(2)报酬请求权，法、德、日、瑞、美五国对此有规定。(3)为了被监护人的利益处分其财产，如为了满足被监护人日常生活所需开支其生活费、补助金或抚养费等，用于支付未成年人的抚养、教育及健康福利的费用等，法、德、俄三国对此有规定。(4)补偿请求权，德、瑞、美三国对此有规定。(5)定期编制履行监护职责所需预算的职责，即监护人定期根据被监护人生活、教育、医疗开支的计划编制预算，并在预算范围内合理开支被监护人的财产与金钱，这尽可能避免了计划之外的开销导致未成年人的生活陷入贫困的境地，有利于被监护人生活秩序的维护，法、日两国对此有规定。

在监护人的财产职责方面，前述国家规定不同之处在于，有些国家规定了较有特点的职责：(1)申请或接收任何为了支持监护而给予被监护人或监护人的法定救济金、保险金或遗赠的财产等，美国对此有规定。(2)为被监护人的不动产或价值较大的动产设立信任管理，俄罗斯对此有规定。

可以看出，当前许多国家规定监护人的财产监护职责带有显著的国家干预色彩，如规定监护人在监护开始时制作财产清单及账目并提交法院或行政监督机构审查；监护人在管理财产过程中应当按照规定汇报财产管理情况；俄罗斯法更是规定，对于未成年人的不动产与价值较大的动产，监护和照管机关与其选任的管理人应订立合同，由管理人按照有利于被监护人利益的原则进行管理，监护和照管机关对管理行为进行监督，这直接剥夺了监护人对该财产的管理权。可见，相比人身监护职责，对监护人履行财产监护职责的国家干预明显更强。

除了人身监护职责与财产监护职责外，前述七国皆规定，监护人还可以作为被监护人的法定代理人，代理其进行民事活动，同意或拒绝同意被监护人不能独自作出的行为(如与第三人签订协议),作为其诉讼代理人参与诉讼活动,在法院起诉或者应诉等。

3. 国外禁止监护人从事事务的比较评析

根据对前述国家监护人职责的考察,我们可以总结出前述国家规定禁止监护人从事的事务主要有以下几点:(1)当被监护人的利益与监护人、由监护人代理的第三人或者监护人的配偶或亲属的利益相抵触时,在与之相关的事务上不得代理被监护人,如禁止监护人双方代理、自己代理、从第三人处取得其对被监护人的某项权利、作为被监护人的法定代理人参与被监护人与监护人或其配偶或亲属的诉讼活动中。(2)不得无偿转让被监护人的财产或权利,不得赠与、放弃债权,在未清偿债务的情况下取消担保物权,为第三人债务设立担保等。符合道德或者礼仪上考虑的赠与不在此限。(3)不得为自己的利益也不得为监护监督人的利益使用被监护人的财产。日本法规定监护人为了自己的利益使用了被监护人的金钱的,返还时应考虑对此金钱从消费之日起就应当计算的利息。(4)不得放弃属于被监护人的财产或分割其财产以使其价值减少,如放弃接受赠与或遗赠。

在禁止监护人从事的事务方面,前述国家较有特点的规定有:(1)禁止监护人以被监护人的名义从事自由职业或经商,法国法有此禁止规定;(2)未成年人因受赠获得的财产,如果这部分财产正在产生诸如储蓄利息的孳息,监护人不得处分这部分财产。瑞士法有此禁止规定。(3)除非不符合未成年人的利益,否则监护人和照管人不得阻止未成年人与其父母或近亲属接触与交流。俄罗斯法有此禁止规定。

4. 国外监护人需要被批准或同意才能从事的事务之比较评析

关于谁拥有对监护人从事特定监护事务的批准权,上述国家立法可以分为以下几类:第一,监护监督人,德国、日本采此立法例。第二,法院,法国、德国、美国采此立法例。第三,行政监督机构,俄罗斯、瑞士采此立法例。俄罗斯享有批准权的机构是监护和照管机构;

瑞士享有批准权的机构是未成年人保护机构。第四，亲属会议，法国采此立法例。

关于监护人从事何种事务需要得到批准或同意，上述国家主要规定了以下情形：(1)处分特殊动产或不动产，如处分土地、土地权利、在建船舶；在不动产或动产上设立抵押或其他物权。(2)抛弃法定应继份、特留份，拒绝赠与、遗赠，或接受附负担的赠与或遗赠的行为。(3)订立分割遗产的合同，如俄罗斯规定了订立遗产分割协议。(4)以被监护人名义开始新的营业或者终止目前的营业，或者许可，限制或撤销未成年人进行营业的许可。(5)将属于被监护人的财产用于可支付利息的投资。(6)以被监护人的名义实行和解、仲裁或诉讼行为，如提起诉讼、缔结和解或仲裁合同。(7)为了被监护人的利益，监护人与被监护人间订立合同，如监护人购买被监护人的财产或与其订立租约。(8)以被监护人的名义为他人承担债务、设立担保或将被监护人财产赠与他人。(9)在为了保障被监护人利益的前提下，花费被监护人无权自己支配的生活费、补助金、抚养费等收益用于日常生活衣食住行之外的开支。

除了上述常见的需要得到批准或同意的事务，一些国家还规定了监护人实施一些特殊的行为需要得到同意或批准。例如，(1)日本法规定进行新建、改建、增建或大型修缮的行为。(2)日本法规定对于变更亲权人为未成年人确定的住所、教育方式。(3)俄罗斯法规定，在不对未成年人教育和权益产生不利的影响的前提下，监护人与年满16周岁的未成年人分开居住。(4)瑞士法规定了为被监护人订立人身保险金的合同。(5)瑞士法规定了订立或同意大笔借贷、认购外汇。(6)瑞士法规定了订立和解除长期安置被监护人的合同。(7)美国法规定监护人因其履行监护职责要求报酬与补偿。

若未经批准或同意，监护人擅自从事其不能独立从事的监护事务，法律后果可以分为以下两类：(1)家事法院可以嗣后作出承认或拒绝承认，承认或拒绝承认在其通知另一方的时候发生效力，合同生效于承认发生效力之时。监护人隐瞒实情向不知情第三人说明其已经获得家事法院的承认的,另一方在家事法院承认的通知到达前有权撤回。德国采此立法例。(2)监护人实施上述行为若未征得未成年人保护机构的同意,也未得到被监护人的法定代理人的同意,那么对被监护人只产生人法规定的效力。瑞士采此立法例。

对比前文中所罗列的监护人被禁止从事的事务可以发现,监护人在一个国家内须被批准才能从事的事务可能在另一个国家被严令禁止,如非为了被监护人的利益而购买被监护人的财产或订立租约的行为在法国是被禁止的,但是在瑞士却属于被监护人与监护人间订立合同的情形而须受到未成年人保护机构的审查,并非采取"一刀切"禁止的方式。可见,与普通的监护事务相比,这些需要得到批准或同意的事务一般存在较大的损害未成年人权益的风险,通过国家与社会的干预与把关有利于防止监护人借履职之便损害未成年人的合法权益,这符合《儿童权利公约》倡导的保障儿童之生存权与发展权原则。

5. 国外监护人责任的比较评析

关于监护人不当履行监护职责或实施监护侵害行为而应当承担的责任,前述国家中,法国法、德国法、日本法、俄罗斯法与美国法规定了监护人的责任,法国法、德国法、俄罗斯法规定监护人承担责任的前提是其存在过错。值得注意的是,美国法《统一监护与保护程序法》第316条对第三人侵犯被监护人权益时监护人是否承担责任作了规定:监护人不用因为仅存在监护关系就为第三人对被监护人造成的伤害承担责任。监护人无须对仅仅因为选择第三人为被监护人提供医疗、照顾或其他服务而给被监护人造成的伤害承担责任。

第四节　国外亲权和未成年人监护监督的考察与比较评析

一、国外亲权和未成年人监护监督的考察

（一）国外亲权监督的考察

下面分别对法国法、德国法、日本法、瑞士法和俄罗斯法中亲权监督的立法进行考察。

1. 法国亲权监督的考察

父母一方或检察院可以向法官请求就父母双方安排行使亲权和分担生活费的方式作出裁判。除非不符合子女利益，否则法官应当认可父母双方安排行使亲权和分担生活费的协议。①

当子女的身心健康面临受侵害的危险时，父母双方或一方、受托照管儿童的个人或部门、监护人、儿童本人或共和国检察官可以向法院申请教育性救助措施。该措施可以分为两类：第一，当父母行使亲权长期存在困难或未成年人的身体、情感与智力成长等受到严重影响，法院可以在不剥夺其亲权的前提下命令由某一机构或部门收留子女，此时，法官可以根据未成年人的处境或受到的伤害给予父母不同的处理：一般情形下，未成年人父母保留有对其探望、留宿及通信的权利。但如果父母侵害未成年人权益的行为较为严重，法官可以决定暂停父母行使此权利或只有受托照管儿童的个人或机构的第三方人员在场时，父母才可以行使此种权利。第二，除非情况严重到不得不将子女带离其父母，否则应尽可能让子女与其父母共同生活，在此情形下，法官应指定某教育机构或某一有资格的人向未成年人的家庭提供支持，帮助该家庭解决在物质或精神上遇到的困难，或者要求未成年人定期去医疗机构进行检查等。接受教育性救助措施儿童

---

① 《法国民法典》第373－2－7条、第373－2－8条。

的抚养费和教育费仍由父母或有抚养义务的直系尊亲属负担。①

当家庭补助金没有用于子女的教育、医疗、生活与住房的目的时,法官可以命令将家庭给付的全部或一部分支付给称之为"家庭补贴给付受托人"的自然人或法人。由家庭补贴给付受托人对该财产进行管理,将其用于子女的生活、医疗及教育等方面。②

2. 德国亲权监督的考察

子女精神、肉体等人身权益受到侵害,父母不愿或没有能力消除危险的,家事法院可以采取公共救济、命令父母一方或双方离开家庭住房、不得接近家庭住房或子女经常逗留的地方、禁止与子女接触、部分或完全剥夺父母的照顾权。但是法院采取的措施应当符合比例原则,即仅在危险不能通过公共救济免除时,才能采取让子女脱离父母家庭或命令父母离开家庭住房等措施,并且只有在采取其他措施没有效果时,才能剥夺父母的照顾权。③ 对于子女财产权益受父母侵害的,家事法院可以要求侵害子女财产利益的一方为在其管理下的子女财产提供担保。④ 家事法院的判决应当尽可能符合儿童最大利益。⑤

根据父母一方的申请,少年局可以在生父的确认、提出抚养请求权的主张等方面作为子女的辅助人。父母照顾权不因辅助而受到限制。辅助依申请人以书面方式请求而终止。⑥

3. 日本亲权监督的考察

当亲权人的利益与子女利益冲突时,或某一子女利益与其他子女利益相反时,亲权人应当请求家庭法院为子女选任特别代理人。⑦

---

① 《法国民法典》第375条、第375-2条、第375-7条、第375-8条。

② 《法国民法典》第375-9-1条。

③ 《德国民法典》第1666条、第1666a条。

④ 《德国民法典》第1667条。

⑤ 《德国民法典》第1697a条。

⑥ 《德国民法典》第1712条、第1715条、第1716条。

⑦ 《日本民法典》第826条。

4. 瑞士亲权监督的考察

瑞士法规定,如无重大理由,不得将子女带离其父母处。①

在一些情况下,即使父母尚在并享有亲权,未成年人保护机构也可以为子女指定监护人,为父母行使亲权提供帮助,保护子女的权益。

第一,如果父母在行使亲权时,子女利益与其利益冲突,父母对利益冲突事务的代理权终止,未成年人保护机构应当指定监护人或采取其他必要措施。②

第二,如果子女的利益受到侵害或有受侵害的威胁,父母没有救济或不能救济,未成年人保护机构应当采取必要的措施。如有必要,未成年人保护机构可以为子女指定监护人,为父母行使亲权提供帮助。监护人的职责在于代子女请求抚养费,监督父母一方对子女探视权的落实。未成年人保护机构指定监护人应当在授权书中明确监护人的职责以及对亲权的限制。在这一过程中,未成年人保护机构应当妥善地听取一定年龄以上的子女的意见。③

第三,当父母对子女的安置、对亲权的分配以及探视权的实施方面存在争议,未成年人保护机构可以为子女指定在司法领域有经验的监护人,该监护人可以提出建议并提起诉讼。④

第四,未成年人保护机构可以对父母管理子女的财产给予指引,如果父母并未充分管理子女的财产,未成年人保护机构可以采取必要的措施。如父母没有按照要求制作财产清单和账目,未成年人保护机构可以要求父母将子女财产提存或提供担保。如果以上措施无法消除父母对子女财产的不利影响,未成年人保护机构可以为子女指定监护人,将子女的财产交予监护人管理。⑤

---

① 《瑞士民法典》第 301 条。

② 《瑞士民法典》第 306 条。

③ 《瑞士民法典》第 307 条、第 308 条、第 314 条、第 314a 条。

④ 《瑞士民法典》第 314a 条。

⑤ 《瑞士民法典》第 325 条。

5. 俄罗斯亲权监督的考察

如果父母的情况不适合行使亲权或其行为可能侵犯子女的利益,但是情况尚未严重到剥夺父母的亲权,根据子女的近亲属、监护和照管机构、学前教育机构或其他机构、检察院的申请,法院应当对父母亲权予以限制,将子女带离其父母处。如果父母在被限制亲权6个月后仍未改变其行为,监护和照管机构可以向法院要求剥夺父母亲权。亲权被限制的父母失去了亲自照管子女的权利和向州申请津贴的权利,但是仍承担抚养子女的义务。而子女仍然保留对被剥夺亲权父母一方住房的使用权和任何基于亲子关系或亲属关系的权利,如继承权。如果父母双方亲权皆被限制,那么子女应当由监护和照管机构进行监护。被限制亲权的父母一方在监护和照管机构、子女的监护人、养父母或安置子女的行政机构的同意下,可以与子女接触。当限制父母亲权的理由消失后,根据被限制亲权父母的申请,法院可以依据子女的意愿和其利益,恢复父母的亲权。

如果子女的生命与健康面临现实的、直接的威胁,监护和照管机构应当立即将子女带离其父母或任何照管子女的人之处。将子女带离之后,监护和照管机构应当立即通知检察院给子女安排临时的住处、视情况向法院申请限制父母亲权或直接剥夺其亲权。

当父母对子女的照管有争执,监护和照管机构有义务监督、视察子女及亲权人的生活状况,并将视察情况与结论提交法庭,为法官作出判决提供参考。①

(二)国外未成年人监护监督的考察

下面分别对法国法、德国法、日本法、瑞士法、俄罗斯法、英国法和美国法的监护监督制度进行考察。

1. 法国未成年人监护监督的考察

法国法的监护监督主体包括监护监督人、亲属会议、监护法官与共和国检察官。

---

① 《俄罗斯联邦家庭法典》第73-78条。

(1)监护监督人的监督。

《法国民法典》第一卷第十编第二目第四段专门规定了监护监督人制度。在法国,监护监督人由亲属会议从其成员中进行任命,监护人是未成年人的父系或母系的血亲或姻亲,监护监督人应当从另一系成员中挑选。因为亲属会议并非必须设置的机构,所以选任于亲属会议的监护监督人也并非必须设置的人员。监护监督人的职责包括:第一,负责监督监护职责的履行;第二,当监护人与被监护人利益发生冲突时代表被监护人利益行事;第三,在决定重大监护事务时,监护人应当听取监护监督人的意见;第四,监护监督人应立即向监护法官报告监护人侵害被监护人利益的行为,否则其应当对被监护人的损失承担责任。第五,当监护人管理未成年人财产时,监护监督人应向法官证明监护人有义务实施的活动已经得到正常开展。同时应当证明,按照亲属会议的规定或法官的指令,监护人已将被监护人资金投入使用且进展顺利。第六,当监护相对终止时,监护监督人应当及时提议任命新的监护人而非当然取代监护人,否则监护监督人同样应当承担责任。监护绝对终止时,监护监督人的职务随着监护的终止而终止。①

(2)亲属会议的监督。

在监护领域,亲属会议是任免、更换监护人并行使一定监护监督职责的亲属组织。亲属会议在早期资本主义民法中规定较多,但目前只在法国、我国台湾地区等少数国家及地区保留。② 虽然法国亲属会议成员多为被监护人亲属,但在成员选任和会议工作的开展方面皆由监护法官主导,其组织与运作介入了公力因素。在监护开始时,应当设置亲属会议,即使父母通过遗嘱指定监护人的情形也不例外。亲属会议的存续期间就是监护的持续期间。亲属会议由 4 名或 4 名以上的成员组成,成员由法官指定,其包括监护人与监护监督

---

① 《法国民法典》第 409 条、第 410 条、第 497 条。

② 马忆南:《婚姻家庭继承法学》,北京大学出版社 2011 年版,第 234 页。

人,但不包括主持会议的监护法官。未成年人父母的血亲和姻亲以及对未成年人表示关心的任何人都可以成为亲属会议的成员。在选任亲属会议成员时,应当考虑以下因素:监护能力、与未成年人父母的关系、与未成年人的关系、其是否有监护的时间和精力等因素。应当尽量使亲属会议的成员中既有未成年人父系的亲属也有母系的亲属。①

亲属会议职责包括对监护人以未成年人的名义处分其财产、实行和解或仲裁等事务作出批准;在一定情况下撤销监护人的资格;在监护人缺失的情况下选任监护人;根据监护职责的履行情况决定是否给予监护人适当的报酬等。亲属会议的工作由监护法官主持,成员通过投票表决作出决议,但监护人没有表决权。若两种决议的表决票持平,以监护法官表决票作出决议。亲属会议在作出关于未成年人生活的各项决议时应考虑其父母原来的意愿。②

(3)监护法官和共和国检察官的监督。

第二次世界大战后,法国民法典经过多次修改,弱化了亲属会议的职能,将原来由亲属会议负责的监护监督职责转移到监护法官和共和国检察官上,监护法官和共和国检察官对辖区内的未成年人监护事务进行监督。监护人应依据监护法官或共和国检察官的要求汇报其监护职责的履行情况,提交相应的材料,不回应传召的人应当被罚款。监护法官一般在没有设立亲属会议时发挥与亲属会议一样的作用,如对于确定监护所需的经费预算、规定从何数额起监护人有义务将现金或收入的结余部分投入使用,以及对监护人未经批准不得实施的行为作出批准等问题,如果设立了亲属会议,由亲属会议作出批准;如果未设立亲属会议,则由监护法官作出相关批准。③

除此之外,在涉及未成年人利益的诉讼中,当未成年人与其监护

---

① 《法国民法典》第399条。

② 《法国民法典》第400条、第401条、第408条。

③ 《法国民法典》第388条第3款、第500-502条。

人的利益发生冲突时，监护法官应为未成年人选任一位代理人替代其参与诉讼活动。[①]

2. 德国未成年人监护监督的考察

德国法的监护监督主体包括监护监督人、家事法院和少年局。

(1)监护监督人的监督。

《德国民法典》规定，为了加强对监护的控制，应当设立监护监督人制度。监护监督人由家事法院认为在必要的情形下进行选任。[②] 但当监护事务涉及财产管理的，除非是共同监护的情形或被监护人的财产较少，否则必须选任监护监督人。监护不适合由数名监护人共同执行的，可以选任其他监护人作为监护监督人。少年局为监护人的，不得选任监护监督人，少年局本身可以作为监护监督人。[③] 父母指定监护人的，可以不用选任监护监督人，同时免除被指定的监护人制作财产清单与账目的职责。父母指定同一监护人时，对于是否选任监护监督人及是否免除监护人提交账目的义务，父母双方作出相互抵触的指示的，以父母中最后死亡一方的指示为有效。当父母的指示损害被监护人的利益的，家事法院可以使父或母的指示失效。选任监护监督人的其他规则，参见设定监护人的规定。[④]

监护监督人的职责主要在于监督监护人的履职行为，并将监护人侵害未成年人利益的行为、监护人死亡、应当使监护人被免职的情形等一系列需要家事法院干预的事项及时报告给家事法院。监护人每年至少应当向家事法院报告一次被监护人的个人情况及财产管理的账目，有监护监督人的，监护人也应当向其提交账目进行检查并说明财产变动情况。监护监督人应当将检查结果记载于账目之上。[⑤] 与共同监护人不同的是，监护监督人是纯粹的监督机关，不作为被监

① 《法国民法典》第388条第2款。

② 杜景林、卢谌：《德国民法典》，中国政法大学出版社2015年版，第1073页。

③ 《德国民法典》第1792条。

④ 《德国民法典》第1792条、第1852条、第1854－1857条。

⑤ 《德国民法典》第1799条、第1840条、第1842条。

护人的代理人。监护监督人在职责范围内,使负有监督义务的家事法院免责。①

(2)家事法院的监督。

在德国,家事法院的监督职责包括:第一,监督与干预监护人与监护监督人的履职行为;第二,对监护人提交于法院的账目进行检查、更正或补充;第三,在尚未选任监护人或监护人不能履行其义务时,家事法院应当采取必要的临时措施;第四,对监护人抛弃法定应继份、遗赠、特留份等事项作出同意与否的决定。第五,一定条件下撤销监护人资格。②

(3)少年局的监督。

当少年局作为监护监督人时,其能够履行监护监督人可以履行的一切职责,包括可以批准或同意监护人需要监护监督人批准才能从事的监护事务。家事法院应当向少年局通知监护案件的判决情况,告知监护人员的变更和监护的终结情况,并且同时说明目前的监护人和监护监督人。被监护人的惯常居所被迁移至另一少年局的管辖范围的,监护人应当通知原住所地少年局,原住所地少年局应当向新住所地少年局告知居所的变更。③ 与法国的亲属会议、瑞士的未成年人保护机构与俄罗斯的监护和照管机构相比,同样作为监护监督机构的少年局权力较小,其并没有为未成年人指定监护人的权力,在德国,享有该权力的机构是家事法院。

3. 日本未成年人监护监督的考察

日本法的监护监督主体包括监护监督人与家庭法院。

(1)监护监督人的监督。

《日本民法典》第五章第二节第二款规定了监护监督人制度,监护监督人并非必须设立的机关,在必要时,父母可以在其生前通过遗

① 杜景林、卢谌:《德国民法典》,中国政法大学出版社 2015 年版,第 1073 页。

② 《德国民法典》第 1837 条、第 1843 条、第 1846 条、第 1851 条、第 1821 – 1823 条。

③ 《德国民法典》第 1792 条、第 1851 条。

嘱为子女指定监护监督人,被监护人、其亲属或监护人也可以请求家庭法院选任监护监督人。关于监护监督人选任的消极条件,监护监督人不得为监护人的配偶、直系血亲或兄弟姐妹。监护监督人的职责包括:第一,监督监护人职责的履行;第二,要求监护人提交财产清单、报告监护职责的履行情况;第三,在必要时处分被监护人的财产;第四,调查被监护人的财产情况;第五,监护相对终止时请求家庭法院选任监护人;第六,同意或拒绝同意监护人代被监护人订立赠与、和解、仲裁、遗产分割等合同、放弃继承等可能侵害被监护人利益的行为;第七,当监护人与被监护人利益冲突时,监护监督人应代表被监护人利益行事。①

(2)家庭法院的监督。

在日本,家庭法院可以行使以下监督职责:第一,随时要求监护人报告监护事务、提交财产清单;第二,直接调查监护事务和被监护人的财产状况;第三,根据监护监督人、被监护人的亲属或其他利害关系人的请求或依职权,要求监护人就被监护人的财产管理和其他监护事务进行必要的处分。第四,当监护人有不正当行为而使其不再适合担任监护人时,家庭法院可以根据监护监督人、被监护人、其亲属、检察官的请求或依职权解任监护人。②

4. 瑞士未成年人监护监督的考察

瑞士的监护监督主体为未成年人保护机构(又名:监护主管官厅)。未成年人保护机构同时也是成年人保护机构,未成年人保护机构由州设立,同时州应当设立一个或多个监管部门,未成年人保护机构的事务由至少三位成员决定。③

被监护人、其近亲属或所有在法律上有利害关系的人,可以针对监护人、第三人或相关机构的作为或不作为,请求未成年人保护机构

---

① 《日本民法典》第13条第1款、第848-851条、第857条、第863条、第864条。

② 《日本民法典》第846条、第863条。

③ 《瑞士民法典》第440条、第441条。

介入。若未成年人的利益遭受损害或有遭受损害的风险，未成年人保护机构应当基于法律的规定依职权或根据未成年人近亲属的请求采取必要的措施。未成年人保护机构应当督促监护人履行监护职责，为未成年人的照管、教育或培养提供指引和说明。未成年人保护机构采取的措施，目的是保障未成年人得到扶助和保护，促进未成年人的自立。只有当未成年人的家庭成员、近亲属、政府部门提供的扶助不足，并保证干涉的必要性和适当性的前提下，未成年人保护机构才能针对未成年人采取措施。①

除了督促监护人履行监护职责、采取必要的措施外，未成年人保护机构的职责还包括：(1)命令监护人为未成年人的财产制作清单，按期提交财务报告。(2)如果监护人的监护行为遇到妨碍，或者在执行具体监护职责时与被监护人的利益冲突，则监护人在此事务中权利自动终止，未成年人保护机构应当任命新的监护人或由未成年人保护机构自行解决。(3)对监护人提交的账目进行批准或不批准、对报告进行审查，如有必要，可以要求监护人对账目进行更正、对报告进行补充。若监护人为被监护人的父母或兄弟姐妹，未成年保护机构可以视情况免除监护人提交财产清单、出具报告、定期提交账目和针对这些行为征求其同意的义务。② (4)对监护人接受和放弃继承、订立或解除继承协议、遗产分割协议等行为进行同意与否的权利。(5)当父母对子女的安置、亲权的分配以及探视权等重要问题存在争议时，未成年人保护机构可以指定在司法领域有经验的监护人作为子女的代表，此类监护人类似未成年人的诉讼代表人，在涉及未成年人利益的诉讼中代表未成年人，保障其最大利益。③ (6)撤销不再适合任职的监护人资格。④

---

① 《瑞士民法典》第307条第1款和第2款、第315条、第368条、第388条、第389条、第419条。

② 《瑞士民法典》第368条、第403条、第415条、第420条。

③ 《瑞士民法典》第314a条、第416－418条。

④ 《瑞士民法典》第423条。

认为未成年人保护机构的决定不合理、违反法律或认定的事实虚假、不完整的,未成年人的近亲属或其他利害关系人有权向法院提起诉讼。①

5. 俄罗斯未成年人监护监督的考察

俄罗斯的监护监督主体为监护和照管机构。监护和照管机构应当对其所在地的监护和照管事务进行监督。监护和照管机构的监督职责包括:(1)对监护人和照管人的活动进行监督。(2)在发现监护人或照管人对被监护人或被照管人产生不良影响的情况时采取必要的措施。(3)当需要经常性管理被监护人或被照管人的不动产或价值较大的动产时,监护和照管机构应该设立信任管理,监护和照管机构代被监护人或被照管人委托管理人对其上述财产进行管理,监护和照管机构应该监督其管理行为。(4)对照管人是否可以与年满16周岁的未成年人分开居住,以及监护人或照管人是否可以开支被监护人或被照管人的生活费、补助金、抚养费、工资及其他社会补助费等问题进行批准或同意的权利。② (5)撤销不再适合任职的监护人或照管人的资格。③

6. 英国未成年人监护监督的考察

与法国法、德国法、日本法不同,英国法并没有规定监护监督人制度,英国的监护监督主体包括法院与地方当局。

法院一般通过发布各种指令监督监护人的行为,保障未成年人的权益。在处理任何有关儿童的事项时,法院可以要求观护员(probation officer)、地方当局官员或地方当局认为合适的其他人,向其汇报关于儿童福利的事项。这项报告可以是口头的,也可以是书面的,依法院的要求而定,法院应当根据报告里的陈述或证据来作出

① 《瑞士民法典》第450条、第450a条。

② 《俄罗斯联邦民法典》第34条第3款、第36第2款、第37条第1款、第38条。

③ 《俄罗斯联邦民法典》第39条第3款。

判决。[①]

(1)照顾令和监督令。

当未成年人遭受或可能遭受严重的伤害，并且这个伤害或可能的伤害来自其的照顾者或者未成年人脱离父母的照管时，在地方当局或被授权的人申请的情况下，将儿童置于地方当局处照顾，或者将其置于地方当局或是观护人的监管之下。[②] 照顾令和监督令应当制作给予 16 周岁以下，或 16 周岁以上 17 周岁以下未婚的未成年人。[③]

当照顾令生效后，地方当局应当依据照顾令接收未成年人，并且在照顾令有效的时间内对其进行照顾。当照顾令是由被授权的人申请的，而地方当局并未被通知照顾令申请的事宜，那么未成年人应当处于原监护人的照顾下直到照顾令生效。当照顾令生效后，地方当局便获得了未成年人的父母责任，并且为了保障和促进儿童福利，在必要的情况下地方当局可以决定父母或监护人在多大限度上应该履行其父母责任。虽然未成年人被置于地方当局的照顾之下，但地方当局应当让未成年子女和下列人员接触：第一，父母；第二，监护人；第三，在照顾令作出前就已经获得与未成年人共同居住指令的人；第四，在照顾令作出前根据高级法院指定而享有照顾未成年人职责的人。虽然获得未成年人的父母责任，但地方当局拥有的父母责任存在以下限制：第一，不能让未成年人信仰如果照顾令没有作出而其将会信仰的宗教之外的其他宗教；第二，无权为未成年人指定监护人；第三，不得让未成年人使用新的姓氏；第四，除非获得所有有父母责任的人同意或获得法院的许可，否则不准将未成年人带离英国，但实施照顾令的地方当局将未成年人带离英国时长少于一个月的

① 1989 年《儿童法》第 7 条。

② 需要说明的是，“被授权的人”是指全国预防虐待儿童协会及其内部官员、根据国务卿的指令授权的人或任何被授权单位的官员。参见 1989 年《儿童法》第 31 条第 9 款。

③ 1989 年《儿童法》第 31 条第 1－3 款。

除外。①

当监督令生效后，作为监督者的地方当局或观护人拥有以下职责：将未成年人作为朋友一样对待，对其提供建议和帮助；当监督人认为监督令不再需要时，其可以考虑是否向法院申请改变或者撤销监督令。基于当地教育机构的申请，法院可以作出教育监督令将未成年人置于当地教育机构的监督之下。法院只有在未成年子女处于义务教育年龄并且未接受适当的教育时，才可以作出教育监督令。②

(2)儿童评估令。

当有理由怀疑儿童正在遭受重大的伤害，基于地方当局和被授权的人的申请，法院可以作出儿童评估令。儿童评估令应当指明评估开始的时间，并且其有效期不超过七天。③ 法院在儿童评估令中指定负责评估的人员，该评估者将按照评估令中的指示对儿童进行医学或精神病学的检查与评估，但是如果未成年人有足够的判断能力，其可以拒绝接受医学或精神病学方面的评估，在开展评估期间，法院可以视情况允许在一定期间让孩子远离家庭，但是可以允许相关人与孩子接触。④

(3)紧急保护令。

紧急保护令根据申请人的不同可以分为三类：第一，任何人申请的儿童紧急保护令：如果未成年人没有被迁移到申请人提供的住所居住，或者他离开了为其安置的住所，而申请的人有合理的理由怀疑儿童有可能遭受重大的伤害时，经申请人的申请，法院可以作出儿童紧急保护令。第二，地方当局申请的儿童紧急保护令：地方当局有理由相信未成年人处于危险当中，地方当局人员被授权进行询问，但是询问的请求被无理由拒绝，并且相关人员有理由怀疑介入已经十分

---

① 1989年《儿童法》第33条第1－4款、第6b、7、8款，第34条第1款。
② 1989年《儿童法》第35条、第36条第1款、第3款。
③ 1989年《儿童法》第43条第1款、第5款。
④ 1989年《儿童法》第43条第7—10款。

必要和紧急,这时地方当局有权向法院申请儿童紧急保护令。第三,被授权的人申请的儿童紧急保护令:被授权的人有合理的理由怀疑儿童正在或有可能遭受重大的伤害,被授权的人被授权进行询问,但是询问的请求被无理由拒绝,并且被授权的人有理由怀疑介入已经十分必要和紧急,这时被授权的人有权向法院申请儿童紧急保护令。①

如果有理由作出紧急保护令,并且作出紧急保护令的理由比儿童评估令的理由充分,那么应当作出紧急保护令而非儿童评估令。可见,让法院作出紧急保护令的情况相对于可以作出儿童评估令的情况更为严重。②

当紧急保护令生效后,申请者拥有了未成年人的父母责任,其有权根据指令将未成年人接到自己为其提供的居所居住,并防止未成年人被带离该住所或其一直接受治疗的医院。申请者有权采取任何父母责任中的必要措施保障未成年人的身心权益。当法院作出紧急保护令,其必须在保护令中说明在保护令生效期间允许与未成年人接触的人、是否对未成年人实施医学或精神病学方面的检查和评估等问题。如果未成年人有足够的判断能力,其可以拒绝接受医学或精神病学方面的评估。③

(4)诉讼代表人。

在特定的诉讼过程中,法院还可以为未成年人选任诉讼代表人。在申请监督令或照顾令的诉讼、免除照顾令或改变监督令的诉讼或为处于照顾令中的儿童作出居住令等诉讼中,当没有律师代表未成年人的利益,同时未成年人知晓指定诉讼代表人的意义并同意指定,法院应为其指定诉讼代表人。诉讼代表人可以在任何合理的时间查看、复印当地机构或任何人所有的、与未成年当事人有关的记录,此

---

① 1989 年《儿童法》第 44 条第 1 款。

② 1989 年《儿童法》第 43 条第 4 款。

③ 1989 年《儿童法》第 44 条第 4—7 款。

记录可以放入诉讼代表人制作的报告中或者直接作为案件的证据，法院判决应当考虑诉讼代表人在法庭上提交的报告与证据。①

7. 美国未成年人监护监督的考察

美国的监护监督主体包括法院与当地福利机构。一旦被监护人的利益遭到侵害，法院可以依任何人或机构的申请或依职权变更、撤销监护人资格或判决监护人赔偿损失。② 法院的监督职责包括：

第一，审查监护人提交的报告。在监护开始后的30天内，监护人应当以书面的方式向法院报告其管理的被监护人的财产情况。在监护的过程中，监护人应当在法院要求的任何时候汇报监护职责的履行情况，汇报的内容包括被监护人目前的心理、身体及社交情况、被监护人的生活安排以及提供给被监护人的医疗、教育、职业及其他服务等信息。而法院应当指定一个访问员对监护人所提交的这些报告进行审查，开展法院要求的任何调查，法院应当建立一套监护监督系统，包括接收和审查每年的报告。③

第二，对监护人就其履行监护职责要求获得适当报酬、对监护人向被监护人提供住房、膳食和衣服要求获得适当补偿、取消健康关怀代理人的权力等行为进行同意或不同意。④

第三，为未成年人指定诉讼代表人。在诉讼过程中，若没有人很好地代表未成年人的利益，那么法院应当指定一位律师代表未成年人的利益，如果未成年人已达到14周岁，应当考虑其意见。⑤ 为实现对未成年人的国家监护，美国最高法院建立了公职律师团队，公职律师由首席大法官任命，其必须曾担任国家公职（如法官）并具有10

---

① 1989年《儿童法》第41条第1款、第3款、第4款、第6款、第11款，第42条第1款、第2款。

② 参见笔墨：《美国的未成年人监护》，载《中国社会报》2014年6月17日。

③ 美国《统一监护与保护程序法》第317条。

④ 美国《统一监护与保护程序法》第316条。

⑤ 美国《统一监护和保护程序法》第205(c)条。

年以上的律师从业经验。[①] 公职律师作为未成年人的诉讼代表人，在诉讼中代其向法院提出独立的主张，以此维护诉讼中未成年人的合法权益。

第四，法院对判决或裁定施行的司法监督。监护人可以决定儿童的成长过程中的诸多事项，包括教育、健康关怀、宗教等。若法院依相关人的举报，发现如果不对监护人权力进行限制就有可能损害未成年人的身心健康，那么法院应当对监护人的权力进行限制。同时法院可以依申请或依职权，命令当地福利机构、法院的社会服务机构对判决后监护人是否根据判决履行监护职责的情况进行监督。[②]

二、国外亲权和未成年人监护监督的比较评析

（一）国外亲权监督的比较评析

关于对亲权的监督，前述国家的共性在于，法国、德国、俄罗斯法规定当子女人身或财产权益正在遭受或可能遭受父母的侵害、父母不能行使亲权等情形出现时，法院或相关机构应当采取相关措施，将子女带离其父母处、对其另行安置；或者命令父母离开子女居住的家庭，在一定时间内不得与子女接触；或者并不分离父母与子女，但对父母的行为进行监督或对父母行使亲权提供帮助；或者剥夺父母部分或全部亲权等，但对父母亲权进行限制或直接剥夺父母亲权应当符合“比例原则”。

除了上述监督方式，法国、德国、日本、瑞士还规定了以下独特的方式对父母亲权进行监督：第一，法国法规定，当家庭补助金没有用于子女的教育、医疗、生活与住房的目的时，法官可以命令将家庭给付全部或一部分支付给称之为“家庭补贴给付受托人”的自然人或法人，由家庭补贴给付受托人对该财产进行管理，将其用于子女的生

① Michael Hinchliffe, *The Role of the Official Solicitor to the Supreme Court*, The Journal of Child Law, 1989(1).

② 美国《统一结婚离婚法案》第408条。

活、医疗及教育等方面。[①] 第二，德国法规定，根据父母一方的申请，少年局可以在生父的确认、提出抚养请求权的主张等方面作为子女的辅助人，辅助父母行使亲权事务，父母照顾权不因辅助而受到限制。第三，日本法规定，当亲权人的利益与子女利益冲突或子女间的利益存在冲突时，家庭法院可以依亲权人的请求为子女选任特别代理人。[②] 第四，瑞士法对亲权的监督和限制是通过为子女设立监护实现的，当子女利益与父母利益冲突、子女的利益受到侵害或有受侵害的威胁而父母没有救济或不能救济、当父母对子女的安置、对亲权的分配以及探视权的实施方面存在争议、父母并未充分管理子女之财产等情形出现时，未成年人保护机构可以为子女指定监护人，为父母行使亲权提供支持或限制父母的亲权，保障子女的权益。

（二）国外未成年人监护监督的比较评析

一般情况下，代理针对特定的和一次性的事务，而在监护中，代理是针对连续和概括性的监护事务，因此监护人作为未成年人法定代理人的代理存在更高的代理风险。一方面，监护关系中的被监护人是非完全民事行为能力人，其无法像一般代理关系中的被代理人一样监督代理人的行为；另一方面，类似于投资者将所有的鸡蛋都放在了一个篮子里，监护事务的连续性和概括性必然使代理权滥用行为给未成年人造成的损害更加严重。从理论上看，代理风险越大，预防与监督机制就应当设计得越复杂和精细，立法成本就相应地越高昂。[③] 因此，对于未成年人监护，前述国家都建立了监护监督制度预防监护人的代理风险。下面对法国、德国、日本、瑞士、俄罗斯、英国以及美国的未成年人监护监督人制度、监护监督机构以及未成年人诉讼代表人制度进行比较评析。

---

① 《法国民法典》第375－9－1条。

② 《日本民法典》第826条。

③ 朱垭梁：《〈民法总则（草案）〉第17－22条评析——监护与信托的功能耦合与制度融合》，载《安徽大学学报》（哲学社会科学版）2016年第6期。

1. 国外监护监督人制度的比较评析

前述七个国家中，只有法国、德国、日本设立了监护监督人制度，对监护人履行监护职责进行监督。

关于设立监护监督人的方式，可以分为以下几类：第一，法院选任的监护监督人，德国、日本采此立法例；第二，亲属会议任命监护监督人，法国采此立法例；第三，父母遗嘱指定监护监督人，日本采此立法例。

在选任监护监督人时，法国法规定监护监督人应当从非监护人支系的家庭成员中选任。日本法规定监护监督人不得为监护人的直系血亲、配偶或兄弟姐妹。这些规定旨在于从亲缘上隔断监护人与监护监督人的利害关系，可以防止监督人包庇监护人的监护侵害行为。

关于监护监督人的职责，主要包括：(1)在监护人利益与被监护人利益冲突时，代表被监护人利益。(2)监督监护人的履职行为，要求监护人报告监护情况，查阅与监护有关的文件，监护人在实施重大行为前，都应当通知监护监督人并听取其意见。(3)当监护人在履行监护职责过程中有过错的，监护监督人应当立即向法院或行政监督机构报告，否则其应当对被监护人承担责任，此为监护监督人的强制报告义务。(4)在监护终止时，监护监督人并不当然取代监护人，但是其应当及时向法院或行政监督机构报告，提议任命新的监护人。(5)对监护人履行特定监护职责进行批准、同意或拒绝。

在设立监护监督人制度的国家中，规定豁免设立监护监督人的情形有：(1)机构监护不需要设立监护监督人，这体现了对国家监护的信任，法国、德国法规定了此情形；(2)父母指定监护人的可以排除选任监护监督人，这是基于父母有能力指定最合适的监护人之假设与推定，德国法规定了此情形；(3)共同监护的情形可以免除选任监护监督人，理由在于数名监护人间可以互相监督、互相制约，德国法规定了此情形。

2. 国外监护监督机构的比较评析

前述所有国家都设立了监护监督机构:法国的是亲属会议、监护法官、共和国检察官;德国的是家事法院和少年局;日本的是家庭法院;瑞士的是未成年人保护机构;俄罗斯的是监护和照管机构;英国的是法院与地方当局;美国的是法院和当地福利机构。

关于监护监督机构的监督职责,主要可以概括为:(1)对监护人和监护监督人的全部活动进行监督,要求二者报告履职情况,干预二者违背义务的行为;(2)对监护人提交的财产清单、账目或报告进行查阅、检查,瑞士法还规定,如有必要,未成年人保护机构可以要求监护人对账目进行更正、对报告进行补充;(3)对监护人履行特定监护职责进行同意或拒绝;(4)在尚未选任监护人或监护人不能履行其义务时,应当选任适格的监护人或对紧急的监护事务采取必要的临时措施;(5)因为监护人违背监护义务等行为而撤销监护人的职位。与监护监督人的监督职责相比,在监护监督机构的监督职责中,对监护监督人的行为进行监督;对监护人提交的财产清单、账目或报告进行查阅、检查;撤销监护人的职位等职责是监护监督人所不具有的。

在监护监督机构的职责方面,前述国家较有特点的规定有:(1)俄罗斯法规定,当需要经常性管理被监护人或被照管人的不动产或价值较大的动产时,监护和照管机构应该设立信任管理、确定管理人,监护和照管机构代被监护人或被照管人委托管理人对其上述财产进行管理,监护和照管机构应该监督其管理行为。(2)英国法院规定了照顾令和监督令,即当未成年人遭受或可能遭受严重的伤害,并且这个伤害或可能的伤害来自给予其照顾的人或者未成年人脱离父母的照管时,在地方当局或被授权的其他人申请的情况下,将儿童置于地方当局处照顾或者将其置于地方当局或是观护人的监管之下。

3. 国外未成年人诉讼代表人制度的比较评析

作为未成年人的法定代理人参与诉讼、维护未成年人的合法权益是监护人的职责之一,但在确认、变更或撤销监护人的诉讼、监护人怠于履职、实施监护侵害行为的案件或其他涉及未成年人利益的案件中,当未成年人的利益与监护人的利益冲突或没有监护人时,应当为未成年人选任诉讼代表人,代表未成年人的利益独立参与诉讼,向法院提出主张,保障未成年人的合法权益。

关于诉讼代表人制度,法国法、瑞士法、英国法和美国法有规定。四个国家规定的共性在于,诉讼代表人的指定都发生在诉讼程序中;不同点在于:关于指定诉讼代表人的机构,可以分为两类,一类是法院或法官,法国法、英国法与美国法采此立法例;一类是未成年人保护机构,瑞士法采此立法例。关于指定诉讼代表人的事由,上述国家的规定各不相同:法国法规定“当未成年人的利益与其法定代理人的利益冲突时”;瑞士法对此没有明确,其赋予了未成年人保护机构选任诉讼代表人以较大的自由裁量权,我们可以推知在未成年人保护机构认为必要时即应当为未成年人选任诉讼代表人;英国法规定“当没有律师代表未成年人的利益,同时未成年人知晓指定诉讼代表人的意义并同意指定”;美国法规定“当没有监护人或监护人不能很好代表未成年人的利益时,应当为其选任诉讼代表人”。

根据对国外立法例的考察,我们可以总结,在诉讼过程中,一般在两种情形下为案件中的未成年人设立诉讼代表人:第一,当没有监护人、法定代理人或律师代表未成年人的利益时;第二,当监护人或法定代理人的利益与未成年人的利益发生冲突时。

第五节 国外亲权和未成年人监护终止的考察与比较评析

一、国外亲权和未成年人监护终止的考察

(一)国外亲权终止的考察

下面分别对法国法、德国法、日本法、瑞士法和俄罗斯法中亲权终止的立法进行考察。

1. 法国亲权终止的考察

(1)亲权终止的情形。

亲权终止情形包括父母去世、父母亲权被剥夺、父母亲权被撤销、父母亲权被解除等。①

父母亲权被剥夺情形包括:失踪、无监护能力或不能表示自己的意思等情形。

父母亲权被撤销的情形包括:父母对其子女人身实施犯罪或与子女共同犯罪、虐待子女、经常酗酒、吸毒、行为不端或犯罪、不履行亲权职责等,对子女的安全、健康及品德造成不利影响时,法院依检察院、家庭成员或监护人的申请撤销父母全部或部分亲权。除非子女已经被送养,否则被撤销亲权的父母有权在撤销判决作出一年后,向法院说明已经发生了新的情况,申请恢复一部分或全部的亲权。②

亲权被解除情况分为两种:第一,子女结婚;第二,当子女年满16周岁时,即使未婚也可以终止亲权。当子女被认为已经具备完全民事行为能力,父母、亲属会议的成员之一或者未成年人本人可以请求监护法官或请求召集亲属会议就是否解除亲权作出审议决定,如有合理的理由,监护法官在考察子女的意见之后,判决解除亲权。③

(2)亲权终止的后果。

在父母亲权被剥夺的情况下,法官可以为子女指定监护人,亲属监护人优先被任命。④ 若父母一方行使亲权,而行使亲权的父母一方死亡的,若生存父母一方有能力行使亲权,其可以行使亲权,也可以选任第三人为监护人;但若此时健在的父母一方不能行使亲权,则应当设立监护。⑤ 当父母双方被撤销亲权,或父母一方被取消亲权

---

① 《法国民法典》第373条。

② 《法国民法典》第378条、第378-1条、第380条、第381条。

③ 《法国民法典》第393条、第413条第2款、第3款、第4款。

④ 《法国民法典》第373-3条。

⑤ 《法国民法典》第373-4条、第373-5条。

而另一方已去世或丧失亲权,可以将子女交由法院指定的第三人临时照管,并由第三人作为监护人或将子女交给社会救助部门。[①] 亲权解除后,父母应当将财产清单和账目一起交给解除亲权后的子女。亲权被解除后,父母不再对子女给第三人造成的损失承担责任。若子女在解除亲权后仍未成年的,其不得成为商人。[②]

2. 德国亲权终止的考察

(1)照顾权终止情形。

父母一方无民事行为能力或在较长时间内不能行使照顾权的,家事法院确认其照顾权停止。父母一方民事行为能力受到限制的,仅享有对子女人身的照顾权,没有代理子女的权利。当导致照顾权停止的原因消失的,照顾权恢复。[③] 父母一方被宣告死亡的,照顾权终止。[④]

(2)照顾权终止后果。

父母共同享有照顾权的,当父母一方死亡,照顾权由另一方单独所有。父母一方单方享有照顾权的,当该方父母死亡的,如果符合子女的利益,家事法院将照顾权转移于生存父母一方。[⑤]

父母的照顾权终止或停止,父母应当向子女交付财产。仅在父母不符合法律规定使用子女财产收益时,父母才需在照顾权终止时提交关于子女财产收益的报告。当子女死亡,父母有义务暂时处理不得拖延的事务直至其继承人接手。[⑥]

3. 日本亲权终止的考察

父母一方有虐待或遗弃子女的行为,同时另一方父母行使亲权有明显困难,从而严重损害子女利益的,家庭法院可以根据子女、检

① 《法国民法典》第 380 条。

② 《法国民法典》第 413 -5 条、第 413 -6 条、第 413 -7 条。

③ 《德国民法典》第 1673 条、第 1674 条。

④ 《德国民法典》第 1677 条、第 1680 条。

⑤ 《德国民法典》第 1677 条、第 1680 条。

⑥ 《德国民法典》第 1698 条、第 1698b 条。

察官、监护人及监护监督人的请求,裁定停止父母的亲权,停止的时间不超过两年。因父母行使子女财产管理权有困难从而造成子女利益损失的,家庭法院可以根据子女及其亲属、检察官、监护人及监护监督人的请求,裁定父母丧失对子女财产的管理权。当导致亲权停止或财产管理权丧失的事由消失时,家庭法院可以根据父母本人或其亲属的申请恢复其财产管理权或亲权。①

行使亲权的父母有合理事由的,可以向家庭法院申请主动辞去亲权或管理权,当辞职的理由消失时,经家庭法院许可,父母的亲权或管理权恢复。②

子女成年后,亲权终止。父母应当及时为子女的财产进行清算。③

4. 瑞士亲权终止的考察

如果父母侵害子女的合法权益、亲子关系已经十分恶劣以至于无法继续共同生活,那么未成年人保护机构应当撤销父母的亲权,并安置子女的住所。当父母因疾病、残疾、失踪或其他原因无法行使亲权,或对子女漠不关心、怠于履职情节严重的,如果采取其他措施均无法消除未成年人遭受的损害,未成年人保护机构应当撤销父母的亲权并指定监护人。撤销亲权一年之后,被撤销亲权的父母可以向未成年人保护机构要求恢复亲权。除了父母亲权被撤销导致亲权终止外,父母也可以主动向未成年人保护机构申请辞职。④

关于亲权终止的后果,夫妻一方死亡的,由另一方行使亲权。亲权终止的,父母应将财产交给成年之后的子女或其法定代理人。财产已经被父母转让的,应当返还价款。但父母在其权责范围内为子女日常生活或家庭使用的子女财产可以不予补偿。⑤

---

① 《日本民法典》第 834 – 836 条。

② 《日本民法典》第 837 条。

③ 《日本民法典》第 828 条。

④ 《瑞士民法典》第 310 条、第 311 条、第 312 条。

⑤ 《瑞士民法典》第 297 条、第 326 条、第 327 条。

5. 俄罗斯亲权终止的考察

当子女满18周岁或者虽然未满18周岁但已结婚或存在法律规定的其他获得完全民事能力的情形,父母亲权终止。①

如果父母逃避承担职责、长期不提供生活费、没有合理的理由拒绝将子女从其生产的医院、医疗中心、教育机构或社会保护机构接回、滥用亲权、残酷地虐待子女、性侵、长期酗酒或吸毒、故意侵害子女的生命健康等,父母一方、检察官、保护未成年人权益的机构(如监护和照管机构、未成年人事务委员会等)有权向法院申请撤销父母亲权人资格。被撤销亲权人资格的父母一方仍担负抚养未成年人的义务。法院在处理撤销亲权人资格的案件过程中发现父母触犯刑法的,应当通知检察官。父母被剥夺亲权后,其丧失基于亲子关系所获得的权利,包括要求子女将来给予其赡养费的权利、州给予有子女的父母的津贴等。但是子女仍然保留对被剥夺亲权的父母一方住房的使用权和任何基于亲子关系或亲属关系的权利,如继承权。父母被剥夺亲权6个月后,子女可以被第三人收养。被剥夺亲权的父母如果改变了其行为、生活方式或其对孩子的态度,可以申请法院恢复其亲权,监护和照管机构与检察官应当参与父母亲权恢复的诉讼程序。法院在判决是否恢复父母亲权时应当考虑子女的意愿(如果子女已满10周岁,那么应当尊重其意见)与其最大利益,如果子女已经被收养,则父母亲权不得被恢复。②

(二)国外未成年人监护终止的考察

关于国外未成年人监护终止的规定,我们分为监护的相对终止、绝对终止以及监护终止的后果三个部分,分别对法国法、德国法、日本法、瑞士法、俄罗斯法、英国法和美国法的相关规则进行考察。

---

① 《俄罗斯联邦家庭法典》第61－1条。

② 《俄罗斯联邦家庭法典》第69条、第72条。

1. 法国未成年人监护终止的考察

(1)监护的相对终止。

在法国法中,监护相对终止的情形为监护人死亡和资格被撤销。

当被赋予监护职责的人无能力、懈怠、行为不轨、欺诈舞弊或者因争议或利益冲突有碍于其履行监护职责,亲属会议应当取消监护人的监护资格。撤销监护人资格的具体事由,应当由亲属会议决定。只有在听取监护人的解释及说明或者对其传唤后,才能取消其监护资格。①

(2)监护的绝对终止。

在法国法中,监护绝对终止情形包括:未成年人死亡;未成年人成年;亲权被解除,导致亲权被解除的情况可分为两种:第一,未成年人结婚;第二,当未成年人年满 16 周岁时,即使未婚也可以终止亲权。当未成年人被认为已经具备完全民事行为能力,父母、亲属会议的成员之一或者未成年人本人得请求监护法官或请求召集亲属会议就是否解除亲权作出审议决定,如有合理的理由,监护法官在考察未成年人的意见之后,判决解除亲权。②

(3)监护终止的后果。

在监护终止后,监护人应制作最终财产清单和账目,并将其提交予初审法院首席书记员进行审核。在监护人的任务终止后 3 个月内,监护人或其继承人应将原始财产清单、最近 5 年内的管理账目以及现有财产的清单交给已经具有完全民事行为能力的原被监护人、新的监护人或被监护人的继承人。③

已经解除监护的未成年人有权实施一切民事行为,但其不得从事商业活动。亲权被解除后,监护人不再对未成年人给第三人造成

① 《法国民法典》第 393 条、第 396 条、第 397 条。

② 《法国民法典》第 393 条,第 413 条第 2－4 款。

③ 《法国民法典》第 514 条。

的损失承担责任。①

2. 德国未成年人监护终止的考察

(1)监护的相对终止。

在德国法中,监护相对终止的情形为监护人辞任与被免职。

当出现下列情形时,监护人可以向家事法院申请辞职:当监护人已年满60周岁、对3个以上未成年子女的人身或者财产享有照顾权、因疾病或残疾影响了监护职务的正常履行、因其住所远离家事法院所在地影响其监护职责的履行,或者目前监护人已经不止一人时,家事法院应当依照监护人的申请,免除其职务。② 可见,德国法中允许监护人辞职的事由与监护开始前监护候选人享有拒绝权的事由一致。

监护的相对终止情形还包括监护人被免职,监护人被免职的情形可以分为以下四种:第一,监护人被免职的情形。监护人因违背监护义务或丧失监护能力,家事法院应当依职权对其免职。第二,少年局或社团作为监护人被免职的情形。当免职有利于被监护人的利益并且有其他适合担任监护人的人选,法院依职权或依满14周岁被监护人、少年局或社团或者主张被监护人利益的任何人的申请,免除少年局或社团的监护职务,并选任下一任监护人。第三,公务员和神职人员作为监护人被免职的情形。公务员或神职人员依州法律承担监护的许可被拒绝或撤回时,家事法院应当依职权免除其职务。第四,当监护人的情况发生变化,如出现已满60周岁、对3个以上未成年子女的人身或财产享有照顾权等允许监护人拒绝监护的理由时,除了允许监护人自己提出辞职外,少年局或社团也可以申请法院免除监护人职务。③

---

① 《法国民法典》第413条第6-8款。

② 《德国民法典》第1786条、第1889条。

③ 《德国民法典》第1886-1889条。

(2)监护的绝对终止。

在德国法中,监护的绝对终止情形包括:第一,被监护人死亡;第二,被监护人成年;第三,被监护人被收养;第四,导致监护绝对终止的其他情形。被监护人被宣告死亡,监护自死亡宣告之日起终结。被监护人被宣告失踪并不导致监护的终结,只有在家事法院废止监护时,监护才终结。需要注意的是,被监护人结婚虽造成对人身监护权的限制,但是并不导致监护的终结。①

(3)监护终止的后果。

在德国法中,监护终止的后果包括:第一,监护人向被监护人返还其管理的财产与财产清单和账目。第二,若选任了监护监督人,监护监督人应当检查监护人制作的账目,并将检查意见记载在账目上同时向家事法院报告监护监督的情况,然后监护人应当将账目提交给家事法院,家事法院应当对账目进行检查,并会同监护监督人促成账目的验收,验收合格的账目应当制作证书。第三,监护人、监护监督人应当向家事法院返还监护人或监护监督人的选任证书等材料。第四,监护人死亡的,其继承人应当将其死亡的消息及时通知家事法院;监护监督人死亡或共同监护人死亡,监护人应当及时将其死亡的消息告知家事法院。②

3. 日本未成年人监护终止的考察

(1)监护的相对终止。

在日本法中,监护相对终止的情形包括监护人辞任与被解任。

监护人有正当事由的,经家庭法院的同意可以辞任。因监护人的辞任而有必要选任其他监护人的,该监护人应当及时向家庭法院请求选任新的监护人。监护人有不正当行为、严重劣迹或其他不适合担任监护人事由的,家庭法院可以依职权或根据监护监督人、被监

---

① 《德国民法典》第1882条、第1884条。

② 《德国民法典》第1890-1894条。

护人或其亲属或检察官的请求解任监护人。[①] 日本建立了公共利益代表人制度,当检察院发现监护人侵害未成年人的权益时,检察官可以作为公共利益代表人向法院主张终止监护人的职务。[②]

(2)监护终止的后果。

在监护终止时,监护人或其继承人,应当在两个月内会同监护监督人(在有监督人的情况下),清算被监护人的财产,家庭法院可以适当延长此期间。监护人或监护监督人与被监护人之间因监护行为发生的债权,因监护终止五年内不行使而归于消灭,监护终止但是被监护人尚未成年并暂时没有新的监护人的,时效计算于成年后或后任监护人就任之时。监护终止后有紧急事情发生的,监护人或其继承人应当在被监护人、其继承人或法定代理人能够处理监护事务前,进行必要的处分。监护终止的事由,除非相对人已经知道的,否则不能对抗相对人。[③]

4. 瑞士未成年人监护终止的考察

(1)监护的相对终止。

在瑞士法中,监护的相对终止情形包括:第一,未成年人保护机构确定监护人担任监护职责的期限届满且未续期。第二,监护任务结束的。第三,职业监护人的雇用关系结束的。第四,监护人死亡、丧失民事行为能力或判断能力导致其需要被监护。第五,监护人辞职,根据监护人的请求,监护人最早可以在四年期限后请求解除其职务,但是若有正当理由,可以在四年期限届满前提前解除其职务。第六,监护人资格被撤销。当监护人不再适合履行职责或具有其他撤销其资格的理由时,被监护人或其近亲属可以向未成年人保护机构提出撤销监护人资格的请求。[④]

---

① 《日本民法典》第 844 - 846 条。

② 王竹青:《论未成年人国家监护的立法构建——兼论民法典婚姻家庭编监护部分的制度设计》,载《河北法学》2017 年第 5 期。

③ 《日本民法典》第 654 - 655 条、第 832 条、第 870 - 872 条、第 875 条。

④ 《瑞士民法典》第 403 条、第 421 - 423 条。

(2)监护的绝对终止。

在瑞士法中,监护的绝对终止情形包括:第一,被监护人死亡;第二,当未成年人监护已经不再被需要,如被监护人已成年的,未成年人保护机构可以依职权或根据被监护人或其近亲属的请求解除监护人职务。[①]

(3)监护终止的后果。

在瑞士法中,监护终止的后果包括:第一,从监护相对终止到新任监护人就任前,除了职业监护人外,原监护人应当以临时监护人的身份继续履行监护职责。第二,监护人应当向未成年人保护机构提交最终的监护报告,如有必要还应提交最终账目。若职业监护人已终止雇用关系,未成年人保护机构可以免除其提交最终报告和账目的义务。第三,未成年人保护机构审核和批准最终报告和账目,审核批准之后应当将最终报告和账目交予被监护人或其继承人,如有必要也应交给新的监护人并提醒其注意其应当履行的职责。第四,未成年人保护机构应当将解除监护职务的决定、不批准最终报告及账目的决定告知监护人和被监护人或其继承人。第五,若对财产进行最终清算后未成年人已成年,应当将财产交付给未成年人本人;若未成年人尚未成年,应当将财产交付给新的监护人;若财产已经被监护人善意转让的,应当归还其售价;监护人为了履行监护职责而提取、使用的未成年人的财产,可不予补偿。[②]

5. 俄罗斯未成年人监护终止的考察

(1)监护的相对终止。

在俄罗斯,未成年人监护或照管终止的情形主要包括以下三种:

第一,监护人或照管人被免除职务。在下列情形中,监护和照管机关依职权免除监护人和照管人的职位:其一,未成年人被交还给其父母或被收养;其二,若被监护人被安置到以下机构:医疗机构、教育

① 《瑞士民法典》第399条。

② 《瑞士民法典》第326-327条、第424-425条。

机构、社会服务机构或专门安置孤儿或不在亲权之下儿童的机构,那么先前设立的监护或照管的职责可以被免除,与被监护人利益相左的情形除外。①

第二,监护人或照管人主动申请免除职务。当监护人与被监护人的利益、照管人与被照管人的利益冲突时,监护和照管机构可以依监护人和照管人的申请而免除其职责,②具体而言可以包括以下几个情形:其一,监护人或照管人罹患疾病以至于影响监护或照管职务的履行;其二,监护人或照管人经济状况发生变化以至于影响监护或照管职务的履行;其三,监护人与被监护人、照管人与被照管人缺乏理解、关系恶劣;其四,监护人或照管人住所地变化以至于影响监护或照管职务的履行;其五,影响监护或照管职务履行的其他情形。③

第三,监护人或照管人被撤销职务。发生下列情况,监护和照管机构应当撤销监护人和照管人职务,指定新的监护人或照管人:其一,利用监护和照管的关系谋取私利;其二,对被监护人或被照管人不加监管、不给予必要的帮助甚至伤害其利益。④

(2)监护的绝对终止。

监护和照管除了因为监护人和照管人被免职或职务被撤销而终止,还可能因为被监护人或被照管人获得相应民事行为能力而使得监护和照管不再必要。当未成年人年满 14 周岁,监护人自然变为未成年人的照管人,此时监护终止,监护和照管机构无须另外作出指定。当未成年人年满 18 周岁、结婚或在此之前已经获得完全民事行为能力,对其的照管也因此而终止,监护和照管机构同样无须另外作出决定。⑤

---

① 《俄罗斯联邦民法典》第 39 条第 1 款。

② 《俄罗斯联邦民法典》第 39 条第 2 款。

③ [俄]E. A. 苏哈诺夫:《俄罗斯民法》,黄道秀译,中国政法大学出版社 2011 年版,第 133 页。

④ 《俄罗斯联邦民法典》第 39 条第 3 款。

⑤ 《俄罗斯联邦民法典》第 40 条第 2 款、第 3 款。

6. 英国未成年人监护终止的考察

英国法中关于监护终止的规定较为简单,1989 年《儿童法》中仅有一条涉及监护的终止:基于有父母责任的人的申请,或者基于未成年被监护人的申请并且有法院的允许,或者在诉讼过程中,法院认为即使没有人申请,监护的指定也应当终止时,法院可以依职权作出法令终止任何一种类型的监护的指定。①

7. 美国未成年人监护终止的考察

(1)监护的相对终止。

在美国法中,监护相对终止的情形包括:第一,监护人死亡。第二,监护人被免职。第三,更换监护人。被监护人或者任何关心被监护人福利的人可以基于被监护人的最大利益或者其他合理的原因,申请要求更换监护人,而更换监护人本身包含了前一个监护关系的终止。第四,监护人申请辞职。监护人的辞职在被法院批准后生效。申请更换监护人或辞职的请求应当包括申请指定新的监护人。②

(2)监护的绝对终止。

在美国法中,监护绝对终止的情形包括:第一,被监护人死亡;第二,被监护人的民事行为能力发生了变化以至于不需要监护。如果被监护人不再需要监护人的保护和帮助,被监护人、监护人以及其他关心被监护人福祉的人可以申请法院终止监护关系。除非继续监护有利于被监护人的最大利益,否则若根据申请者的初步证据,法院应当命令终止监护。③

(3)监护终止的后果。

监护人职责的终止并不影响监护人之前行为的责任,并且其有义务清算被监护人的金钱和其他财产。在监护相对终止的情形下,

① 1989 年《儿童法》第 6 条第 7 款。

② 美国《统一监护和保护程序法案》第 112(a)(b)条。

③ 美国《统一监护和保护程序法案》第 318 条。

应当选任新的监护人。新的监护人应当在原监护人缺失或特定事实发生的30日内,作出接受指定的书面表示。新的监护人可以承继前一位监护人的权力。①

二、国外亲权和未成年人监护终止的比较评析

(一)国外亲权终止的比较评析

1. 亲权终止的情形

关于导致亲权终止的情形,前述国家的立法规定了以下几类情形:

第一,父母去世或被宣告死亡的,法国法、德国法规定了此情形。

第二,父母因无监护能力、失踪或因其他原因而不能表示其意思,法国法规定在此情形下父母亲权应被剥夺;而同样的情形下,德国法规定父母照顾权停止(当导致照顾权停止的原因消失的,照顾权恢复);日本法则规定同样的情形下父母丧失对子女财产的管理权(当导致财产管理权丧失的原因消失的,管理权恢复);而瑞士法则规定该情形下父母亲权被撤销(撤销亲权一年之后,未成年人保护机构可以视情况恢复亲权)。可见,当父母因客观原因,如无监护能力、失踪等原因无法行使亲权时,法国、德国、日本、瑞士都规定应暂时让父母停止行使亲权,虽然四个国家因上述原因终止父母亲权的制度之名称各不相同(法国法称之为剥夺亲权;德国法称之为停止亲权;日本法称之为丧失子女财产的管理权;瑞士法称之为撤销亲权),但是都发挥了暂时停止父母部分或全部亲权的作用,并且除了法国法之外,其他三国都规定当导致亲权终止的原因消失或经过一定期间后,可以视情况恢复父母的亲权。

第三,父母对其子女人身实施犯罪或与子女共同犯罪、虐待子女、经常酗酒、吸毒、行为不端、不履行亲权职责的,法国法规定在此情形下父母亲权被撤销(当发生新的情况,法院恢复全部或部分亲

---

① 美国《统一监护和保护程序法案》第112(a)(c)条。

权)；日本法则规定在同样的情形下父母亲权停止(亲权停止时间不超过两年，当导致亲权停止的原因消失的，亲权恢复)；瑞士法则规定在该情形下父母亲权被撤销(撤销亲权一年之后，未成年人保护机构可以视情况恢复亲权)；而俄罗斯法则规定该情形下应撤销亲权人资格(被撤销亲权的父母如果确已悔改，可以申请法院恢复其亲权)。可见，当父母因主观原因，如怠于履行亲权职责、有不良习惯等导致子女权益受损或对子女产生负面影响时，法国、日本、瑞士和俄罗斯都规定应暂时让父母停止行使亲权，虽然四个国家因上述原因终止父母亲权的制度之名称不完全相同(法国法、瑞士法、俄罗斯法称之为撤销亲权；日本法称之为停止亲权)，但是都发挥了暂时停止父母部分或全部亲权的作用，并且四个国家都规定当导致亲权终止的原因消失或经过一定期间后，可以视情况恢复父母的亲权。

第四，子女成年，日本法、俄罗斯法规定了此情形。

第五，子女虽未成年但结婚，法国法、俄罗斯法规定了此情形。

第六，亲权人辞职，即行使亲权的父母有合理事由的可以向法院申请主动辞去亲权或管理权，当辞职的理由消失的，经法院许可，父母的亲权或管理权恢复。日本法、瑞士法规定了此情形。

第七，子女满 16 周岁的，经监护法官宣告解除亲权，法国法规定了此情形。

2. 亲权终止的后果

关于导致亲权终止的后果，前述国家的立法规定了以下几类：

第一，父母共同行使亲权的，一方亲权终止，由另外一方单独行使亲权。德国法、瑞士法与俄罗斯法对此有规定。若父母一方行使亲权，而行使亲权的父母一方死亡的，法国法规定生存父母一方有能力行使亲权的，其可以行使亲权，也可以选任第三人为监护人；若健在的父母一方不能行使亲权，则应当设立监护；而同样情况下，德国法规定如果符合子女的利益，家事法院将照顾权转移于生存父母一方。

第二，制作财产清单和账目，德国法、日本法和瑞士法对此有规定。三者之不同在于，德国法规定仅在父母不符合法律规定使用子女财产收益时，父母才需在照顾权终止时提出关于子女财产情况的报告，而日本法与瑞士法并未将亲权人对子女财产清算的职责仅限于特定情形中。

第三，将父母管理的子女的财产、财产清单和账目等转移给成年后的子女、监护人，法国法、德国法与瑞士法对此有规定。除此之外，瑞士法还规定财产已经被父母转让的，应当返还价款，但父母在其权责范围内为子女日常生活或家庭使用的子女财产可以不予补偿。

第四，当子女死亡，父母有义务暂时处理不得拖延的事务直至其继承人接手，德国法对此有规定。

第五，被撤销亲权人资格的父母一方仍担负抚养未成年人的义务。父母被剥夺亲权后，其丧失基于亲子关系所获得的权利，包括要求子女将来给予其赡养费的权利、州给予有子女的父母的津贴等。但是子女仍然保留对被剥夺亲权的父母之住房的使用权和任何基于亲子关系或亲属关系的权利，如继承权，俄罗斯法对此有规定。

（二）国外未成年人监护终止的比较评析

下面对法国、德国、日本、瑞士、俄罗斯、英国以及美国的未成年人监护绝对终止、相对终止及监护的后果进行比较评析。

1. 国外未成年人监护绝对终止的比较评析

关于导致监护绝对终止的事由，前述国家主要规定了以下几类：(1)被监护人死亡，包括自然死亡和宣告死亡；(2)被监护人获得完全民事行为能力，如成年。

前述国家还规定了一些特殊的导致监护绝对终止的情形：(1)德国法规定了被监护人被宣告失踪并且家事法院废止了监护的情形；(2)法国法规定未成年人结婚的情形；(3)法国法规定无父无母的未成年人年满16周岁时，亲属会议宣布解除监护的情形。

2. 国外未成年人监护相对终止的比较评析

关于导致监护相对终止的事由，前述国家主要规定了以下几类：(1)监护人资格被撤销；(2)监护人辞职；(3)监护人死亡。

瑞士法还规定了监护自动相对终止的两个特殊情形：(1)未成年人保护机构确定监护人担任监护职责的期限届满且未续期；(2)职业监护人雇用关系结束。（当然如果雇用关系结束时被监护人已经获得民事行为能力，那么就属于监护的绝对终止情形）

下面我们对导致监护相对终止的两个事由——监护人辞职和撤销监护人资格制度的国外立法进行比较评析。

第一，监护人辞职制度的比较评析。在上述国家立法中，德国、日本、瑞士、俄罗斯、英国和美国都规定了监护人辞职制度，允许监护人申请辞职的情形主要包括：(1)当监护人已满一定年龄（德国规定60 周岁）；(2)对一定数量的未成年子女的人身或者财产享有照顾权（德国规定 3 个以上）；(3)因疾病或残疾影响了监护职责的执行；(4)因监护人住所地发生变化影响其监护职责的履行；(5)监护人经济状况发生变化以至于影响监护职务的履行；(6)监护人与被监护人关系发生变化，如缺乏理解、关系恶劣以至于影响监护职责的履行。可以看出，这些允许监护人辞职的情形与允许监护候选人拒绝担任监护人的情形类似，当监护候选人在被选任前就存在上述情形，其可以以此为理由拒绝担任监护人，当监护人在任职之后出现这些情形，监护人可以以此为理由提出辞职。虽然赋予监护人辞职的权利表面是从监护人的利益出发，但实际上是为了保障未成年人的最大利益，因为当监护人存在上述情况，如监护人年岁已高、照顾自己的子女负担较重、与被监护人住所距离较远等，都可能影响监护的质量。因此，与其让已经不再合适的监护人继续承担监护职责，不如允许其主动提出辞职，终止监护关系并重新选任更加合适的监护人，这不仅可以减轻原监护人的负担，更有利于保障未成年人的合法权益。

除了上述情形外，关于监护人可以申请辞职的情形，前述国家较有特点的规定还有:(1)德国法规定监护人不止一人的情形;(2)瑞士法规定监护人最早可以在四年期限后请求解除其职务,但是若有正当理由,可以在四年期限届满前提前解除其职务。与前面总结的监护人可以辞职的情形不同,这两类情形并不是从被监护人利益出发,而分别是从设立监护的必要性和监护人的利益本位出发作出的规定。

第二,撤销监护人资格制度的比较评析。关于监护人资格撤销制度,在上述国家的立法中,有权撤销监护人资格的机构可以分为三类:司法监督机构,如德国的家事法院、日本的家庭法院;行政监督机构,如瑞士的未成年人保护机构、俄罗斯的监护和照管机构;非公立监督机构,如法国的亲属会议。

关于有权提起撤销之诉的主体,德国法则规定法院依职权或依满 14 周岁被监护人、少年局或社团或者主张被监护人利益的任何人的申请提起撤销监护人资格之诉;日本法规定法院可以依职权或根据监护监督人、被监护人或其亲属或检察官的请求解任监护人资格;瑞士法规定被监护人或其近亲属可以向未成年人保护机构提出解除监护人资格的请求。

关于导致监护人被免职(被撤销)的情形,上述国家的规定主要包括:(1)违背监护义务,如监护人对履行监护职责消极懈怠,对被监护人不加监管、不给予必要的帮助甚至图谋不轨、徇私舞弊,损害被监护人利益等;(2)丧失监护能力,不能履行监护职责。在导致监护人被免职或被撤销的情形方面,前述国家较有特点的规定有:(1)德国法规定,少年局或社团担任监护职务的,当免职有利于被监护人的利益并且有其他适合担任监护人人选的,法院依职权或依申请免除少年局或社团的监护职务,并选任下一任监护人;(2)瑞士法规定了监护人破产的情形;(3)日本法规定了监护人对被监护人提起诉讼的情形;(4)俄罗斯法规定了未成年人被交还给其父母或被收养;(5)俄罗斯法规定,若被监护人被安置于医疗机构、教育机构、社会服务机构或专门安置孤儿或其他不在亲权之下儿童的机构,那么先前设立的监护或照管的职责可以被免除。(6)瑞士法规定了监护人失踪,去向不明的情形。

可以看出,国外导致监护人被免职或被撤销的情形较多元,既有因监护人主观过错损害被监护人利益的情形(包括作为的侵害行为和不作为的失职行为),也有因客观原因造成监护人履职不能的情形(包括丧失监护能力、监护人破产、监护人失踪),还有被监护人已被交付父母或下一任监护人而导致之前的监护相对终止的情形(如未成年人被交还给其父母、被收养、被安置于医疗机构、教育机构、社会服务机构等)。

3. 国外监护终止后果的比较评析

从前述国家立法的规定来看,监护终止的后果主要有以下几点:

第一,通知。监护人死亡的,监护监督人、被监护人应当将其死亡的消息及时通知法院;被监护人死亡的,监护人或被监护人的亲属应当及时将其死亡的消息告知法院。

第二,财产清单和账目的检查、审核。监护终止时,监护人应当对被监护人的财产进行清算,制作最终财产清单与账目,若有监护监督人,监护监督人应当进行检查或一同制作清单与账目,然后监护人应当将财产清单与账目提交给法院或其他监护监督机构,法院或其他监护监督机构应当对财产清单与账目进行检查、审核。审核结束后,法院应当将审核财产清单与账目的结果通知监护人、被监护人或其继承人。

第三,财产清单与账目及财产的提交。财产清单与账目经法院审核通过后,法院、监护监督机构、监护人或其继承人应将原始财产清单与账目、现有财产清单与账目和被监护人的财产交给已经具有完全民事行为能力的被监护人、新的监护人或被监护人的继承人。瑞士法还规定,若财产已经被监护人善意转让的,应当归还其售价,监护人为履行监护职责所提取的未成年人的财产或金钱,可不予归还。

第四,选任新的监护人。当监护相对终止时,被监护人仍为不完全民事行为能力人,那么应当为未成年人指定或选任新的监护人。美国法规定新的监护人应当在监护人缺失或特定事实发生的30日内,作出接受指定的书面表示,新的监护人应当承继前一位监护人的监护职责。

在监护终止的后果方面,前述国家较有特点的规定有:(1)日本法规定监护人或监护监督人与被监护人之间因监护行为发生的债权,因监护终止五年内不行使的归于消灭,监护终止但是被监护人尚未成年并暂时没有新的监护人的,时效计算于成年后或后任监护人就任之时。(2)瑞士法规定监护终止后,除了职业监护人外,其他监护人应当继续作为临时监护人履行监护职责直到新的监护人就任。

第四章　我国未成年人监护制度之考察与评析

第一节　我国未成年人监护制度之考察

一、我国未成年人监护制度立法体系之考察

2014年10月，中国共产党第十八届中央委员会第四次全体会议通过《中共中央关于全面推进依法治国若干重大问题的决定》，该决定提出了“加强市场法律制度建设，编纂民法典”的战略决策。2016年6月27日，全国人大常委会法制工作委员会主任李适时表示，编纂民法典拟按“两步走”的工作思路进行。按照全国人大的安排，民法典由民法总则和各分编组成，目前，《民法总则》已于2017年3月第十二届全国人民代表大会第五次会议通过，并于2017年10月1日起施行，各分编也将力争于2020年3月提请全国人大审议通过。未成年人监护制度是民法中重要的制度，国务院颁布的《中国儿童发展纲要（2011—2020年）》确立了“完善儿童监护制度，保障儿童获得有效监护”的目标。在《民法总则》中，按照监护关系

“对内”和“对外”标准的分类，[①]未成年人监护对内关系的规范集中于第一章“自然人”的第二节“监护”中。而有关未成年人监护对外关系的规定，则主要是借助法定代理人概念分散在《民法总则》若干部分，如第一章“自然人”的第一节“民事权利能力和民事行为能力”；第六章“民事法律行为”的第三节“民事法律行为的效力”的第145条以及第七章“代理”的第一节与第三节。

关于未成年人监护制度的法律渊源，目前，除《民法总则》外，我国1987年施行的《民法通则》、最高人民法院于1988年颁布的《最高人民法院关于贯彻执行〈中华人民共和国民法通则〉若干问题的意见(试行)》(以下简称《民通意见》)、2001年修正后的《婚姻法》及其相关司法解释、2010年施行的《侵权责任法》及其相关司法解释、2012年修正后的《预防未成年人犯罪法》、2013年修正后施行的《未成年人保护法》、2014年最高人民法院、最高人民检察院、公安部、民政部联合颁布的《关于依法处理监护人侵害未成年人权益行为若干问题的意见》(以下简称《处理监护人侵害未成年人权益行为的意见》)及2016年施行的《反家庭暴力法》等法律法规及司法解释都是我国未成年人监护制度的法律渊源。[②]

当前正值我国民法典分则编纂之际，民法典中未成年人监护制

---

① 监护关系主要由两个部分组成，一是对内关系，二是对外关系。前者主要涉及监护人的确定、监护人的职责；后者主要涉及被监护人法律行为的效力、民事责任的承担。对内关系的确定是对外关系展开的前提和基础，彼此紧密联系、相互呼应。参见李世刚：《〈民法总则〉关于“监护”规定的释评》，载《法律适用》2017年第9期，第18页。

② 民法总则草案经本次会议审议通过后，下一步将进行民法典的合同编、物权编、侵权责任编等各分编的编纂工作。在各分编编纂工作完成前，合同法、物权法、侵权责任法等民事单行法的规定与民法总则不一致的，根据新法优于旧法的原则，适用民法总则的规定。因此，这里的《民法通则》《婚姻法》等法律法规均指与《民法总则》规定不冲突的内容。参见2017年3月12日第十二届全国人民代表大会第五次会议主席团第二次会议通过《第十二届全国人民代表大会法律委员会关于〈中华人民共和国民法总则(草案)〉审议结果的报告》，http://www.npc.gov.cn/npc/xinwen/2017-03/15/content_2018917.htm。发布日期：2017年3月15日，最后访问日期：2017年12月25日。

度外部体例尚未成型,但根据 2017 年 10 月施行的《民法总则》的规定,我们可以大致确定未成年人监护制度内部体系的基本架构,《民法总则》第 26 条规定,父母是未成年子女的监护人,可见,《民法总则》使用大监护的概念,未成年人监护包括父母对子女的监护以及非父母对未成年人的监护。但《民法总则》并未规定亲权制度。

二、我国未成年人监护的设立与类型之考察

(一)监护设立的原因

目前,我国法律使用的是“大监护”的概念,即广义的监护概念。因此,未成年人监护设立于子女出生时,无论父母是否在婚姻关系中,其都是子女的监护人。

(二)监护类型

我国法律规定的监护可以分为两大类:意定监护与法定监护。

1. 意定监护

第一,遗嘱监护。

作为监护人的父母有权于生前通过遗嘱为未成年子女指定监护人。①

第二,委托监护。

监护人可以委托他人履行监护职责。父母若因外出打工等原因无法履行监护职责时,应委托其他具备监护能力的成年人代其履行监护职责。②

2. 法定监护

第一,父母法定监护。

父母是未成年子女当然的法定监护人,其监护人身份始于子女出生时。③

---

① 参见《民法总则》第 29 条的规定。

② 参见《民通意见》第 22 条与《未成年人保护法》第 16 条的规定。

③ 参见《民法总则》第 27 条第 1 款的规定。

第二,法定当然监护。

法定当然监护是指根据法律规定的监护人范围和顺序确定监护人。当父母死亡或没有监护能力时,由有监护能力的祖父母、外祖父母、兄、姐和经居(村)民委员会或民政部门同意的、其他愿意履行监护职责的个人或者组织按顺序担任监护人。如果最先顺序的监护人只有一人或虽然有多人但是全部担任监护人的,直接根据法律规定的监护人的范围和顺序确认监护人。①

第三,协议监护。

当有数位具有监护资格的人时,应当在尊重被监护人意愿的前提下协议确定监护人。需要注意的是,参与协议的既可以是同一顺序监护人,也可以是不同顺序监护人,即祖父母、外祖父母间可以协议确定监护人,祖父母(外祖父母)与兄姐间也可以协议确定监护人。②

第四,指定监护。

(1)监护人确定有争议时的指定监护。

具有监护资格的人对监护人的确定有争议的,当事人既可以申请居(村)民委员会或者民政部门指定监护人,也可以申请人民法院指定监护人。被指定的监护人不得擅自转移其监护人的身份,擅自转移的并不豁免其监护人责任。当事人对指定不服提起诉讼的,人民法院应当按照民事诉讼特别程序进行审理,视情况判决维持或者撤销监护人的指定。指定监护人时,人民法院应视情况征求有识别能力的被监护人的意思,根据法律规定的监护人的顺序进行指定。前一顺序的监护候选人对被监护人明显不利或无监护能力的,人民法院可以从后一顺序有监护资格的人中进行指定。③ 由此可见,居(村)民委员会、民政部门的指定在作出之后就生效了,即使指定监

① 参见《民法总则》第 27 条第 2 款的规定。

② 参见《民法总则》第 30 条与《民通意见》第 15 条的规定。

③ 参见《民法总则》第 31 条、《民通意见》第 14 条与第 19 条的规定。

护人对指定有异议,也应当先暂时履行监护职责再申请法院撤销指定或变更监护人,其不能以不服居(村)民委员会、民政部门的指定而拒绝承担监护职责。

(2)监护人资格被撤销后法院的指定监护。

当监护人损害被监护人的人身或财产权益时,人民法院依据相关人的申请撤销监护人的资格,并根据最有利于被监护人的原则重新指定监护人。①

第五,临时监护。

监护人的确定有争议时,监护人被指定前的临时监护:对监护人的确定有争议的,在居(村)民委员会、民政部门或者人民法院指定监护人前,无人保护被监护人的人身、财产权利或其他权益的,由居(村)民委员会、民政部门或者其他有关组织担任临时监护人。②

监护人被撤销监护资格后,新的监护人被指定前的临时监护:当人民法院依相关人的申请撤销监护人资格并指定新的监护人,在新的监护人被指定前,应当视情况为未成年人安排必要的临时监护。③

对流浪乞讨等生活无着落的未成年人或者离家出走的未成年人提供的临时监护:对于流浪乞讨等生活无着落或者离家出走的未成年人,县级以上人民政府及其民政部门应当视情况设立救助场所,由救助场所的工作人员承担临时监护责任,对该未成年人予以监护、照料,并及时通知父母等监护人将其领回。④

第六,机构监护。

当未成年人没有具有监护资格的监护人时,由民政部门或具备履行监护职责条件的居(村)民委员会担任其监护人。对生活无着落的未成年人(如孤儿、监护人信息无法被查明的未成年人等),由

---

① 参见《民法总则》第 36 条的规定。

② 参见《民法总则》第 31 条第 3 款的规定。

③ 参见《民法总则》第 36 条的规定。

④ 参见《未成年人保护法》第 43 条的规定。

民政部门下设的儿童福利机构承担监护职责。[①]

由此可见,这些履行监护职责的机构不是国家机关就是基层群众性自治组织,其分别代表着国家监护和社会监护的执行主体。目前,我国建立的是以家庭监护为主,社会和国家监护为补充的未成年人监护体系。我们认为,这样的监护结构符合亲属监护的天然性、我国的国情和未成年人的心理需求,理由在于:(1)亲属作为监护人存在地缘、血缘、姻缘和情缘的自然驱动,未成年人监护对于家庭和亲属来说,是家庭得以生存扩大、亲属血脉得以延续的客观要求,存在人丁兴旺、多子多福、养儿防老、香火不绝等现实利益的驱动,所以由亲属担任监护人的家庭监护显得十分自然、自发、自觉和自愿。[②](2)我国是一个人口大国,根据《2010年第六次全国人口普查主要数据公报》的数据显示,我国0—14岁人口为222459737人,占全国总人口的16.60%,若将15—18周岁的未成年人也计算在内,未成年人口的比例将高于16.60%。[③] 若数量如此庞大的未成年人完全由国家和社会承担监护职责,可能会不堪重负,并且国家、社会机构因缺乏亲属监护人与未成年人天然的血缘、情感联系,在面对大量的监护事务时,其可能无法兼顾每一项监护职责履行的质量。综上,《民法总则》遵从"家庭监护为主,社会和国家监护为补充"的立法理念,规定只有在亲属监护缺失或者监护人侵害未成年人权益时,才将监护权转移给社会机构或者民政部门。

(三)监护能力与监护资格

关于监护人的监护能力,应当根据监护人的经济状况、身体情况与监护人和被监护人的关系等因素综合确定。[④] 关于监护人的监护

---

① 参见《民法总则》第32条和《未成年人保护法》第43条的规定。

② 曹诗权:《未成年人监护制度研究》,中国政法大学出版社2004年版,第88页。

③ 数据来源于《2010年第六次全国人口普查主要数据公报》,载 http://www.gov.cn/test/2012-04/20/content_2118413.htm,发布日期:2011年4月28日,最后访问日期:2017年11月6日。

④ 参见《民通意见》第11条的规定。

资格,我国法律并没有明确监护资格的含义,也没有直接规定哪些人具有监护资格,仅《民通意见》第 14 条对此有涉及。[①]

三、我国未成年人监护人的职责与责任之考察

(一)我国未成年人监护人职责之考察

1. 法定监护人的职责

监护人的职责包括保护被监护人的人身、财产与其他权益,作为未成年人的法定代理人,代理其实施民事法律行为,在被监护人权益遭受侵害时代理其提起诉讼等。当监护人作出的决定与被监护人的利益有关时,应当依照被监护人的年龄情况和智力状况考虑其真实意愿。法律应当保护监护人在履行监护职责过程中享有的权利。[②]

在法定监护中,法定监护人的人身监护职责包括:管理、照顾被监护人的生活,关注、保护未成年人的身心健康,以健康、适当的方法教育被监护人,使适龄的被监护人入学并完成学校的义务教育,鼓励其进行有助身心健康成长的活动,预防和制止其不良生活的习惯。监护人不得让不满 16 周岁的被监护人脱离监护而独自居住,否则公安机关应对该监护人予以训诫并责令其改正。[③] 对于父母监护人,其还有权决定子女的姓氏,而非父母监护人并不享有该权利。[④] 我国法律关于法定监护人财产监护职责的规定较为简单,仅规定监护人应当管理和保护被监护人的财产。[⑤]

除了人身监护职责和财产监护职责,我国法律还规定法定监护

---

① 《民通意见》第 14 条规定,前一顺序有监护资格的人无监护能力或者对被监护人明显不利的,人民法院可以根据对被监护人有利的原则从后一顺序有监护资格的人中择优确定。

② 参见《民法总则》第 34 条与 35 条、《民通意见》第 10 条与《未成年人保护法》第 14 条的规定。

③ 参见《民通意见》第 10 条的规定,《未成年人保护法》第 11 条、第 12 条、第 13 条的规定,2012 年修正后的《预防未成年人犯罪法》第 19 条、第 50 条的规定。

④ 参见《婚姻法》第 22 条的规定。

⑤ 参见《民通意见》第 10 条的规定。

人有权作为未成年人的法定代理人,代理其进行民事活动与诉讼活动。除与未成年人年龄、智力相适应的或纯获利的民事法律行为外,8 周岁以上的未成年人实施民事法律行为应由其监护人代理或经其同意、追认;对于不满 8 周岁的未成年人,则由其监护人完全代理其实施民事法律行为。对于涉及未成年人利益的诉讼活动,由未成年人的监护人作为法定代理人代其参与诉讼活动,法定代理人之间相互推诿的,由人民法院指定其中一人代其诉讼。①

关于监护人被禁止从事的事务,我国法律有以下规定:(1)监护人不得处分被监护人的财产,除非处分行为符合被监护人的利益。②(2)当监护人作为未成年人的法定代理人时,监护人不得以未成年人的名义与其同时代理的其他人或自己实施民事法律行为。③ (3)禁止溺婴、弃婴和其他残害年幼的未成年人的行为。④ (4)不得使接受义务教育的未成年人辍学。⑤ (5)儿童福利机构、未成年人救助机构及其工作人员承担国家监护职责的,不得在监护工作中牟取利益,更不得虐待、歧视未成年人。⑥

2. 意定监护人的职责

关于意定监护人的职责,在委托监护中,我国法律规定监护人可以通过订立委托监护合同将部分或者全部监护职责转交给第三人履行。⑦ 可见,受托人的职责来源于委托合同的内容,受托人应当在委托合同约定的范围内履行监护职责。在遗嘱监护中,关于遗嘱监护人的职责,虽然我国法律目前未明确遗嘱监护人的监护职责范围,但

---

① 参见《民法总则》第 19 条、第 20 条和 23 条的规定,2012 年修正后的《民事诉讼法》第 57 条的规定。

② 参见《民法总则》第 35 条的规定。

③ 参见《民法总则》第 168 条的规定。

④ 参见《婚姻法》第 21 条的规定。

⑤ 参见《未成年人保护法》第 13 条的规定。

⑥ 参见《未成年人保护法》第 43 条的规定。

⑦ 参见《民通意见》第 22 条的规定。

是根据“意定优先于法定”的民法法理，若父母在遗嘱中明确了监护人的职责范围，遗嘱监护人应当按照遗嘱的内容履行监护职责，如果遗嘱中未明确监护人的职责范围，遗嘱监护人应当根据法定监护人职责的规定履行监护职责。

3. 临时监护人的职责

监护人被撤销监护资格后而新的监护人被指定前，被带离监护人处的未成年人由民政部门设立的未成年人救助保护机构承担临时监护职责，该机构可以采取家庭寄养、机构代养或者委托相关寄宿学校安置等手段，对未成年人在身体上进行照料保护，在心理上提供情感慰藉。该机构履行临时监护职责的期限一般不超过一年。[①]

（二）我国未成年人监护人责任之考察

1. 监护人对被监护人承担的责任

关于法定监护人的责任，怠于履行监护职责或侵害被监护人合法权益的监护人应承担法律责任，人民法院按照普通程序对这类案件进行审理。监护人的行为构成违反治安管理行为的，由公安机关依法给予行政处罚。监护人给被监护人造成财产损失的，应当赔偿损失。关于指定监护人的责任，被指定的监护人不得擅自转移其监护人的身份，擅自转移的并不豁免其监护人责任。关于机构监护人的责任，儿童福利机构、未成年人救助机构等单位担任监护人的，若怠于对未成年人履行救助、保护职责，或者在履行监护职责时牟取自身利益，甚至歧视、虐待未成年人的，应当由主管部门责令改正并对该机构施以行政处分。[②]

2. 监护人对被监护人给他人造成伤害所承担的责任

被监护人被教唆、帮助实施侵权行为：被监护人被教唆、帮助实

① 参见2014年《处理监护人侵害未成年人权益行为的意见》第3条第3款、第15条、第16条的规定。

② 参见《民法总则》第31条、第34条，《民法通则》第18条第3款，《未成年人保护法》第62条，《民通意见》第20条，《未成年人保护法》第70条的规定。

施侵权行为的,若监护人已尽到监护责任的,不承担责任;若监护人未尽到监护责任的,应当根据原因力比例与其过错程度,与教唆、帮助人承担连带责任。①

被监护人教唆、帮助他人实施侵权行为:被监护人教唆、帮助他人实施侵权行为,应当由监护人按照帮助、教唆他人实施侵权行为和共同侵权等规定承担侵权责任。②

被监护人实施侵害行为,监护人的责任(包括被监护人教唆、帮助与被教唆、帮助而造成被侵权人损害的情形):当被监护人损害他人权益的,由监护人替代被监护人承担侵权责任,若尽到监护责任的,可以减轻监护人的责任。若被监护人本人有财产,则应从其财产或其遗产中(当被监护人死亡时)支付赔偿费用,不足的部分由监护人承担。在委托监护中,当被监护人损害他人权益时,由委托人承担侵权责任,有过错的受托人应与委托人一起承担连带责任,但另有约定的除外。③

四、我国未成年人监护的监督之考察

(一)监护监督人

当监护人严重侵害被监护人利益时,其他具有监护资格的人有权申请人民法院撤销监护人资格,这即为我国的监护监督人制度。④

(二)强制举报义务

目前,在对未成年人监护进行事前监督方面,我国规定了强制报告义务。若幼儿园、学校、医疗机构、居(村)民委员会、福利机构、救

---

① 参见《侵权责任法》第9条,《最高人民法院关于适用〈侵权责任法〉若干问题的解释》第21条的规定。

② 参见《最高人民法院关于适用〈侵权责任法〉若干问题的解释》第22条的规定。

③ 参见《婚姻法》第23条,《侵权责任法》第32条,《民通意见》第22条,《最高人民法院关于适用〈侵权责任法〉若干问题的解释》第62条、第63条、第64条、第65条、第66条的规定。

④ 参见《民法总则》第36条的规定。

助管理机构、社会服务机构及其工作人员在工作中发现未成年人遭受暴力的,应及时向公安部门报案。若上述机构或人员怠于报案并且造成了严重的后果,上级主管部门对该机构或者本单位对直接责任人员应给予相应处分。除了上述机构,其他任何组织和个人都有权对监护人的侵害行为进行劝阻或举报,公安机关在接到举报后应当采取措施及时制止监护人的侵害行为,必要时应将被监护人带离监护人处。[①]

(三)对特殊家庭的走访职责

监护人被相关人员起诉撤销监护资格,但人民法院判决不予撤销的,人民法院既可以视情况走访未成年人的家庭,也可以向当地民政部门、居(村)民委员会、派出所、妇联、共青团、监护人的单位或未成年人的学校等机构发出司法建议,加强对监护人的监督与对未成年人的保护。[②]

五、我国未成年人监护的终止之考察

(一)我国未成年人监护的终止情形与后果之考察

当出现下列情形之一的,监护关系终止:监护人丧失监护能力或死亡、被监护人取得完全民事行为能力或死亡以及其他情形。监护关系终止后,被监护人仍存在监护需求的,应当为其重新设立监护。[③]

关于监护人被撤销监护资格后,新的监护人被指定前的临时监护,我国法律规定未成年人的近亲属、其他监护人或关系密切的其他亲属、朋友要求照料未成年人的,未成年人救助保护机构可以在公安机关或居(村)民委员会确认其身份后,将未成年人交由其监护,以

---

① 参见《反家庭暴力法》第14条、第35条的规定,2014年《处理监护人侵害未成年人权益行为的意见》第3条第1款、第2款的规定。

② 参见2014年《处理监护人侵害未成年人权益行为的意见》第37条的规定。

③ 参见《民法总则》第39条的规定。

此终止临时监护。该类临时监护终止后,未成年人救助保护机构应办理书面交接手续,同时书面告知将被监护人接走的亲友可以向人民法院申请人身安全保护令。[①]

(二)我国撤销监护人资格制度之考察

我国并未建立监护人辞职制度,但是规定了撤销监护人资格制度。

第一,撤销监护人资格的情形。人民法院应在下列情形中,根据相关人或组织的申请撤销监护人的资格:其一,侵害未成年人身心健康且情节严重的;其二,无法履行或怠于履行监护职责且拒绝委托监护,从而使未成年人情况危急的;其三,存在严重损害未成年人权益的其他行为的。有权提起撤销监护人资格之诉的个人和组织包括:其他具有监护资格的人、民政部门、居(村)民委员会、学校、妇联组织、医疗机构以及未成年人保护组织等。若个人或其他机构未及时提起撤销监护人资格之诉,民政部门应当向人民法院提起诉讼。[②]

第二,撤销的程序。相关人员和单位申请撤销监护人资格的,应当向人民法院提交相关证据。若有制作包含未成年人基本情况及真实意愿、监护存在问题等信息的调查评估报告的,应当与证据一同提交。公安机关、人民检察院应依照相关人员和单位的申请,提供证明案件事实的资料或书面说明。在监护人侵害被监护人权益的公诉案件中,人民检察院应告知被监护人的临时照料人有向人民法院申请撤销监护人资格的权利,人民检察院依法监督人民法院、公安机关处理未成年人监护案件的情况。[③]

第三,判决撤销监护人资格之后的后果。监护人资格被撤销后,人民法院应安排必要的临时监护。有其他监护人的,应当由其他监

---

① 参见2014年《处理监护人侵害未成年人权益行为的意见》第17条的规定。

② 参见《民法总则》第36条、第37条、第38条的规定。

③ 参见2014年《处理监护人侵害未成年人权益行为的意见》第3条、第28条、第29条、第30条、第31条的规定。

护人承担监护职责并且采取措施防止被监护人再次遭受伤害；没有其他监护人的，人民法院应根据最有利于被监护人的原则重新指定监护人；没有适合担任监护人的人员或其他组织的，应由民政部门下设的儿童福利机构担任监护人。在人民法院撤销监护人资格一年后，儿童福利机构也可以将未成年人送养。民政部门应将符合条件的受监护人侵害的未成年人纳入社会救助范围。监护人资格被撤销后的6个月内，新任监护人以及未成年人本人可以向人民法院申请人身安全保护令。监护人是未成年人抚养人的，即使其监护资格被人民法院撤销也应继续履行抚养职责。①

第四，监护人资格的恢复。父母被撤销监护资格后若确有悔改表现的，人民法院可以根据父母的申请（对未成年人故意实施犯罪的父母没有申请恢复监护资格的权利），在尊重被监护人真实意愿的前提下，根据未成年人救助保护机构组织制作的调查评估报告（调查内容包括申请人的悔改表现、监护意愿、监护能力等信息），并参考刑罚执行机关或者社区矫正机构的意见（在申请人服刑或者接受社区矫正的情形下），按变更监护关系案件的程序处理，视情况判决是否恢复监护人资格，原监护人资格恢复后，人民法院指定监护人的监护资格同时终止。②

第二节　我国未成年人监护制度之评析

一、我国未成年人监护制度立法体系之评析

因我国“民法典·婚姻家庭编”正在制定中，所以我国未成年人

---

① 参见《民法总则》第36条，2014年《处理监护人侵害未成年人权益行为的意见》第36条、第41条、第43条、第44条的规定。

② 参见《民法总则》第38条，2014年《处理监护人侵害未成年人权益行为的意见》第39条、第40条的规定。

监护制度的外部体系尚未形成。关于未成年人监护制度的内部体系,目前我国《民法总则》未成年人监护制度包括父母监护和非父母监护人的监护,其沿袭了《民法通则》"大监护"的概念,并未引入大陆法系国家的亲权制度。对于是否引入亲权制度,有学者认为,虽然大陆法系与英美法系的融合是世界法律发展的趋势,但如果单独按照大陆法系的立法传统就能够设立完备的监护制度,那么坚持法系的纯正性是更为适当的选择。所以,既然我国坚持大陆法系的成文法传统,就应当坚持到底,沿袭大陆法系监护与亲权相区分的立法传统,规定亲权制度,使用小监护概念。① 我们认为,虽然我国沿袭大陆法系的立法传统,但并不意味着我们在所有制度上都只能照搬大陆法系国家的规定,对于域外法的借鉴,我们应当采"扬弃"的态度,取其精华、去其糟粕,根据我国的文化传统、民俗习惯和法律渊源将国外的先进立法中国化、本土化,如果有更适合我国的立法路径和制度安排,就不应当一味追求法系的"纯正性"而固守外国法的传统。并且,亲权制度实质上已经褪去了从罗马法时代建立时就伴随的亲子间不平等色彩,带有浓厚的义务性质,亲权之权源乃在于亲职。可见,亲权已经完成了与现代未成年人监护制度的同构与整合,渐渐失去了独立的功能定位而被纳入未成年人监护制度立法体系中,而今仅存在理论名称上的意义。② 基于亲权制度已逐渐完成现代化转型,如今的亲权实质就是父母对未成年子女的监护,因此在大监护概念的语境下,未成年人监护可以分为两类:(1)父母对未成年子女的监护;(2)父母之外的监护人对未成年人的监护。英国太姆泊曼法官认为,"抚养儿童最好的人选是其亲生父母,这与其父母的明钝、贫富和博寡无关"。③ 我们认为,不仅在抚养方面,在父母履行监护

① 杨立新:《〈民法总则〉制定与我国监护制度之完善》,载《法学家》2016 年第 1 期。

② 施惠玲、张旭政:《论国家介入亲权行使之法律基础——以儿童人权为中心价值的论证体系》,载《家庭法律社会学论文集》,台湾元照出版公司 2004 年版,第 270 页。

③ [英]凯特·斯丹德利:《家庭法》,屈广清译,中国政法大学出版社 2004 年版,第 242 页。

职责的过程中，其给予子女的关怀、情感以及耐心也是其他监护人无法替代的。从我国2017年10月施行的《民法总则》的相关规定可以看出，立法者已经认识到了父母的监护与非父母监护的差异，所以在未成年人监护制度的设计上，赋予了父母监护人特殊的权利义务：该总则第27条第1款、第29条、第38条分别规定，父母是未成年子女当然的法定监护人；担任监护人的父母可以在生前通过遗嘱为子女指定监护人；父母被撤销监护人资格后在一定条件下可以申请恢复监护人资格，这些权利都是非父母监护人所不具有的。我们认为，《民法总则》将父母监护区别于非父母监护的设计与安排，是符合制度建立"信任"与"不信任"的伦理假设的，这值得肯定。

二、我国未成年人监护的设立与类型之评析

（一）我国未成年人监护设立与类型的突破

我们认为，我国《民法总则》在未成年人监护设立与类型的规定方面存在以下突破：

第一，增加了遗嘱监护制度。遗嘱监护制度往往被视为父母监护之延长，对于哪些人在生活中与父母往来较为密切，哪些人最具有监护的意愿，指定哪些人作为监护人最有可能较好地履行监护职责，父母往往有较为全面的认识和准确的判断。所以，凭借父母对人际关系的认识及日常生活的经验，赋予父母生前指定其子女监护人的权利，有利于选任最合适的监护人。同时，遗嘱监护既能弥补法定监护人范围穷尽的问题，又能避免数位有监护资格的人之间因监护人确认的问题而发生争执。[①] 此外，遗嘱监护制度反映了民法的私法性和自治性，其具体实施程序对于律师和公证行业既是机遇也是挑

① 但淑华、黄晶：《未成年人监护的实证考察与制度反思》，载《中华女子学院学报》2016年第2期。

战。[①] 在《民法总则》出台前，包括《民法通则》《婚姻法》《民通意见》在内的相关法律都没有对遗嘱监护制度作出规定，而根据前文对国外未成年人监护类型立法的考察，德国、法国、日本、英国、美国都规定了遗嘱监护制度。而 2017 年 10 月施行的《民法总则》规定的遗嘱监护制度在我国立法上是首例，其借鉴了国外的先进立法，是对我国监护类型立法漏洞的弥补，值得肯定。

第二，指定监护的程序更加高效。效率成为法律的追求目标，体现在法律规范和法律运行的过程中。法律资源是一切可以由法律界定和配置、具有法律意义的价值物，如权利、权力、义务、责任、法律程序等，而权力和权利是最重要的法律资源，因为其为稀缺资源，可以给人们带来实际的利益，且合理的权利与权力的安排会降低法律成本，增加法律运行的效率。[②] 在《民法总则》出台前，《民法通则》第 16 条规定，对担任监护人有争议的，应先由居（村）民委员会或父母所在单位在近亲属中指定，对指定不服的才能向人民法院提起诉讼。可见，虽然居（村）民委员会或父母所在单位有指定监护人的权利，但这种指定不是解决纠纷的最终手段，无法定纷止争，对于经过居（村）民委员会或父母所在单位指定后仍然起诉请求法院指定的纠纷来说，居（村）民委员会或父母所在单位的指定就只是一个过渡性的前置程序，这将产生额外的程序成本，不符合法的效率价值。而《民法总则》第 31 条对指定监护的规定更加灵活：不仅增加了民政部门为指定的主体，删除了父母所在单位作为指定主体，还规定对监护人的确定有争议的，当事人既可以要求居（村）民委员会或民政部门指定，也可以要求人民法院指定，法院指定不以当事人向居（村）民委员会或民政部门提出指定的申请为前置程序，这一方面保障了当事人选择纠纷解决方式的自由，另一方面也使指定监护人的程序

---

① 中国审判理论研究会民商事专业委员会编著：《〈民法总则〉条文理解与司法适用》，法律出版社 2017 年版，第 67 页。

② 参见张文显主编：《法理学》（第三版），法律出版社 2007 年版，第 355－360 页。

变得灵活、简单,降低了监护人指定的成本,同时有利于提高纠纷解决的效率。

第三,指定监护人以"最有利于被监护人原则"和"尊重被监护人真实意愿原则"为指导。《民法通则》第16条无此规定,[①]而《民法总则》第31条规定,当发生监护争议时,居(村)民委员会、民政部门或法院对监护人的指定应遵循"最有利于被监护人原则"和"尊重被监护人真实意愿原则";《民法总则》第36条规定,原监护人被撤销后法院对监护人的指定应以"最有利于被监护人原则"为指导。以这两个原则为指导指定监护人,承认了儿童独立的主体地位,有利于儿童自主意识与能力的培养,呼应了国际社会"儿童最大利益原则"的价值倡导。

第四,将临时监护上升为立法。在《民法总则》颁布之前,在我国法律法规中,只有2014年《处理监护人侵害未成年人权益行为的意见》规定了临时监护制度,《民法总则》将临时监护制度上升为立法并扩大了该制度的适用范围,以防止监护人确定之前出现未成年人无人监护的困境。根据《民法总则》的规定,临时监护适用于两类情形:第一种情形是当确定监护人有争议,而民政部门、居(村)民委员会或法院在作出指定前,若被监护人的人身、财产权利等处于无人保护的状态,民政部门、居(村)民委员会或法律规定的其他有关组织应担任临时监护人;第二种情形是监护人资格被撤销后、新的监护人被选任前,必要时应当安排临时监护。临时监护制度连接了协议监护、指定监护与监护撤销制度,填补了监护人的临时缺位,形成了一个严密的未成年人权益保护网络,保障了未成年人的合法权益。

第五,删除了未成年人父母所在单位担任监护人的规定。在《民法总则》出台前,根据《民法通则》第16条规定,没有其他合适监

① 《民法通则》第16条第2款规定,对担任监护人有争议的,由未成年人的父、母的所在单位或者未成年人住所地的居民委员会、村民委员会在近亲属中指定。对指定不服提起诉讼的,由人民法院裁决。

护人的,可以由未成年人父或母所在单位担任监护人。而《民法总则》在承担最终监护职责的机构中删除了未成年人父母所在单位这一主体,我们认为,这是《民法总则》关于监护主体规定的一大突破,符合时代发展中单位角色的转化。理由在于:"时至21世纪的今天,单位褪去了计划经济时代的烙印,其不再担负社会保障职能而逐渐变为单一的工作场所,其主要考虑经济效益。并且,人们日益重视家庭事务的隐私权,而不愿意单位干预自己的家庭事务,区分家事与工作的理念已渐成常态。因此,法律若再规定单位承担此项职责已不符合其角色的时代转化。"[①]《民法总则》删去了未成年人父母所在单位的监护主体地位,这顺应了时代的发展趋势,是法律对单位职能转型的呼应。

(二)我国未成年人监护设立与类型的不足

1. 我国未成年人遗嘱监护设立的不足

《民法总则》在我国首次规定了遗嘱监护制度,这是监护类型的突破。但是,我们认为,《民法总则》规定的遗嘱监护制度还存在以下需要进一步明确的问题:第一,没有规定有权通过遗嘱指定监护人的父母的条件。依据目前遗嘱监护的规定,所有担任监护人的父母都有权为自己的子女指定监护人,但若这些父母本身有不履行监护职责、侵害未成年人权益等严重侵犯子女利益的情形,那么我们不能期待这些有"严重劣迹"的父母能指定出符合未成年人最大利益的监护人。所以,法律应当排除这些有侵害子女利益行为的父母的遗嘱指定权,但是我国法律并未规定。第二,没有明确父母遗嘱指定监护与法定监护之间的顺位关系,若父母遗嘱指定的监护人并非位于法定监护顺序在前的监护人,应以父母的指定为准还是以法定监护的顺序为准?按照"约定优先于法定"的民法理论,父母指定的监护人应当优先于法定监护顺序在前的监护人,但《民法总则》对此却没有明确。第三,没有规定父母的指定冲突时的解决方式。我国《民

① 陈苇:《中国婚姻家庭法立法研究》(第二版),群众出版社2010年版,第545页。

法总则》并未规定当父母通过遗嘱指定的监护人不一致时，以哪一方的指定为准，是后死亡父母一方的指定有效，还是需要根据未成年子女最大利益原则而进行个案审查？在国外立法例中，德国法、美国法规定以最后死亡的父母一方指定为准。第四，没有规定父母指定生效的时间。在父母先后过世的情形下，若先过世的父母一方为其子女指定了监护人，但此时父母另一方仍生存，则死亡父母一方的指定是无效，还是等另一方父母也死亡并且没有另外指定其他监护人时生效？法律没有规定。

关于是否对父母遗嘱监护设置个案审查机制，有学者认为，民政部门应审查父母指定的监护人的情况，只有被指定的监护人不存在不利于被监护人情形的，指定监护才生效。[①] 我们认为，我国人口众多，如果要求民政部门对所有父母指定的监护人进行个案审查，可能会导致民政部门不堪重负。父母监护制度建立的基础是"信任"，一般情况下，我们信任父母对其子女的爱，推定其愿意并且有能力指定符合其子女最大利益的监护人。但如果父母通过遗嘱指定的监护人确实不合适，甚至有怠于履行监护职责或侵害未成年人合法权益的行为，《民法总则》第 36 条规定未成年人的近亲属、居（村）民委员会、学校等机构有权向法院提出异议，请求法院撤销指定监护人的资格并重新选任监护人。所以，基于我国国情和目前法律的规定，若遗嘱指定监护人不适格可以通过监护监督的纠错机制得到补正，没有必要在我国公共资源相对紧张的情况下规定民政部门对所有通过遗嘱指定的监护人进行个案审查。

2. 我国未成年人委托监护设立的不足

2016 年 11 月 9 日，国务院发布了《关于农村留守儿童摸底排查工作基本情况的通报和"合力监护、相伴成长"关爱保护专项行动的说明》，根据该通报，全国共摸底排查出农村留守儿童 902 万人，其

① 王竹青：《论未成年人国家监护的立法构建——兼论民法典婚姻家庭编监护部分的制度设计》，载《河北法学》2017 年第 5 期。

中由(外)祖父母监护的805万人,占89.3%;由其他亲戚及朋友监护的30万人,占3.3%。[①] 对于这些事实上承担监护职责的祖父母、外祖父母与其他亲戚和朋友,其实际上发挥的就是委托监护中受托人的作用,只是现实中留守儿童的父母往往未通过签订合同确定这些祖父母、外祖父母及其他亲友监护人的身份,但是并不能否认委托监护关系的存在。可见,委托监护制度为这些事实监护行为提供了法律的依据,在不变更监护人的前提下为监护人因客观原因无法亲自履行监护职责的情形提供了解决的方案。实施监护事务是监护人的职责,一般情况下,监护职责应当由监护人亲自履行,但是,在监护人因客观原因,如因外出务工、疾病、服刑等情形而暂时无法亲自履行监护职责时,应当允许监护人与第三人或机构订立委托监护合同,将全部或部分监护职责转移给第三人,当作监护职责由监护人亲自履行的例外情形。[②] 但是,为了避免监护人借委托合同逃避履行监护职责,应当将委托监护设立的情形限制在监护人外出务工、疾病、服刑等暂时无法履行监护职责的情形中,在我国学者的建议稿中,梁慧星等学者的建议稿也采此观点。但是,我国目前的委托监护制度仅规定父母因外出打工等原因无法履行监护职责时应设立委托监护,未限定非父母监护人设立委托监护的情形,这不利于防止监护人通过委托监护逃避履行监护职责,也不利于建立稳定的监护关系,存在不足。

3. 监护人监护资格的不足

我国法律并未规定在确认监护人时应考察除了监护能力以外的因素,而俄罗斯法规定,指定监护人或照管人时,应当考虑其道德和

---

① 《关于农村留守儿童摸底排查工作基本情况的通报和"合力监护、相伴成长"关爱保护专项行动的说明》,载 http://www.mca.gov.cn/article/zwgk/ldjh/201612/20161200002665.shtml,发布日期:2016年11月9日,最后访问日期:2017年11月25日。

② 宛如锦:《我国未成年人委托监护制度完善路径探索》,载家事法研究中心,http://mp.weixin.qq.com/s/2—LipcENLtWCVGc9Z8dbg,发布日期:2018年1月24日,最后访问日期:2018年1月25日。

其他的个人品质。我们认为，生活作风不良的监护人无法作为未成年人的道德榜样，其不利于未成年人优良品德的塑造，这不符合未成年人最大利益原则。[①] 除此之外，我国法律没有明确担任监护人的积极资格与消极资格，不利于发挥法律在指导监护人选任问题上的作用。根据前文对国外立法的考察，德国法、瑞士法与俄罗斯法规定了担任监护人的积极资格，包括：成年人、有民事行为能力，具有完成监护的能力和必要的知识等。法国法、日本法与俄罗斯法规定了担任监护人的消极资格，包括：未成年人、未解除亲权的人、被监护或保护的成年人、有慢性酒瘾或毒瘾的人、曾被取消行使亲权的人、对被监护人提起诉讼或曾经提起诉讼的人及配偶或直系血亲、去向不明的人或者因故意侵犯他人的生命、健康而被定罪的人等。

4. 没有规定监护人的拒绝权

对于法定当然监护人、遗嘱指定监护人、临时监护人和机构监护人等是否有拒绝担任监护人的权利？《民法总则》没有规定，存在不足，理由在于：(1)未成年人近亲属以外的其他监护人对被监护人不负法定监护义务，其承担监护职责以“自愿”为前提，当没有监护意愿的人被指定或选任为监护人，因其不存在监护的激励，在外部监督不足的情况下，很难保证这些没有监护意愿的被指定人能妥善履行监护职责，其可能消极、被动履行监护职责甚至侵害未成年人合法权益，这不符合最有利于被监护人原则的要旨。[②] (2)根据前文对国外未成年人监护立法的考察可知，在德国家事法院的选任监护、法国父母的指定监护、瑞士未成年人保护机构的指定监护、英国父母的指定监护和监护人的指定监护中，监护人有拒绝担任监护人的权利；在俄罗斯监护和照管机构的指定监护，美国父母的指定监护和法院的选任监护中，法院选任或指定监护人需要征得其本人同意。可见，在上

---

① 吕新建：《论我国未成年人监护制度的完善》，载《河北法学》2005年第7期。

② 但淑华、黄晶：《未成年人监护的实证考察与制度反思》，载《中华女子学院学报》2016年第2期。

述国家立法中，监护人的确定是建立在其自愿的基础上的。(3)目前，我国司法实践中也出现了允许监护候选人拒绝担任监护人的案例。由江苏省徐州市铜山区人民法院处理的、全国第一起监护人被撤销监护资格的案件中，法院在撤销父母双方的监护资格后，本来应当按照法定监护人的顺序，由未成年人的祖父母、外祖父母担任监护人，但是未成年人的祖父母、外祖父母以及其他近亲属均表示不愿意监护，最终法院判决民政局作为监护人。在此案中，法院在未成年人的祖父母、外祖父母等亲属有监护能力的情况下，基于其意愿而突破法定监护人的范围和顺序，确认民政部门作为监护人，这在事实上承认了法定监护人的拒绝权，可见，监护人的拒绝权已经得到了我国部分法院的认可。但值得注意的是，在该案中，法院允许的是作为法定监护人、法定抚养义务人并有监护能力的祖父母、外祖父母拒绝担任监护人，这可能导致法定监护人逃避履行监护职责，不利于被监护人权益的保障，因此在享有拒绝权的主体上，该案的处理值得商榷。综上，我们认为，应当赋予部分监护人拒绝监护的权利，但《民法总则》对此却没有规定，存在不足。

三、我国未成年人监护人的职责之评析

(一)我国未成年人监护人职责的突破

《民法总则》第 34 条、第 35 条规定了监护人的职责与责任，其在监护人履行职责的内容与方式上都沿袭了《民法通则》第 18 条与《民通意见》第 10 条的规定，并将《未成年人保护法》第 14 条中的“尽可能尊重一定年龄及智力状况的被监护人的真实意愿”与 2014 年《处理监护人侵害未成年人权益行为的意见》第 2 条、第 36 条中的“未成年人最大利益原则”(《民法总则》第35 条将其表述为“最有利于被监护人的原则”)作为监护人履行监护职责应当依据的原则，有利于保障未成年人的合法权益，呼应了《儿童权利宣言》的两大基本原则，即儿童最大利益原则与尊重儿童真实意愿原则。同时，在考察未成年人的意愿时，《民法总则》第 35 条不以是否具备限制行为

能力作为对儿童意愿考察的年龄底线（如规定只能征询8周岁以上未成年人的意见），而是以"被监护人年龄及智力状况"作为综合判断的标准，这是十分科学、灵活的制度设计，原因在于，表达关于监护事务的意见并非民事法律行为，未成年人只须具备基本的识别能力与表达能力即可，不必拥有一定的民事行为能力。①

（二）我国未成年人监护人职责的不足

虽然《民法总则》在未成年人监护人职责的规定方面存在突破，值得肯定，但是，我们认为，目前法律关于未成年人监护人职责的规定还存在以下不足：

1. 未规定部分必要的人身监护职责

根据前文对国外未成年人监护立法的考察，我们认为，在我国未成年人监护制度中，监护人的人身监护职责还缺乏以下内容：

第一，未规定医疗决定权。

根据前文对国外未成年人监护立法的考察，英国法、美国法规定了监护人享有医疗同意权。根据我国《侵权责任法》第55条规定，在诊疗活动中需要实施手术或进行特殊治疗的，医务人员应向患者或其近亲属说明医疗方案与医疗风险等信息，并取得其书面同意。可见，在决定实施何种医疗手段的问题上，医务人员应当征得患者或其近亲属的同意，未成年人因没有完全行为能力，其尚不具备同意决定实施何种医疗手段的能力，所以必须由其近亲属代为同意，但是若未成年人没有近亲属或近亲属没有行为能力时，即使未成年人有近亲属以外的监护人，其若要代为行使医疗决定权也缺乏法律依据。所以，我们认为，当未成年人没有近亲属或近亲属不适合作出医疗的决定时（如近亲属没有行为能力、与未成年人关系疏远等），基于监护人与未成年人共同生活的事实，其与未成年人关系密切、休戚与共，无论是遗嘱监护人、指定监护人还是法定监护人，其在被确认之

---

① 参见但淑华、黄晶：《未成年人监护的实证考察与制度反思》，载《中华女子学院学报》2016年第2期。

时，就被认为或推定是维护未成年人利益的最优人选。因此，由监护人选择实施于未成年人的医疗手段，符合最有利于被监护人原则。但是我国法律目前对此并没有规定，存在遗漏。

第二，未规定住所指定权。

根据前文对国外未成年人监护立法的考察，法国、德国、日本、英国与美国五国规定了监护人或亲权人对未成年人住所的指定权。指定未成年人的住所，要求其居住在便于监护人履行监护职责的地方，这是监护人开展监护活动的前提，未成年人不得随意离开监护人指定的住所或居所。[①] 如果监护人与被监护人未居住在一起甚至住所距离较远，将给监护人履行监护职责增加困难，同时也不利于及时发现并满足未成年人的日常需求。所以，应承认监护人有指定未成年人住所的权利。但是，我国法律目前对此并没有规定，存在遗漏。

至于英国法规定的监护人对未成年人的宗教选择权，我们认为，相比西方宗教国家，我国的宗教氛围并不浓厚，在监护关系中并未出现显著的因选择宗教而产生的冲突。再者，我国现行《宪法》第 36 条第 1 款规定，我国公民有宗教信仰自由，所以规定监护人有为未成年人选择宗教的权利与《宪法》规定的宗教自由不符。综上，建议我国不规定监护人的宗教选择权为宜。

2. 未规定部分必要的财产监护职责

根据前文对国外未成年人监护立法的考察，我们认为，在我国未成年人监护制度中，监护人的财产监护职责还缺乏以下内容：

第一，未规定制作财产清单与账目并提交相关机构审查的职责。

根据前文对国外未成年人监护立法的考察，法国、德国、日本及瑞士四个国家的立法都规定了监护人制作财产清单与账目，定期向法院或行政监督机构审查的职责。而在我国未成年人监护制度中，并未规定监护人应承担这一财产监护职责，而财产清单、账目的缺失将导致监护人管理未成年人财产的情况无法被监督，若未成年人财

① 杨立新：《亲属法专论》，高等教育出版社 2005 年版，第 312 页。

产数量或种类较多,可能会与监护人的财产混同,导致未成年人的财产被占用。特别是非亲属监护人,因为缺乏与未成年人血缘及亲情纽带的维系,其财产管理行为是否符合最有利于被监护人原则的要求无从知晓,监督机制的缺失可能造成未成年人财产被挪用或滥用。

第二,未规定报酬请求权。

根据前文对国外未成年人监护立法的考察,德国、法国、日本、瑞士与美国皆规定了监护人在一定条件下享有报酬请求权。而我国包括《民法总则》《民法通则》在内的所有法律法规及司法解释都未规定未成年人监护人的报酬请求权,我们认为这存在不足,理由在于:

首先,有偿监护取决于民事法律关系的本质——一种权利义务关系,而权利和义务是相对应的,任何只享权利不尽义务或只尽义务不享权利的行为将会显失公平。[①] 目前,我国的监护形式虽然仍以家庭监护为基础,社会、国家监护为补充。但在未成年人监护制度公法化、社会化的大趋势下,非近亲属甚至社会、国家机构担任未成年人监护人的现象越来越普遍,当被确认的监护人并非未成年人的近亲属时,此时的监护关系完全超脱于家庭之外,是纯粹的主体法上的制度,监护人与被监护人间不存在因亲属关系而产生的权利义务,如被监护人成年后在监护人年老时对其没有赡养义务;在被监护人死后,非近亲属监护人也无法作为法定继承人继承被监护人的财产,监护人在履行监护职责时对未成年人的付出无法基于身份关系在其他亲属制度中弥补,因此应当在未成年人监护这一制度内部对非亲属监护人的付出进行弥补,赋予其报酬请求权,以体现民法的“权利义务相一致原则”,实现法的公平价值。不仅如此,基于权利的可放弃性,假若近亲属之外的其他亲属或朋友,如伯叔姑舅姨,基于血缘、情感或习俗不要求报酬,其可以放弃报酬请求权,但这并不影响为要求报酬的非近亲属监护人设置此项权利,为其索取报酬提供法律根据。

其次,赋予监护人报酬请求权可以鼓励监护候选人积极担任监

---

① 吕新建:《论我国未成年人监护制度的完善》,载《河北法学》2005 年第 7 期。

护人。民法为权利之法,但在未成年人监护制度上是例外,监护的性质为一种职责,其更多地体现义务性。前述国家的立法都为未成年人设置了繁重的监护职责:人身方面的职责包括照料未成年人的生活起居、对未成年人进行教育、保护未成年人的身心健康等;财产方面的职责包括在监护开始时清点财产、制作财产清单及账目;在监护开始后更新财产清单及账目、保留必要的证明材料等。当未成年人造成他人合法权益损害时,监护人应替代未成年人承担责任。并且,如果没有发生导致监护终止的情形,监护职责一般须承担至被监护人成年之时。可见,监护人职责繁重、责任重大并且旷日持久,这令一些监护人感到压力重大,特别是对于非亲属监护人,因其与未成年人缺乏血缘与情感的维系,没有监护未成年人的法定义务,其更可能拒绝担任监护人。即使其担任了监护人,也可能消极履职,这可能影响监护的质量。此时若给予监护人与其履职状况相应的报酬,可以起到激励的作用,同时减轻监护人的经济负担,这一方面可以鼓励监护人积极履职,另一方面也是对监护人付出劳动的肯定与尊重。有学者认为,"赋予监护人报酬请求权应当与当前人们的社会责任观念、道德情况与我国经济发展情况有关。我国目前仍处于社会主义初级阶段,不应当不现实地强调付出与奉献。而实行有偿监护可以调动监护人的积极性使其更妥当地履行监护职责"。①

再次,给予临时或专职照管、监护未成年人的人或机构一定报酬也是现实生活中常见的现象。在日常生活中,许多专职人员或机构实际承担的是临时或短期监护人的职责,如给新生儿请的月嫂、负责未成年人生活起居的保姆、托儿所及幼儿园等机构,如果这些专职人员或机构因照管未成年人而收取费用可被人们接受,那么给予承担职责更多、责任更重大的监护人一定报酬则更加合乎情理。

最后,有学者对社会公众对非父母监护人是否享有报酬请求权

① 尹志强:《未成年人监护制度中的监护人范围及监护类型》,载《华东政法大学学报》2016 年第 5 期。

的观点进行了调查研究，调查统计的数据显示，认为应当给予非父母监护人适当报酬的被调查者占63.81%，可见，赋予非父母监护人以适当的报酬请求权存在群众意见的基础。[①]

第三，未规定补偿请求权。

根据前文对国外未成年人监护立法的考察，德国法、瑞士法和美国法明确规定了监护人的补偿请求权。《德国民法典》第1835条规定监护人为了履行监护职责而支出费用的，可以向被监护人请求预付或者偿还。《瑞士民法典》第404条规定，监护人有权就监护职责的履行要求被监护人偿还合理的费用，这些费用应从被监护人本人的财产中扣除，无法扣除或被监护人没有财产的，费用应当由州承担。《美国统一监护与保护程序法》第316a条规定，监护人有权就提供给被监护人的住房、膳食和衣服享有适当补偿的权利。而我国法律并没有规定补偿请求权，我们认为，非近亲属监护人并无抚养未成年人的义务（在外国法上，一般更是除父母之外的监护人皆无抚养被监护人的义务），监护人履行监护职责所需的费用一般来源于未成年人自己的财产或其抚养人提供的抚养费，如果监护人先行垫付了履行监护职责应当开销的费用，就要赋予其向未成年人或其抚养人要求补偿的权利，否则等同于要求监护人应对未成年人提供经济支持，变相地承认监护人具有承担抚养未成年人的义务。因此，应当明确监护人的补偿请求权，但我国法律没有规定，存在不足。

3. 未规定监护人实施特殊监护事务需得到相关机构的同意

根据前文对国外未成年人监护立法的考察，前述大陆法系国家都规定监护人实行一些特殊的监护事务需要得到法院或相关机构的同意，如处分被监护人的土地、土地权利、在建船舶等特殊动产或不动产；在被监护人的不动产或特殊动产上设立抵押或其他物权；以被监护人的名义为他人承担债务、设立担保或将被监护人财产赠与他

① 林艳琴：《我国未成年人监护制度的理论与实践》，中国法制出版社2017年版，第68页。

人等事务中，监护人需要得到法院、监护监督人或行政监督机构的同意或批准。从我国目前法律规定各机构的职能来看，人民法院有指定监护人和撤销监护人的职能，民政部门下设的未成年人救助保护机构则担负收留流浪儿童和困境儿童的任务，而监护监督人则一般享有在监护人怠于履职或侵害被监护人权益时向法院提起撤销监护人资格之诉的权利。可见，目前我国任何机构都未有批准监护人从事特定监护事务的职能，对于重要的监护事务，我国法律规定全部由监护人自主决定，国家和社会则注重对监护事务的事后监督，[①]而监护人履行特殊监护事务审查机制的缺失不利于保护未成年人的最大利益。[②]

4. 未明确委托监护中受托人是否能将监护职责转委托

史尚宽认为，父母对子女的监护权为其专属的权利，但可以通过订立合同的方式委托第三人行使，但只能就特定监护事务进行一定期限的委托。[③] 我们认为，监护人不一定时时刻刻都有时间和精力履行全部的监护事务，并且监护事务繁杂，有的监护事务可能涉及专业的管理知识，监护人不一定能胜任每一项监护事务，设立委托监护可以让监护人在面对一些无法胜任的监护事务时，不用更换监护人，而通过委托监护制度将这部分监护职责“外包”出去，保障这部分监护职责履行的质量，而余下的监护职责仍然由原监护人承担，一方面丰富了监护的方式与类型，另一方面提高了监护职责履行的灵活性。我国《民通意见》第22条规定了委托监护制度，但在2017年10月施行的《民法总则》中并未规定委托监护制度，这不得不说是新法的遗憾。不仅如此，《民通意见》中规定的委托监护制度也较为简单，因委托监护的内容一般基于委托合同的规定，但我国《合同法》第2条第2款规定，婚姻、收养、监护等有关身份关系的协议，适用其他法律

① 陈苇：《中国婚姻家庭法立法研究》（第二版），群众出版社2010年版，第543页。
② 李世刚：《〈民法总则〉关于“监护”规定的释评》，载《法律适用》2017年第9期。
③ 史尚宽：《亲属法论》，中国政法大学出版社2000年版，第707页。

的规定。所以,委托人与受托人签订的合同不适用《合同法》的规定。因此,对于受托人是否可以将监护职责转委托给第三人,我国法律对此并未明确,存在不足。

四、我国未成年人监护的监督之评析

我国目前尚未建立系统的未成年人监护监督制度,因此,对于监护监督主体包括哪些,学者的观点存在分歧:有的学者认为,监护监督主体包括监护监督人和监护监督机构,而监护监督机构分为社会监督机构和行政监督机构:前者指居(村)民委员会等社会机构,后者指各级政府的民政主管部门。[①] 有的学者认为,监护监督的主体包括:社会、监护监督人和法院,社会监督主要是通过对被监护人的外观表现进行判断,其属于外部监督,该类监督具有间接、低效的特点;而监护监督人的监督是通过其拥有随时检查监护人的工作、随时要求监护人汇报监护执行情况的权利而实现的,其属于内部监督,该类监督具有直接、高效的特点;而法院监督主要针对监护监督人,法院通过要求监护监督人汇报其监督情况,有利于监督监护监督人和监护人的行为。[②] 从国外未成年人监护监督的种类来看,大陆法系国家一般采用监护监督人和监护监督机构(包括国家监督机构和社会监督机构)相结合的监护监督体制;而英美法系国家则一般采用行政机关和司法机关相结合的监护监督体制。[③] 因我国尚未建立系统的监护监督制度,所以对于监护监督主体包括哪些,法律没有明确,但从国外立法与学者的观点来看,监护监督主体至少可以分为监护监护人、监护监督机构和诉讼代表人等,以下从这三个主体分析我

---

① 参见杨立新:《〈民法总则〉制定与我国监护制度之完善》,载《法学家》2016 年第 1 期。

② 王竹青:《论未成年人国家监护的立法构建——兼论民法典婚姻家庭编监护部分的制度设计》,载《河北法学》2017 年第 5 期。

③ 高伟:《未成年人监护制度研究——以私法公法化为研究视角》,载西南政法大学 2009 年博士学位论文,第 110 页。

国监护监督制度存在的不足。

（一）监护监督人制度不完善

根据前文对国外未成年人监护立法的考察，法国、德国、日本法都规定了监护监督人制度，规定法院、亲属会议或未成年人的父母在必要时可以为未成年人设立监护监督人，以监督监护人履行监护的行为。与其他社会及国家监督不同，监护监督人的监督是通过其拥有随时检查监护人的工作、随时要求监护人汇报监护执行情况的权利而实现的，其属于内部监督，该类监督具有直接、高效的特点，能发挥国家和社会监督不能取代的作用。根据我国《民法总则》第 36 条规定，当监护人严重损害被监护人权益时，其他具有监护资格的人等主体有权申请人民法院撤销监护人资格。可以看出，在提起撤销监护人资格之诉这方面，其他依法具有监护资格的人实际上发挥了监护监督人的作用。但是，对于监护监督人的确认及其他职责，《民法总则》并未规定，存在不足。

（二）相关机构走访特殊家庭制度存在不足

目前，除了 2014 年《处理监护人侵害未成年人权益行为的意见》第 37 条规定的对不予以撤销监护人资格的家庭之走访制度外，我国没有规定对其他特殊家庭进行走访和调查的制度，可见，我国法律规定法院可以走访的家庭类型十分有限。在留守儿童的家庭、父母收押在监的家庭、曾发生家庭暴力的家庭以及监护人监护资格被撤销又恢复等家庭中，未成年人的合法权益可能同样面临着被侵犯的风险，若无相关人员定期对特殊家庭进行走访，了解此类家庭的监护情况，那么发生在这些家庭内的未成年人权益受侵害的事件很难被发现。① 这不符合最有利于被监护人的原则。关于由何机关进行走访和调查，2014 年《处理监护人侵害未成年人权益行为的意见》第 37 条规定了负责走访监护人资格未被撤销家庭的主体为法院。我们认为，法院属于司法裁判机构，其职能主要在于发生监护侵害事件

① 陈苇：《中国婚姻家庭法立法研究》（第二版），群众出版社 2010 年版，第 545 页。

之后的救济，让其在案件发生之前对特殊家庭进行走访及调查，不仅与其职能不符，也会在我国目前法院“案多人少”的情形下进一步增加法院的工作压力。

（三）诉讼代表人制度缺失

根据前文对国外未成年人监护立法的考察，法国法、瑞士法、英国法和美国法皆规定了诉讼代表人制度。《法国民法典》第 388 条第 2 款：在涉及未成年人的诉讼中，当未成年人的利益与其法定代理人的利益冲突时，监护法官应当为未成年人指定一名专门的代理人代表未成年人参与诉讼。《瑞士民法典》第 314a 条规定，未成年人保护机构可以为未成年人指定在司法领域有经验的监护人，提出建议并提起诉讼。英国 1989 年《儿童法》第 41 条、第 42 条规定，在申请监督令或照顾令的诉讼、免除照顾令或改变监督令的诉讼或为处于照顾令中的儿童作出居住令等诉讼中，当没有指定律师代表未成年人的利益，并且一定年龄以上的未成年人知晓指定诉讼代表人的意义并愿意这么做，为了保护未成年人的合法权益，法院应当为未成年人指定诉讼代表人。《美国统一监护和保护程序法案》第 205（c）条规定，如果在诉讼过程中，法院认为在监护人被指定之前或之后，若没有人很好地代表未成年人的利益，那么法院应当指定一位律师代表未成年人的利益，如果未成年人已达到 14 周岁，应当考虑其意见。除前述国家外，澳大利亚的《离婚法》也规定了儿童的诉讼代表人制度，在审理离婚案件中，若法院发现父母双方不能很好地代表子女的利益，可以依职权、依儿童福利机构或其他相关机构或人员的申请，为子女选任诉讼代表人。诉讼代表人独立于父母的意志与地位，其代表子女的利益参与诉讼，这有利于防止父母在离婚时不顾甚至损害子女的利益，保障了诉讼中儿童的权益。[①]

在我国司法实践中，一些法院也引入了儿童权益代表人制度。

① 参见陈苇、王鹍：《澳大利亚儿童权益保护立法评介及其对我国立法的启示——以家庭法和子女抚养（评估）法为研究对象》，载《甘肃政法学院学报》2007 年第 3 期。

上海市普陀法院作为最高人民法院指定的家事审判改革首批试点法院之一，将家事审判与少年审判相结合，不断探索创新工作机制，为未成年人营造良好的成长环境。2017 年 11 月，该法院首次探索创设儿童权益代表人机制，聘请区妇女儿童工作委员会办公室（以下简称区妇儿工委办）的两位干部作为儿童权益代表人，在相关案件中（如涉及儿童权益保护的离婚诉讼）代表未成年人，作为独立的诉讼主体直接参与诉讼。儿童权益代表人的职能包括：走访未成年人就读的学校、就医的医院以及居（村）民委员会等，了解未成年人的生活状况、身体情况及意愿，搜集资料、做好记录、拍摄照片以及撰写报告，并在庭审阶段展示庭前搜集的证据和撰写的报告，同时从未成年人的最大利益出发提出意见和主张，除此之外，在庭审阶段结束之后，儿童权益代表人还要对未成年人的情况进行回访，跟进判决的执行情况以及监督监护人的履职情况。① 无独有偶，同样是 2017 年 11 月，南京某法院开庭审理了一起未成年人起诉监护人（同时是未成年人的抚养义务人）支付抚养费的案件，该法院同样创新设立“诉讼监护人”作为未成年人的“临时家长”，代理未成年人参与诉讼，确保了未成年人的程序权益得以保障，实体权利能够实现。② 可以说，儿童权益代表人的设立使儿童能直接参与诉讼，向法院表达其真实想法，在解决家庭纠纷的同时有效保障了儿童的合法权益。

但是，我国法律并未设立未成年人诉讼代表人制度，根据国务院 2003 年《法律援助条例》第 10 条之规定，在请求给付抚养费的家事

---

① 《上海法院首创儿童权益代表人机制　化解家庭纠纷保障儿童权益》，http://a. mp. uc. cn/article_org. html? uc_param_str = frdnsnpfvecpntnwprdssskt&zzd_from = smsc - topic&dl_type = 2&app = smds - iflow&sdkdeep = 8&sdksid = 77d004bc - 3eba - 05e2 - c9b0 - 9c634770bb19&sdkoriginal = c0d0df09 - 80e9 - 577a - 15e3 - 919bf89f7660&from = timeline&isappinstalled = 0 #! wm _ cid = 190544661771721728!! wm _ id = 629bc2b94c53441bb67f1903316c72ff!! recoid = fca93a7ffbe3a6adea126974bb6b6278，发布日期：2017 年 11 月 17 日，最后访问日期：2017 年 11 月 18 日。

② 茹希佳：《让未成年人能直接参与诉讼表达利益诉求　南京设“诉讼监护人”任“临时家长”》，载《中国妇女报》2017 年 11 月 22 日。

案件中，因经济困难没有委托代理人的，可以向法律援助机构申请法律援助。可见，在涉及未成年人利益的家事案件中，只有在请求给付抚养费的案件中，未成年人因经济困难而没有委托代理人时才能够申请司法援助，既没有规定在涉及监护争议的案件中当事人有资格申请法律援助，也没有规定当未成年人与其监护人利益冲突或监护人不能履行诉讼代理的职责等情形也可以申请法律援助。所以，在涉及未成年人利益的诉讼中，当监护人与被监护人利益冲突时，监护人的法定代理人身份成为被监护人启动诉讼程序的障碍，谁来代表未成年人的利益？谁作为未成年人独立的诉讼代表人？对于这些问题，我国法律均未规定，存在不足。①

五、我国未成年人监护的终止之评析

（一）我国未成年人监护终止的突破

第一，2017 年《民法总则》将监护人资格撤销制度上升为立法。对比 2014 年《处理监护人侵害未成年人权益行为的意见》中的监护人资格撤销制度，《民法总则》在有权申请撤销监护人资格的主体方面，增加了医疗机构等可能发现侵害未成年人权益事件的主体，删除了不具备家庭关系管理职能的未成年人父母所在单位，并将民政部门作为申请撤销监护人资格的兜底权利主体，符合国家作为保障未成年人最大利益的最终责任角色定位。不仅如此，在撤销原监护人资格之后，《民法总则》规定应当以“最有利于被监护人的原则”为指导指定新的监护人，这呼应了国际上以儿童权利为价值本位的“儿童最大利益原则”。

第二，2017 年《民法总则》将监护人资格恢复制度上升为立法。监护人资格恢复制度是对监护资格撤销制度的补充与完善，是监护相对终止的后果，撤销监护人资格是保护被监护人利益的手段，而绝非目的，若恢复原监护关系符合未成年人最大利益，那么应当恢复被

① 陈苇：《中国婚姻家庭法立法研究》（第二版），群众出版社 2010 年版，第 543 页。

撤销的监护人资格。对比2014年《处理监护人侵害未成年人权益行为的意见》中的监护人资格恢复制度,《民法总则》第38条不再列举监护人资格不得恢复的情形,而是采用抽象判断标准,增加了监护恢复的消极要件:对被监护人实施故意犯罪的不得恢复监护人资格,这不仅囊括了2014年《处理监护人侵害未成年人权益行为的意见》第40条规定的三种情形,还包含监护人因故意实施其他犯罪而不再适合担任监护人的情形;不仅如此,《民法总则》第38条将有权申请恢复监护人资格的主体限制于未成年人的父母,还规定恢复监护人资格应尊重被监护人的真实意愿。我们认为,一般情况下,监护人与被监护人的生活存在密切的联系,对监护人身份是否认可将直接影响未成年人的生活质量。征求已满一定年龄并具备一定识别能力的未成年人的意见,让未成年人在原监护人资格恢复之问题上掌握主动权,能最大限度建立令其满意的监护关系,保障其合法权益。

在比较法上,法国、德国、日本、瑞士和俄罗斯法都有父母在亲权(监护)资格被撤销或停止之后的一定条件下恢复亲权(监护)资格的规定。实际上,之所以规定父母监护资格恢复制度,主要还是基于父母对未成年人健康成长的重要作用。① 有学者认为,要探寻监护人资格恢复的必要性,就必须回答"失职或实施了侵害行为的原监护人凭什么如此重要以至于新任监护人即使再妥善履职也无法替代"这一问题。对于未成年人来说,或许也只有父母这一身份对子女而言具有无可取代的重要意义。② 而《民法总则》也遵循了这样的思路,将有权申请恢复监护资格的未成年人监护人范围限定在父母之中,这一方面可以看出监护人资格恢复制度的家庭伦理基础,另一方面也体现了立法者对监护人资格恢复制度设计的审慎态度。

---

① 齐凯悦:《论〈民法总则(草案)〉监护资格恢复制度的完善》,载《中国青年社会科学》2017年第2期。

② 李霞、陈迪:《〈民法总则(草案)〉第34、35条评析——监护执行人的撤销与恢复》,载《安徽大学学报》(哲学社会科学版)2016年第6期。

(二)我国未成年人监护终止的不足

虽然《民法总则》在监护终止制度的规定方面存在突破,值得肯定,但是,我们认为,目前的监护终止制度还存在以下不足:

1. 监护终止的事由存在的不足

(1)未区分监护的绝对终止事由与监护的相对终止事由。

监护的终止包括监护的绝对终止与监护的相对终止,而《民法总则》第39条规定的监护终止的事由并未区分为导致监护绝对终止的事由和相对终止的事由,而是不加区分地规定在一起。在这些事由中,"被监护人死亡、取得完全民事行为能力"属于监护绝对终止的事由;"监护人死亡、丧失监护能力"属于监护相对终止的事由。

(2)导致监护相对终止的情形存在遗漏。

《民法总则》列举的监护终止事由存在遗漏,根据对国外监护终止制度的考察,我们发现,监护相对终止的典型事由还包括"监护人辞职"这类常见的情形。

与监护人资格被撤销的情形类似,监护人辞职也将导致原监护关系的终止与监护职责的移转,所以监护人辞职应属监护相对终止的情形无疑。根据前文对国外监护终止制度的考察,德国、日本、瑞士、俄罗斯、美国也规定了监护人在一定情况下拥有辞职权。而我国《民法总则》并没有规定监护人的辞职权,更未在该总则第39条监护终止的情形中规定监护人辞职这一事由。我们认为,当监护人出现高龄、身体状况下降或者经济困难的情形,若不赋予监护人主动辞职的权利以终止监护关系,未成年人的监护质量可能将受到影响。与其让不再适格的监护人继续履行监护职责,不如让监护人主动辞职,终止目前的监护关系并选任更为合适的监护人,提高监护的质量,这也是最有利于被监护人原则的应有之义。因此,我们认为应当规定监护人的辞职权,但《民法总则》并未规定,存在遗漏。

虽然《民法总则》第39条设置了兜底条款,但是设置兜底条款的意义在于囊括被立法者忽略或将来可能出现的新事由,对于"监护人辞职"这类监护终止的典型事由,法律应当尽可能全面地进行列举，这样既有利于人们预知法律行为的后果，也有利于法官的依法判案，防止自由裁量权的滥用。

(3)撤销和恢复监护人资格制度存在不足。

虽然在我国《民法总则》第 39 条规定的监护终止的情形中未列举“监护人资格被撤销”这一监护相对终止的事由，但该总则在第36—38条规定了监护人资格撤销制度，我们认为，该制度目前尚存在以下不足之处：

第一，撤销监护人资格的事由存在不足。

有学者认为，《民法总则》第 36 条对于撤销监护人资格的事由可以分侵害与失职(怠于履职或无法履职)两类，并且对“失职”行为施加“结果”(须导致被监护人处于危困状态)的限制，等于让撤销监护人资格制度重新“陷入沉睡”，并使原来的“行为犯”变成了“结果犯”，结果自然不尽如人意。[①] 我们认为，撤销监护人资格是对监护人失职或实施侵犯未成年人权益行为较为严厉的惩罚措施，边沁指出，任何惩罚都是伤害，所有的惩罚都是罪恶。根据功利主义原理，如果惩罚被认为确有必要，那仅仅是因为它可以排除更大的罪恶。所以我们在对违法行为进行惩罚的时候，应当按照“比例原则”，若采用较为轻微的方式可以解决问题就不应当采用更为严厉的惩罚方法。对于监护人怠于履职或不当履职的行为，撤销原监护人资格、确认新的监护人可能给未成年人稳定的生活造成动荡，特别是当被撤销的监护人是未成年人的父母时，撤销父母的监护资格还可能导致家庭关系的破裂，欧洲人权法院一再重申完全剥夺父母的监护资格意味着完全切断父母和子女的联系，这只有在极端情况下才能采用。[②] 因此，如果采用对监护人进行教育、罚款等较为轻微的惩罚措

① 李霞、陈迪：《〈民法总则(草案)〉第 34、35 条评析——监护执行人的撤销与恢复》，载《安徽大学学报》(哲学社会科学版)2016 年第 6 期。

② 刘征峰：《亲子权利冲突中的利益平衡原则——以欧洲人权法院判例为中心》，载《华中科技大学学报》2015 年第 5 期。

施就可以纠正监护人失职的行为，便不应当撤销其监护人资格。只有在监护人的行为对未成年人的身心造成严重的伤害，并且采用其他方式无法排除监护人对其的威胁时，才应当撤销监护人的资格。所以，我们认为，《民法总则》在撤销监护人资格情形中对监护人怠于履职的行为设置结果的限制是符合最有利于被监护人原则的，应当予以保留。

但是，该条将失职事由附加“拒绝将监护职责部分或者全部委托给他人”的限制，值得商榷，理由在于：若监护人无法履行监护职责是因为其丧失行为能力，那么其可能也没有能力同意或拒绝将监护职责部分或全部委托给他人，在这种情形下，如果严格依照《民法总则》第 36 条的规定，因为监护人无法委托而非拒绝将监护职责委托给他人，所以人民法院无法依照该条规定撤销其监护人资格，即使其已丧失行为能力，不再适合担任监护人。并且，根据前文对国外未成年人监护立法的考察，法国、德国、日本、瑞士、俄罗斯在规定撤销监护人资格的事由时，也没有将“监护人拒绝设立委托监护”作为“失职行为”的附加条件规定为撤销监护人资格的情形。所以《民法总则》第 36 条规定的失职事由若保留“拒绝委托”的限制，就应当增加“无法委托”的情形，但法律并未规定，存在遗漏。

第二，对有权提起撤销监护人资格之诉的主体列举不全面。

根据 2014 年《处理监护人侵害未成年人权益行为的意见》第 30 条的规定，在撤销监护人资格方面，检察机关的职责包括告知临时监护人、未成年人救助保护机构或民政部门有权提起撤销之诉，其本身并没有直接向法院提起撤销监护人资格之诉的权利。我们认为，应当赋予检察机关提起撤销监护人资格之诉的权利，理由在于：

首先，检察机关有在刑事诉讼程序中发现相关民事纠纷的便利条件，在 2016 年 5 月最高人民法院公布的 12 起监护人因侵害未成年人权益被撤销监护资格的典型案例中，民政部门受检察机关建议而提起撤销之诉的案件就达 3 起（分别是：2015 年 1 月江苏省徐州市铜山区邵某某和王某某被撤销监护人资格案、2015 年 7 月浙江省遂昌县何某某被撤销监护人资格案、2014 年 12 月湖北省利川市卿某某被撤销监护人资格案)，而这 3 起案件皆为检察机关在处理刑事案件程序过程中发现了可撤销监护人资格之事由，因而建议民政部门向法院提起撤销监护人资格之诉。可见，检察机关有在处理刑事案件程序中发现民事纠纷的便利条件，赋予其直接提起撤销监护人资格之诉的权利，这有利于减少建议、转交环节造成司法资源和时间成本的浪费，符合程序经济原则和效率的法律价值。

其次，检察院有其他起诉主体不具备的调查取证的能力。向法院申请撤销监护人资格，仅是诉讼程序的启动，接下来的取证、举证、质证与辩论等程序耗费时力，而检察院在这些方面具有专业的处理能力。不仅如此，检察院在处理刑事案件过程中搜集的证据可以直接用于撤销监护人资格的民事诉讼中，这避免了对同一证据的重复搜集。因此，有学者认为，因为检察机关有起诉、取证、质证的能力，甚至在上海、广州等地区的检察机关还设置了未成年人检察部门，无须在监护人资格撤销之诉中增加检察院建议其他部门起诉的环节。①

再次，在我国，赋予检察机关起诉权有法律依据和历史渊源，2012 年我国《民事诉讼法》将"人民检察院有权对民事审判活动实行法律监督"修改为"人民检察院有权对民事诉讼活动实行法律监督"，这一修改扩大了检察院监督的范围。此外，在 20 世纪 50 年代，除了监督民事审判活动之外，我国检察院在提起和参与民事诉讼方面积累了丰富的经验，维护了当事人、国家与社会的利益。② 因此，赋予检察机关起诉权在我国有法律依据和历史渊源。

最后，根据前文对国外未成年人监护立法的考查，日本法也规定

---

① 李霞、陈迪:《〈民法总则(草案)〉第 34、35 条评析——监护执行人的撤销与恢复》，载《安徽大学学报》(哲学社会科学版)2016 年第 6 期。

② 最高人民检察院法律政策研究室:《我国民事检察的功能定位和权力边界》，载《中国法学》2013 年第 4 期。

了检察院有请求撤销监护人资格的权利,《日本民法典》第 846 条、第 847 条规定,监护人有破产、对被监护人提起诉讼、去向不明或有不正当行为等不适宜担任监护人的事由的,家庭法院可以依职权或根据监护监督人、被监护人或其亲属或检察官的请求解任监护人。

综上所述,应当赋予检察机关提起撤销监护人资格之诉的权利,但《民法总则》第 34 条并没有规定检察院有该权利,存在不足。

第三,监护人资格被撤销的后果之规定的不足。

根据《民法总则》第 36 条的规定,人民法院撤销监护人资格之后,应安排必要的临时监护并指定监护人。从本条表述上看,指定新的监护人仿佛是原监护人资格被撤销之后的必然结果。我们认为,这样的规定是不全面的,并非所有未成年人在其监护人资格被撤销后都有要求法院指定新监护人的需求。在最高人民法院公布的 12 起监护人被撤销监护资格的典型案例中,有一起案件(2015 年 7 月浙江省遂昌县何某某被撤销监护人资格案)的被监护人因有其他法定监护人,所以在原监护人被撤销监护资格后,法院并没有指定新的监护人,而是由其他法定监护人履行监护职责,而《民法总则》并没考虑此种情形,存在不足。

第四,监护人资格恢复制度存在的不足。

尽管监护人资格恢复制度被写入《民法总则》是我国未成年人监护制度的一大进步,但是其仍招致以下质疑:(1)由于撤销监护人资格的事由均具有严重性,因此即使监护资格恢复,监护人对未成年人曾造成的心理伤害也难以治愈;(2)“确有悔改”是对监护人主观状态的判断,在司法实践中不易把握;(3)监护被撤销后又重新恢复,再次打乱好不容易恢复的监护秩序,容易破坏这期间另行建立的监护关系与社会秩序的稳定,并且恢复其资格恐对被监护人造成二次伤害,难谓有利于被监护人。① 由于监护人被撤销监护资格是基

---

① 梁慧星:《〈中华人民共和国民法总则(草案)〉:解读、评论和修改建议》,载《华东政法大学学报》2016 年第 5 期。

于其曾经严重伤害未成年人的权益，恢复曾有"行为劣迹"的监护人的资格，对未成年人的人身、财产权益存在风险，因此应当对申请人的监护意愿、悔改表现、监护能力等因素进行评估，2014 年《处理监护人侵害未成年人权益行为的意见》第 39 条将评估的职责赋予民政部门下设的未成年人救助保护机构并规定了考查的内容，但遗憾的是，《民法总则》并未规定监护资格恢复的评估制度，存在不足。

2. 监护终止的后果存在的不足

关于监护终止的后果，《民法总则》第 39 条仅规定了"被监护人仍然需要监护的，应当依法另行确定监护人"这一内容，较为简单。根据前文对国外监护终止制度的考查，除了确定新的监护人，监护终止的后果一般还包括：财产清单和账目的提交与审查、未成年人财产的转交等。其中，财产清单和账目的提交、审查应当以法律规定监护人有制作相关财产清单和账目的义务为前提；而无论对于监护的绝对终止还是相对终止，未成年人财产的转交都是监护终止的必然后果，对于这些监护终止的后果，我国《民法总则》都没有规定，存在遗漏。

第五章 我国亲权和未成年人监护制度的学者建议稿考察与比较评析

为了解我国未成年人监护制度的学者研究现状,以下拟对我国近几年公开发表的三份“民法典学者建议稿”中的亲权制度与未成年人监护制度进行研究,包括梁慧星等学者建议稿、徐国栋等学者建议稿及王利明等学者建议稿。从亲权制度与未成年人监护制度的体系、亲权与监护的设立与类型、亲权人与监护人的职责与责任、亲权和监护的监督与终止几个方面,考察上述学者建议稿的观点并进行比较评析。

第一节 我国亲权和未成年人监护制度立法体系的学者建议稿考察与比较评析

一、亲权和未成年人监护制度立法体系的学者建议稿考察

(一)亲权制度体系的学者建议稿考察

下面我们分别考察三份学者建议稿的亲权(照顾权)制度立法体系。因亲权制度不存在内部体系之问题,因此下文的亲权制度立法体系专指亲权制度之外部体系。

1. 照顾权制度体系的梁慧星等学者建议稿考察

照顾权制度被规定在该建议稿第六编“亲属”的第七十三章“父

母子女”的第四节“父母照顾权”中。

2. 亲权制度体系的徐国栋等学者建议稿考察

亲权制度被规定在该建议稿第三分编“婚姻家庭法”中第三题“亲属法”的第六节中。

3. 亲权制度体系的王利明等学者建议稿考察

亲权制度被规定在该建议稿“婚姻家庭编”的第五章“父母子女”的第三节中。

(二)未成年人监护制度立法体系的学者建议稿考察

下面我们分别考察三份学者建议稿的未成年人监护制度立法体系。

1. 未成年人监护制度立法体系的梁慧星等学者建议稿考察

(1)未成年人监护制度外部体系的考察。

关于未成年人监护制度的外部体系,该建议稿采“集中式”立法体系,未成年人监护制度位于该建议稿第六编“亲属”的第七十六章“监护与照顾”的第一节“未成年人监护”中(位于该建议稿第1885—1907条),总则中没有规定未成年人监护制度。

(2)未成年人监护制度内部体系的考察。

关于未成年人监护制度的内部体系,该建议稿中的未成年人监护包括父母的监护,其使用的是广义的未成年人监护概念。但是,虽然未成年人监护制度包括父母监护制度,该建议稿还是在第六编“亲属”的第七十三章“父母子女”的第四节中规定了“父母照顾权”,即亲权制度。①

2. 未成年人保护制度立法体系的徐国栋等学者建议稿考察

(1)未成年人保护制度外部体系的考察。

关于未成年人保护制度的外部体系,与其他两位学者建议稿不同的是,徐国栋等学者的《绿色民法典草案》并未采用“总—分”的结

① 梁慧星主编:《中国民法典草案建议稿附理由·亲属编》,法律出版社2013年版,第2页。

构模式，并且未成年人保护制度采“集中式”立法体系，被规定在该建议稿第一编“人身关系法”的第一分编“自然人法”的第二题“市民社会的自维护”中（值得注意的是，自然人行为能力制度也被规定在这一分编），第三分编“婚姻家庭法”与序编中都没有规定未成年人保护制度。

(2)未成年人保护制度内部体系的考察。

关于未成年人保护制度的内部体系，该建议稿的未成年人保护制度分为未成年人监护制度和保佐制度。其中，未成年人监护制度不包括父母监护制度，其使用的是狭义的未成年人监护概念。

3. 未成年人监护制度立法体系的王利明等学者建议稿考察

(1)未成年人监护制度外部体系的考察。

关于未成年人监护制度的外部体系，该建议稿采“集中式”立法体系，未成年人监护制度被规定在该建议稿第一编“总则”的第二章“自然人”的第二节中，“婚姻家庭编”中没有规定未成年人监护制度。

(2)未成年人监护制度内部体系的考察。

关于未成年人监护制度的内部体系，该建议稿中的未成年人监护包括父母的监护，其使用的是广义的未成年人监护概念。但是，虽然未成年人监护制度包括父母监护制度，但该建议稿还是在“婚姻家庭编”的第五章“父母子女”的第三节中规定了亲权制度。

二、亲权和未成年人监护制度立法体系的学者建议稿比较评析

(一)亲权制度体系的学者建议稿比较评析

关于亲权制度的外部体系，三份学者建议稿的共性在于，都将亲权制度规定在该建议稿的“婚姻家庭编”或“亲属编”中。不同点在于，梁慧星等学者建议稿将该制度称为照顾权制度，而另外两份学者建议稿则将该制度称为亲权制度。

(二)未成年人监护制度立法体系的学者建议稿比较评析

下面对三份学者建议稿未成年人监护制度的外部体系和内部体

系进行比较评析。

1. 未成年人监护制度外部体系的比较评析

关于未成年人监护制度的外部体系，前述学者建议稿的相同点在于都采“集中式”立法体系，但是未成年人监护制度的位置各不相同：梁慧星等学者建议稿将未成年人监护制度置于亲属编中，总则中并未规定未成年人监护制度；徐国栋等学者建议稿并未采用“总—分”结构，与《法国民法典》将监护制度规定在“人法”中类似，该建议稿的未成年人监护制度被规定在第一编“人身关系法”中，序编和婚姻家庭法中都没有规定未成年人监护制度；王利明等学者建议稿将未成年人监护制度置于总则中，其婚姻家庭编中并未规定未成年人监护制度。与前文考察大部分国家的未成年人监护制度被置于婚姻家庭编（亲属编）的立法例不同，三份学者建议稿中将未成年人监护制度置于婚姻家庭编（亲属编）的只有梁慧星等学者建议稿，这表明我国监护制度的主体法与婚姻家庭法性质之分歧更为突出。我们认为，未成年人监护制度兼有补充民事主体行为能力之不足与保障弱势家庭成员合法权益之功能，其兼具主体法与婚姻家庭法的属性，缺少任何一个方面都无法窥得未成年人监护制度的全貌。因此，我们认为，相较“集中式”立法体系，“总—分”结构的立法体系可能更加符合未成年人监护制度的双重法律属性。

2. 未成年人监护制度内部体系的比较评析

关于未成年人监护制度的内部体系，前述学者建议稿观点可以被分为两类：第一，适用大监护概念，未成年人监护包括父母的监护和非父母监护人的监护，梁慧星等学者建议稿和王利明等学者建议稿采此观点；第二，适用小监护概念，未成年人监护特指非父母监护人所为之监护，徐国栋等学者建议稿采此观点。值得注意的是，徐国栋等学者建议稿的未成年人监护制度只是未成年人保护制度的一部分，除此之外，还规定了保佐制度。与前文大部分国家未成年人监护制度不包括父母监护相比，在考察的三份学者建议稿中，有两份建议稿的未成年人监护制度包括父母监护，即采“大监护”概念。

第二节 我国亲权和未成年人监护设立与类型的学者建议稿考察与比较评析

一、亲权和未成年人监护设立与类型的学者建议稿考察

(一)亲权设立的学者建议稿考察

下面我们分别考察三份学者建议稿中亲权(照顾权)设立的规定。

1. 照顾权设立的梁慧星等学者建议稿考察

基于子女出生的事实,父母享有对子女照顾的权利。①

2. 亲权设立的徐国栋等学者建议稿考察

父母结婚的,共同行使亲权;若父母尚未结婚的,由母亲单独行使亲权。②

3. 亲权设立的王利明等学者建议稿考察

亲权设立于子女出生之时,父母依法对未成年子女享有亲权,行使亲权既是父母的权利,也是父母的义务。③

(二)未成年人监护设立与类型的学者建议稿考察

下面我们分别考察三份学者建议稿中未成年人监护设立与类型的规定。

1. 未成年人监护设立与类型的梁慧星等学者建议稿考察

(1)监护设立的原因考察。

该学者建议稿因采广义的监护概念,因此父母是未成年人首要

---

① 梁慧星主编:《中国民法典草案建议稿附理由·亲属编》,法律出版社 2013 年版,第 257 页。

② 徐国栋主编:《绿色民法典草案》,社会科学文献出版社 2004 年版,第 211-212 页(第 211 条、第 214 条)。

③ 王利明主编:《中国民法典学者建议稿及立法理由·总则编》,法律出版社 2005 年版,第 310 页(第 462 条)。

的监护人,监护设立于未成年人出生时。

(2)监护类型考察。

在该建议稿中,规定的五种监护可以分为两类:意定监护与法定监护。前者包括委托监护、遗嘱监护;后者包括父母法定监护、选任监护、机构监护与临时监护。父母法定监护是指未成年人的父母自未成年人出生时当然作为其子女的法定监护人。委托监护是指未成年人父母不能履行监护职责时委托他人作为其子女的监护人。遗嘱监护是指未成年人的父母在遗嘱中为其子女设立监护人。选任监护是指无父母法定监护、委托监护和遗嘱监护的,由监护监督人或人民法院根据监护人的范围和顺序为未成年人选任监护人。选任监护人的范围和顺序为:第一顺序监护人为祖父母、外祖父母、兄姐;第二顺序监护人为愿意担任监护人并且关系密切的其他亲属朋友。选任监护应当听取年满6周岁未成年人的意见。机构监护是指当没有合适的监护人选时,民政部门或者社会保障部门担任未成年人的监护人。临时监护是指当监护人被撤职或监护关系终止,新的监护人尚未确定时,监护监督人为未成年人指定临时承担监护职责的人选。①

(3)监护人的监护资格考察。

关于监护资格,该建议稿规定了担任监护人的消极资格:有下列情形之一的,不得担任监护人:第一,未成年人、成年障碍者;第二,被撤职的监护人、照顾人;第三,起诉被监护人的人或其配偶、直系亲属;第四,与被监护人在其他利益方面存在冲突之人;第五,失踪的人;第六,不能履行监护职责之人。②

---

① 梁慧星主编:《中国民法典草案建议稿附理由·亲属编》,法律出版社2013年版,第374-381、404页(第1887-1889条、第1891条、第1907条)。

② 梁慧星主编:《中国民法典草案建议稿附理由·亲属编》,法律出版社2013年版,第379页(第1890条)。

2. 未成年人保护设立与类型的徐国栋等学者建议稿考察

(1)保护设立的原因考察。

关于保护设立的原因,该建议稿规定,未成年人不处于亲权下,应当设立监护或保佐。可见,该建议稿采用概括式的立法模式,其并未列举未成年人不在亲权下的具体原因。①

(2)保护类型考察。

该建议稿规定,一切保护均应通过任命。在该建议稿中,规定的五种保护可以分为两类:意定保护与法定保护,前者包括:遗嘱保护、委托保护;后者包括法院选任的法定保护、指定保护、临时保护。

其一,意定保护。

第一,遗嘱保护。以遗嘱行为设定的为遗嘱保护。父母可以通过遗嘱为已出生的子女或尚处于母腹中的胎儿指定保护人(若其出生之后为活体)。父母因法院判决被剥夺亲权,或因管理财产不善而被解除对子女的保护时,丧失以遗嘱为子女指定保护人的权利。

第二,委托保护。未成年人父母与保护人订立委托合同确立保护关系的,为委托保护。父母有权就特定事项委托他人在一定期间内承担其未成年子女的保护职责,第三人在父母授权的范围内行使权利、履行义务,委托保护准用该学者建议稿关于委托合同的规定。在父母决定涉及子女重大利益的问题时,应当与该第三人进行协商,协商不成由法院进行判决。

其二,法定保护。

第一,法院选任的法定保护。法律授予被保护人的亲属保护资格的,为法定保护。当发生以下情形时,发生法定保护:遗嘱设立的保护阙如或此种保护期满;法院判决剥夺父母的亲权时;父母均不能行使其对未成年子女的亲权;父母死亡而未以遗嘱指定保护人。法定保护人的顺序为:第一顺序法定保护人为共同居住的祖父母、外祖

① 徐国栋主编:《绿色民法典草案》,社会科学文献出版社2004年版,第51页(第44条)。

父母;第二顺序法定保护人为共同居住的兄、姐;第三顺序法定保护人为与未成年人关系亲密的其他亲属;第四顺序法定保护人为自愿承担保护职责的其他人员;第五顺序法定保护人为监护福利机构和监护主管机关。法院应当在听取被保护人亲属的意见后,在其直系尊亲属中选任,无直系尊血亲时,则在本条规定的旁系亲属中选任它认为最合适的人;如认为适当,法院也可以选任一个以上的保护人,并划分其各自的职责。

第二,指定保护。法院授予保护人保护资格的,为指定的保护。遗嘱或法定的保护阙如时,发生指定保护。必要时,法院可以将被保护人的保护职责委托给慈善机构。

第三,临时保护。保护的指定因任何事由延迟,或在保护期间发生障碍导致一定时间内保护人不能继续履行其职务,法院应指定延迟或妨碍期间的临时保护人。在剥夺保护人资格之诉期间,只要法院在听取近亲属意见后认为适当的,应指定临时保护人。

(3)保护人的资格考察。

关于保护人的资格,该建议稿规定了担任保护人的消极资格,下列人员无保护资格:在中国境内无住所的人;文盲;禁治产人;准禁治产人;即使未处于禁治产下的精神病人;未清偿其债务的破产人;行为明显卑劣的人;经法院判处刑罚的人,该刑罚即使已被免除,亦同;被剥夺亲权的人;此前因不当或不谨慎管理而被强夺保护职务的人,或在原保护终止后的诉讼中因故意或重大过失被判令对被保护人进行赔偿的人;未满 25 周岁的人;继父;债权人或债务人等有利害关系的人;信奉不同于被保护人应受教导或已受教导的宗教者等。保护人自认为无资格执行被授予的保护职务的,应在 30 天内提起无资格之诉。

上述无资格事由如果在执行保护职务期间发生,则该职务终止。保护人丧失心智时,即使未判决禁治产,其在丧失心智期间所为的一切行为也为无效。保护人如隐瞒授予职务时存在的或嗣后发生的无资格事由,除对其管理承担一切责任外,也丧失其知晓无资格而执行职务期间的酬金。在执行保护职务期间发生无资格时，保护人应自该原因开始存在或知晓其存在之时起 3 日内通知法院，这一期限可以延展，但不得超过 3 天。保护人的无资格，也可由被保护人的任何血亲乃至民众中的任何人向法院告发。[①]

(4)保护人的拒绝权考察。

关于保护人的拒绝权，该建议稿规定了保护人的豁免制度，下列人可被豁免担任保护职务：国家主席、国务院各部部长、最高人民法院的法官、最高人民检察院的检察官；国库的管理员；哺乳中的妇女；患有严重的慢性疾病或年龄在 65 周岁以上的人；经济困难之人；担任 2 个以上保护职务之人；住所与履行保护职务之地较远之人；已担任一个保护职务并且已婚或有子女的人；有两个以上生存的子女处于其亲权下的人，为国家利益牺牲的子女也计算在内；教士或所有宗教的神职人员；国防部队和武警部队的现役军人，包括这两种部队中的文职人员。连续 10 年以上担任同一被保护人的保护职务之人，但父母不得主张此等豁免。

关于主张豁免理由的时间，保护人应在被授予保护职务之时主张。保护人对有关指定提出反对或寻求豁免其职责时，应履行其职责直到指定新的保护人为止。如法院不接受保护人的豁免理由，而保护人并未提起上诉，或上诉法院确认了初审法院的该项判决，保护人应对其迟延担任保护职务给被保护人带来的一切损害承担责任，但保护人在申请豁免的过程中临时担任保护之职的，不发生此等责任。

3. 未成年人监护设立与类型的王利明等学者建议稿考察

(1)监护设立的原因考察。

该学者建议稿因采广义的监护概念，因此父母是未成年人首要

---

① 徐国栋主编：《绿色民法典草案》，社会科学文献出版社 2004 年版，第 53－56、第 75－77、81、213 页（第 63－66 条、第 73－74 条、第 76 条、第 78 条、第 80－82 条、第 225 条、第 254－255 条、第 257 条、第 260－268 条、第 298 条）。

的监护人，监护设立于未成年人出生时。

（2）监护类型考察。

在该建议稿中，规定的七种监护可以分为两类：意定监护和法定监护，前者包括遗嘱监护和委托监护；后者包括父母法定监护、法定当然监护、协议监护、指定监护、机构监护。

第一，意定监护。

遗嘱监护是指后死亡的父或母在遗嘱中为未成年子女指定监护人。

委托监护是指监护人将部分或者全部监护职责委托于第三人，委托人与受托人之间可以约定双方的责任，但不可对抗善意第三人。

第二，法定监护。

父母法定监护是指除了监护资格被剥夺或被中止的情形，否则父母是未成年人的法定监护人。

法定当然监护是指当未成年人的父母死亡、没有监护能力、监护资格丧失或中止时，按照下列人员范围和顺序确认监护人：第一顺序为祖父母与外祖父母；第二顺序为成年兄姐；第三顺序为经未成年人住所地的居（村）民委员会或基层民政部门同意的，与未成年人的父母关系密切且愿意承担监护职责的其他亲属、朋友。

协议监护是指有监护资格的人之间通过协议确定监护人。

指定监护是指对担任监护人有争议的，由未成年人住所地的居（村）民委员会或者基层民政部门在近亲属中指定，对指定不服的由人民法院进行指定，未经指定而向人民法院起诉的，人民法院不予受理。

机构监护是指不存在适合承担监护职责的自然人，由未成年人住所地的居（村）民委员会或社会福利机构担任监护人。

（3）监护人的监护能力与监护资格考察。

关于监护人的监护能力，该建议稿规定应根据监护人的经济条件、身体健康状况、监护人和被监护人的生活联系情况等因素确定监护能力。关于监护人的消极资格，该建议稿规定确认监护人应当排除不完全民事行为能力人。①

二、亲权和未成年人监护设立与类型的学者建议稿比较评析

（一）亲权设立的学者建议稿比较评析

关于亲权的设立原因，徐国栋等学者建议稿的规定区分了父亲的亲权与母亲的亲权，其主张父母结婚的，共同行使亲权；若父母尚未结婚的，由母亲单独行使亲权，这与德国、日本、瑞士、英国的立法例类似。其他两份学者建议稿并未规定父母结婚与否对亲权设立的影响，根据“法无明文规定即为自由”的民法原理，可推知该两份建议稿主张父母无论是否在婚姻关系中，当子女出生，父母即共同拥有亲权，这与法国、俄罗斯的立法例类似。我们认为，徐国栋等学者建议稿规定的父母尚未结婚时由母亲单独行使亲权的观点可能是基于“幼年推定原则”的社会学原理，认为年幼的子女由母亲照顾更符合最有利于被监护人原则。目前，我国法律也有使用“幼年推定原则”的例子，根据我国现行《婚姻法》第 36 条之规定，父母离婚后，哺乳期内的子女由哺乳的母亲抚养为原则。规定离婚时对年幼子女监护权分配的“幼年推定原则”逻辑在于，我国法院判决离婚的认定标准是“感情确已破裂”，感情确已破裂的父母双方在离婚后一般不会住在一起，对子女共同监护存在困难，因此就出现了选择父母哪一方作为子女监护人的问题，而“幼年推定原则”正是为解决该问题创设的指导原则。但是，与离婚的情形不同，父母未结婚可能并非因为感情破裂，其可能仅是双方尚未进行结婚登记，若父母双方感情较好且共同生活，那么便存在共同监护的可能，但是如果规定“父母尚未结婚时一律由母亲单独行使亲权”，则可能不利于父亲与子女感情的建立，而父亲监护人身份的缺失可能也不利于子女身心全面的发展。因此，我们认为梁慧星和王利明等学者建议稿的规定更加合理。关

① 王利明主编:《中国民法典学者建议稿及立法理由·总则编》，法律出版社 2005 年版，第 55、65、66、69、76 页（第 27 条、第 32 条、第 33 条、第 36 条、第 38 条）。

于亲权人的拒绝权与资格，三份学者建议稿对此皆未规定。

（二）未成年人监护设立与类型的学者建议稿比较评析

下面从三份学者建议稿对未成年人监护设立与类型的规定进行比较评析。

1. 未成年人监护设立原因的学者建议稿比较评析

关于未成年人监护设立的原因，前述学者建议稿观点根据采"大监护"概念还是"小监护"概念分为两类，前者监护开始的原因是未成年人出生的事实，梁慧星等学者建议稿与王利明等学者建议稿采此观点；后者监护开始的原因是未成年人不处于父母的亲权之下，徐国栋等学者建议稿采此观点，并且该建议稿采概括式立法模式。与前述大部分国家未成年人监护始于"未成年人不在父母的亲权之下"之情况不同，三份学者建议稿中有两份未成年人监护始于子女出生，这可能与我国学者有意在《民法通则》采用"大监护"概念的基础上提出制度完善建议的思维有关。

2. 未成年人监护类型的学者建议稿比较评析

关于未成年人监护类型，前述学者建议稿观点可以分为意定监护和法定监护。前者包括遗嘱监护与委托监护；后者包括父母监护、法定当然监护、协议监护、法院选任监护、指定监护、临时监护、机构监护。

（1）意定监护。

第一，遗嘱监护。

关于遗嘱监护，三份学者建议稿都有规定。关于有权通过遗嘱指定监护人的主体，三份学者建议稿的共同点在于都将指定的主体限制于父母，不同点在于：第一，王利明等学者建议稿规定只有后死亡的父或母才享有指定的权利，而其他两份学者建议稿对此并未规定。对此，我们认为，如果只有后死亡的父或母才享有指定的权利，那么当先死亡父母一方为子女指定了监护人，但后死亡父母一方并未为子女指定监护人时，先死亡父母因无指定权而导致指定无效，但又因后死亡父母一方没有指定，所以只能跳过先死亡父母一方的意思而适用其他监护方式,这可能无法体现法之自由价值,也不利于为未成年人确定最适合的监护人。第二,徐国栋等学者建议稿规定,当父母因法院判决被剥夺亲权,或因管理财产不善而被解除对子女的保护时,丧失以遗嘱为子女指定保护人的权利,而其他两份学者建议稿对此并未规定。我们认为,虽然在一般情况下,父母最有可能为子女指定最适格的监护人,但若这些父母因怠于履职或侵害子女利益而被剥夺亲权或监护资格,我们就不能期待这些有"严重劣迹"的父母能指定出符合未成年人最大利益的监护人。因此,限制被剥夺亲权(监护资格)的父母通过遗嘱为子女指定监护人的权利存在合理性。

第二,委托监护。

关于委托监护,三份学者建议稿对此都有规定。关于有权通过合同委托监护的主体,前述学者建议稿观点可以分为两类:第一,限定只有父母才有权通过合同委托监护,梁慧星等学者建议稿和徐国栋等学者建议稿采此观点,这与法国、德国、日本和瑞士的立法类似;第二,规定监护人都有权通过合同委托监护,王利明等学者建议稿采此观点。

我们认为,对于有权通过订立合同将监护职责委托给第三人履行的主体,将权利主体限制在父母间可能造成范围过窄,无论是父母监护人还是其他监护人,都不能保证其能胜任所有的监护职责,也不能保证其能每时每刻亲自参与所有的监护事务,如果监护人暂时因客观原因需要他人临时照料被监护人,或者无法胜任某一项监护事务,应允许其通过订立合同委托第三人将该项监护事务"外包"出去,可以保证监护人在不转移监护资格的情况下顺利完成监护职责。因此,将权利主体限制在父母间可能造成范围过窄。

关于委托监护的条件,梁慧星等学者建议稿规定,只有在父母不能履行监护职责时,才能为未成年人设立委托监护;而徐国栋等学者建议稿和王利明等学者建议稿对此并未规定。我们认为,如果未限制监护人委托监护的情形,则其可能借委托监护之名逃避履行监护职责,因此将委托监护设立的情形限制在监护人暂时无法履行监护职责之时存在合理性。

(2)法定监护。

第一,父母监护。

对于父母监护,使用大监护概念的梁慧星等学者建议稿和王利明等学者建议稿对此有规定。

第二,法定当然监护。

法定当然监护是直接根据法律规定的范围和顺序确认监护人的方式,王利明等学者建议稿对此有规定。关于法定当然监护人的范围,王利明等学者建议稿几乎将其限制于祖父母、外祖父母以及兄姐等近亲属范围内。与前文国外未成年人监护制度立法相比,在被考察的七个国家中,并没有直接按照法律规定的监护人范围和顺序确认监护人的方式。我们认为,王利明等学者建议稿的法定当然监护沿袭了我国《民法通则》的规定,与西方陌生人社会不同,我国是重视家族亲缘的熟人社会,家庭成员间的关系更为紧密,近亲属之间无论担负法律还是道义的责任较西方社会更多。当未成年人父母双亡、没有监护能力或被撤销监护资格时,家庭支持系统会自动弥补父母监护的缺位,近亲属对家族中的未成年人承担监护责任往往表现出与父母一样高度的自愿性和责任心,隔代抚养和监护的现象较为常见。2016 年 11 月 9 日,国务院发布了《关于农村留守儿童摸底排查工作基本情况的通报和"合力监护、相伴成长"关爱保护专项行动的说明》,根据该通报,全国共摸底排查出农村留守儿童 902 万人,其中由(外)祖父母监护的有 805 万人,占 89.3%;由其他亲戚及朋友监护的有 30 万人,占 3.3%。[①] 可见,当父母监护缺位,近亲属自动作为家族中未成年人的监护人是我国社会的现实与国情。因此,

① 《关于农村留守儿童摸底排查工作基本情况的通报和"合力监护、相伴成长"关爱保护专项行动的说明》,载 http://www.mca.gov.cn/article/zwgk/ldjh/201612/20161200002665.shtml,发布日期:2016 年 11 月 9 日,最后访问日期:2017 年 11 月 25 日。

虽然前文考察的七个国家都没有设立法定当然监护，但王利明等学者建议稿沿袭《民法通则》的立法传统，设立法定当然监护并且将近亲属纳入法定监护人的范围是符合我国国情的。

第三，协议监护。

当同一顺序监护候选人为多人时，由候选人间协商确认担任监护人的人选，王利明等学者建议稿对此有规定。前述七个国家立法与其他两份学者建议稿中并未规定协议监护，与法定当然监护一样，协议监护建立的前提是法律明确监护候选人的范围与顺序，当最先顺序的监护候选人为多人并且并非所有候选人都共同担任监护人时，就应当由这些有监护资格的候选人进行协商，选任出最适合的监护人，而前述七国立法并未明确法定监护人的范围与顺序，因此缺乏建立协议监护的前提。而其他两份学者建议稿虽然规定了法定监护人的范围与顺序，但当未成年人父母死亡、丧失行为能力或被撤销监护资格时，公权力直接介入法定监护人的选任，由法院或监护监督人根据法定监护人的范围和顺序选任监护人，监护候选人间并未有协商确认监护人的权利。

第四，法院选任监护。

法院或监护监督人依据法律规定的法定监护人范围和顺序确认监护人，三份学者建议稿对此皆有规定。不同点在于，梁慧星等学者建议稿与徐国栋等学者建议稿因并未设立法定当然监护，因此当未成年人的父母死亡、丧失监护能力或监护资格被撤销后，由法院根据监护人的范围和顺序选任监护人；而王利明等学者建议稿的法院选任监护（在该学者建议稿中被称为“指定监护”）与我国《民法通则》的相关规定类似，其仅是有监护资格的人之间对确认监护人而产生争议的纠纷解决方式，当未成年人父母死亡、丧失监护能力或监护资格被撤销后，直接根据法律规定的监护人范围和顺序确认监护人，无须法院的指定，只有在同一顺序监护候选人为多人并且这些具有监护资格的人协商确定监护人不成时，才由法院在具有监护资格的人中进行选任。

第五,指定监护。

关于指定监护,徐国栋等学者建议稿对此作了规定,该建议稿中的指定监护不同于王利明等学者建议稿中的指定监护,王利明等学者建议稿中的指定监护是有监护资格的人之间对确认监护人而产生争议的纠纷解决方式,法院是在法定监护人范围内进行指定,因此其虽然名为“指定监护”,但实际上属于法院选任监护。而徐国栋等学者建议稿的指定监护是在没有法定监护人的情况下,在法定监护人的范围外确认监护人,其也可以指定慈善机构作为监护人。

第六,临时监护。

关于临时监护,徐国栋等学者建议稿对此有规定,而其他两份学者建议稿并未规定。关于设立临时监护的情形,徐国栋等学者建议稿规定应当在剥夺监护人资格之诉期间设立临时监护。

第七,机构监护。

关于机构监护,梁慧星等学者建议稿与王利明等学者建议稿对此都有规定。两份建议稿的共性在于都将机构监护视为家庭监护的补充,只有穷尽前述各项手段均无法为未成年人确认监护人时,国家机构与社会组织才作为国家监护与社会监护的主体介入,承担未成年人的监护职责。在承担监护职责的机构方面,梁慧星等学者建议稿规定由民政部门或者社会保障部门担任机构监护人;而王利明等学者建议稿规定由未成年人住所地的居(村)民委员会或社会福利机构担任机构监护人。

3. 监护人监护能力与监护资格的学者建议稿比较评析

关于监护人的监护能力,王利明等学者建议稿对此作了规定,其规定应根据监护人的身体健康状况、经济条件以及与被监护人在生活上的联系状况等因素确定监护能力。其他两份学者建议稿对此皆未规定。

关于担任监护人的积极资格,三份学者建议稿都未规定。关于担任监护人的消极资格,三份学者建议稿都有规定,其共性在于都规定了不具备完全民事行为能力的人不能担任监护人。除此之外,梁慧星等学者建议稿还规定曾被撤职的监护人;起诉被监护人的人与其配偶、直系亲属;与被监护人利益存在冲突之人以及下落不明之人等不能担任监护人。而徐国栋等学者建议稿的规定最为细致,其还列举了在中国境内无住所的人、文盲、禁治产人、准禁治产人、经法院判处刑罚的人、未满25周岁的人、继父、未清偿其债务的破产人等不能担任监护人。我们认为,徐国栋等学者建议稿中关于担任监护人的消极资格规定得十分详细,但其中的部分规定还有待商榷:

第一,文盲,文盲是指不识字的成年人。[①] 其关注的是人的文化程度。而文化程度与担任监护人的适格性并无直接关联,虽然监护人的职责包含了教育这一内容,但教育的内容不仅包括科学文化知识,还包含品德人格等非科学文化内容。只要监护人具备基本的是非观与辨别善恶的能力,即使其目不识丁,也完全有能力帮助被监护人塑造正确的道德观与健康的人格,至于科学文化知识,未成年人一般是通过学校教育进行学习,不应苛责家庭教育包含这部分内容。再者,如果剥夺文盲担任监护人的资格,那么在我国文化教育尚未做到全民覆盖的当下,就意味着系统性地剥夺了部分农村地区人口的监护资格,这可能会激化社会矛盾,不利于构建和谐社会。

第二,禁治产人、准禁治产人,"禁治产"乃禁止管理、处分财产之意,禁治产人、准禁治产人源自于禁治产制度,所谓禁治产制度,是指法院依相关人的申请,判决因精神耗弱或心神丧失等原因无法处理自己事务的成年人禁止管理自己本人的财产。基于该制度违背国际人权理念,最终将被成年人行为能力欠缺宣告制度所替代。[②] 因此,对于禁治产制度中的禁治产人与准禁治产人,应当被称为更为科学的"行为能力欠缺的成年人"为宜。

---

① 中国社会科学院语言研究所词典编辑室编:《现代汉语词典》,外语教学与研究出版社2002年版,第2006页。

② 李霞:《禁治产制度的废止及我国相关制度的检省》,载《法学论坛》2008年第3期。

第三，经法院判处刑罚的人，我们认为，该建议稿规定经法院判处刑罚的人不能担任监护人可能基于以下两个理由：(1)被判处刑罚的人无法作为未成年人的道德榜样，让其担任监护人不利于未成年人正确道德观的培养；(2)剥夺被判处刑罚的人担任监护人的资格是对其的惩罚。对于前一个理由，我们认为被判处刑罚的人的确曾触犯刑法，不适合作为未成年人的行为表率，但是有些犯罪行为并非与道德息息相关，如因防卫过当而被判处刑罚的人，很难说其实施超过必要限度的防卫行为就违背道德，基于道德考量而剥夺其监护人资格缺乏依据；对于后一个理由则更难以逻辑自洽，"罪责刑相适应"是刑法的基本原则，对于与履行监护职责无关的罪行，如经济类犯罪，剥夺其监护人资格无益于发挥刑罚的赎罪与预防之功能。因此，我们认为，被判处刑罚可以作为考察监护人是否适格的要素之一，但不宜径直剥夺被判处刑罚的人之监护资格。

第四，继父，是指子女母亲的后婚配偶。[①] 继父母与继子女来自不同家庭，其因缺乏与继子女的血缘联系，可能在履行监护职责时并不像生父母那样具备高度自愿性与责任心，社会新闻中曝光的实施家庭暴力、虐待子女案件的当事人也常常是重组家庭中的继父母，因此，继父母往往不被认为是担任继子女监护人的合适人选。但是，对继父母的负面评价一般出自人们的刻板印象，部分继父母的违法行为不能证明继父母这一身份必然对继子女不利，基于个案就直接剥夺所有继父母对继子女的监护资格是简单粗暴的"一刀切"做法，判断监护人的适格性应当基于其身体情况、经济状况等因素综合考量而非仅仅依据继父母这一身份。不仅如此，徐国栋等学者建议稿仅剥夺继父母中的继父担任监护人的资格，没有证据证明继父比继母更可能作出对继子女不利的行为，如此缺乏科学论证的区别对待恐难免招致性别偏见的质疑。

① 陈苇：《婚姻家庭继承法学》（第三版），群众出版社 2017 年版，第 140 页。

4. 监护人拒绝权的学者建议稿比较评析

在三份学者建议稿中，只有徐国栋等学者建议稿规定了监护人的拒绝权制度——保护人的豁免制度，其他两份学者建议稿对此皆未规定。徐国栋等学者建议稿中有权申请豁免的人员可以分为两类：第一，具有一定公共职务的人员，如国家主席、国务院各部部长、最高人民法院的法官、最高人民检察院的检察官、国库收入的管理人员和征募人员等，豁免担任公职的人员作为保护人履行保护职责，这体现了"公益优位于私益"的立法价值选择；第二，履行保护职责有困难的人，如患有严重的顽固性疾病或年满 65 周岁的人、被迫以每天的个人劳动为生的贫困人等，豁免履行保护职责有困难的人作为保护人，这是为了保证保护的质量，体现了未成年人最大利益原则。除此之外，该建议稿对于保护人在申请豁免的过程中应临时担任保护之职的规定，一方面保障了保护人的自由选择权，另一方面兼顾了在保护人确认之前被保护人人身、财产权益的维护，可见思虑周全。

在立法技术上，保护人的豁免制度结合了保护人的拒绝权制度和保护人的辞任制度，在保护人接受法院的指定前，若其担任特定公职或缺乏监护能力，可以向法院申请豁免其职责，这时保护人的豁免制度类似保护人的拒绝权制度；若保护人担任特定公职或缺乏监护能力的情形出现在保护人接受法院的指定、开始履行保护职责之后，此时保护人向法院申请豁免其职责，这时保护人的豁免制度类似保护人的辞任制度。因此，在徐国栋等学者的建议稿中，保护人的拒绝权制度与保护人的辞任制度由一套被称作"保护人的豁免"制度取代，这使得该建议稿的行文更加简洁，同时有利于阐明保护人的拒绝权制度与保护人的辞任制度内在的关系。在前文考察的国外相关立法中，德国也使用了同样的立法技术，《德国民法典》第 1889 条第 1 款规定，独任监护人向法院申请免职的重大事由应参照有权拒绝承担监护的事由。可见，在德国的立法中，监护人申请辞职与监护人拒绝监护共享着相同的法定事由，但区别在于，德国法中的监护人辞职制度与监护人拒绝权制度仍然分开规定，并未像徐国栋等学者建议稿的规定那样将二者合并为一种制度。

第三节 我国亲权人和未成年人监护人职责和责任的学者建议稿考察与比较评析

一、亲权人和未成年人监护人职责和责任的学者建议稿考察

(一)亲权人职责和责任的学者建议稿考察

下面我们分别考察三份学者建议稿中亲权人(照顾权人)的职责与责任。

1. 照顾权人职责和责任的梁慧星等学者建议稿考察

父母是子女的法定代理人,有权代理其实施民事行为。在父母代理子女实施民事行为时,只需父母一方为之即可。[①] 父母应当共同按照有利于子女利益的原则和尊重子女真实意愿原则行使照顾权。当父母对涉及子女重大利益的事项无法取得一致意见时,可以请求法院判决。[②]

(1)照顾权人的人身职责。

父母照顾权包括姓名决定权,即父母有权决定、改变子女的姓氏,当子女已满 10 周岁,改变其姓氏应征得其同意。父母有子女的居所决定权,父母应当与子女共同居住,未经父母同意,子女不得离开该居所。父母应当以适当的方式教育未成年子女,并为其接受义务教育创造条件,禁止用不利于未成年人身心健康的方式教育子女。父母享有 16 周岁以上子女就业或择业的同意权。父母有与子女进行交往的权利与义务。当子女被第三人非法占有,如隐藏、诱拐、劫

① 梁慧星主编:《中国民法典草案建议稿附理由·亲属编》,法律出版社 2013 年版,第 264 页(第 1816 条)。

② 梁慧星主编:《中国民法典草案建议稿附理由·亲属编》,法律出版社 2013 年版,第 272 页(第 1821 条)。

持时，父母有向第三人要求返还子女的权利。父母应保护其子女的人身权益。[①]

(2)照顾权人的财产职责。

父母应妥善管理并保护子女的财产，为了子女的利益，可以使用、收益和处分其财产。[②]

2. 亲权人职责和责任的徐国栋等学者建议稿考察

父母双方应共同行使亲权。在必要的情况下，祖父母与外祖父母也可以行使亲权。若父母对行使某一项亲权事务存在争议，经父母任何一方的申请，可以由法院将对此事务的决定权赋予父母一方。[③] 父母双方是子女的法定代理人，共同代理子女的日常事务，代理行为仅须父母一方作出意思表示即可。[④]

(1)亲权人的人身职责。

亲权人应当照顾、教育、保护子女并有权决定其住所。父母应参考子女的能力和需要对其进行教育和照料。在必要的情形下，父母可以适当对子女实施惩戒措施，但是不得采取虐待子女身心、侮辱其人格的教育措施。父母有子女返还请求权，并且可以指定子女社交的范围。父母有与子女交往的权利和义务，不享有亲权的父母同样有该权利。[⑤]

(2)亲权人的财产职责。

父母应当共同对子女的财产进行管理。父母对子女因赠与、继

---

① 梁慧星主编:《中国民法典草案建议稿附理由·亲属编》,法律出版社 2013 年版,第 258－271 页(第 1812－1815 条、第 1817－1818 条、第 1820 条)。

② 梁慧星主编:《中国民法典草案建议稿附理由·亲属编》,法律出版社 2013 年版,第 268－271 页(第 1819－1820 条)。

③ 徐国栋主编:《绿色民法典草案》,社会科学文献出版社 2004 年版,第 212 页(第 211－212 条)。

④ 徐国栋主编:《绿色民法典草案》,社会科学文献出版社 2004 年版,第 212 页(第 219 条)。

⑤ 徐国栋主编:《绿色民法典草案》,社会科学文献出版社 2004 年版,第 211－213、215 页(第 210 条、第 217 条、第 220－222 条、第 223 条、第 226 条、第 242 条)。

承或其他合法原因获得的财产进行管理时,应以与管理自己财产同等的注意进行管理。对于上述财产产生的收益,父母非为子女的利益不得处分。当赠与人、被继承人等给予子女上述财产的人明确表示父母不得管理该财产,父母对该财产的管理受限。父母应当将子女的财产制作财产清单,并将该清单交予民政部门备案。在填补财产管理费后,若子女的财产收入仍有剩余,可以用作其生活费,并在适当条件下作为父母自己或子女未成年兄弟姐妹的生活费,还有剩余的归入其财产。父母不得代子女进行赠与,道德社交性质的赠与除外。①

(3)亲权人需要被批准才能实施的行为。

父母代理子女放弃遗产、赠与等重大利益的,应当经过法院批准。②

(4)亲权人的责任。

父母通常以在自己的事务上尽到的注意为限,对行使亲权而给子女造成的损失承担责任。③

3. 亲权人职责和责任的王利明等学者建议稿考察

行使亲权既是父母的权利,也是父母的义务。④ 父母作为子女的法定代理人,代理其实施民事行为、参与诉讼和其他代理行为。⑤

(1)亲权人的人身职责。

父母有决定子女姓名的权利,父母双方可以协议确定子女跟随

① 徐国栋主编:《绿色民法典草案》,社会科学文献出版社 2004 年版,第 213 - 214 页(第 228 - 232 条、第 234 条)。

② 徐国栋主编:《绿色民法典草案》,社会科学文献出版社 2004 年版,第 214 页(第 233 条)。

③ 徐国栋主编:《绿色民法典草案》,社会科学文献出版社 2004 年版,第 214 页(第 235 条)。

④ 王利明主编:《中国民法典学者建议稿及立法理由 · 总则编》,法律出版社 2005 年版,第 310 页(第 462 条)。

⑤ 王利明主编:《中国民法典学者建议稿及立法理由 · 总则编》,法律出版社 2005 年版,第 319 页(第 470 条)。

母亲姓还是父亲姓。父母有决定子女住所的权利，子女应与父母或其中一方共同居住，未经父母同意不得在该住所以外之处居住。父母有对子女进行教育的权利和义务。父母应对子女进行家庭教育，并送适龄子女到学校接受学校教育。父母应对子女进行管教和保护。子女有损害国家、集体与他人合法权益行为的，父母应当对子女的行为进行约束，但不得采取损害其身心健康的惩罚性措施。[①]

(2)亲权人的财产职责。

父母有管理子女财产的权利，并在必要时，为子女的利益而处分其财产。已经就业的已满16周岁的子女，可以独立管理并处分其财产。[②]

(3)亲权人的责任。

当未成年人造成他人权益损害，父母应当替代其子女承担民事责任。[③]

(二)未成年人监护人职责和责任的学者建议稿考察

下面我们分别考察三份学者建议稿中未成年人监护人的职责与责任。

1. 未成年人监护人职责和责任的梁慧星等学者建议稿考察

(1)监护人的职责。

在该建议稿中，监护人的职责包括人身监护职责与财产监护职责：人身监护职责包括对被监护人人身进行保护、照料、教育与管理。财产监护职责包括保护、管理被监护人的财产；编制财产目录；为未成年人日常生活和教育所需处分财产；经监护监督人同意处分被监护人价值较大的财产；有权从被监护人的财产中支付用于监护事务

---

① 王利明主编：《中国民法典学者建议稿及立法理由·总则编》，法律出版社2005年版，第311-315页（第463-466条）。

② 王利明主编：《中国民法典学者建议稿及立法理由·总则编》，法律出版社2005年版，第318页（第469条）。

③ 王利明主编：《中国民法典学者建议稿及立法理由·总则编》，法律出版社2005年版，第316页（第467条）。

的必要费用。法定抚养人或公职机构以外的监护人有权从被监护人的财产中收取合理的报酬。

除人身监护职责和财产监护职责外,监护人有权作为被监护人的法定代理人实施法律行为,但不得代被监护人进行赠与,道德性质赠与除外。①

(2)监护人的责任。

关于监护人的责任,该建议稿规定,监护人若滥用监护权以至于损害被监护人权益的,应承担侵权责任。监护人因监护不力或不履行监护职责而造成被监护人财产损失的,应当承担损害赔偿责任。②

2. 未成年人保护人职责和责任的徐国栋等学者建议稿考察

(1)保护人的职责。

在该建议稿中,保护人的职责包括人身保护职责与财产保护职责,无论是人身职责还是财产职责,当被保护人具有识别能力并且已满16周岁的,与其有关的所有重要行为,保护人应尽量征求其意见。

保护人的人身保护职责包括:第一,住所确定权。保护人有权确定被保护人居住的地点。未经保护人批准,被保护人不得离开此等地点。被保护人未经批准离开上述地点的,保护人可强制其返回该地。第二,保持被保护人的健康。保护人应注意被保护人的健康状况。被保护人生病时,保护人应采取必要措施使其康复。第三,适当惩戒权。为了履行其职责,保护人可对被保护人的身体施加轻微的惩戒。第四,社会交往和通信监督权。保护人应监督被保护人的社会交往。必要时,保护人可检查被保护人的通信记录。保护人无充分理由,不得禁止被保护人探视其直系尊血亲或与他们通信。第五,提供资源帮助其接受普通教育和职业教育。保护人应保证被保护人

---

① 梁慧星主编:《中国民法典草案建议稿附理由·亲属编》,法律出版社2013年版,第386-387、395-396页(第1895-1896条、第1901-1902条)。

② 梁慧星主编:《中国民法典草案建议稿附理由·亲属编》,法律出版社2013年版,第391-392页(第1898-1899条)。

受到普通教育以及与其资质相适应的职业指导。保护人应缔结合同使被保护人接受上述教育，并同意他们求得一种职业。第六，对被保护人的养育和教育，保护人应遵循被保护人的父母的生前明示或可推知的意思，但这并不妨碍在他有疑虑时将问题提交法院。如受托对被保护人进行养育和教育的人有懈怠，保护人应尽一切谨慎方法促使他履行义务，在必要时应通知法院。

保护人的财产保护职责包括：第一，制作财产清单和账目。保护人有义务在任命后的40天内把被保护人的财产登记为清单，并且此等义务一般应在参与管理前履行。保护人怠于制作财产清单并有归责于他的重大过失时，可以视情况剥夺其保护职务，并对因此给被保护人造成的一切损失负赔偿责任。除了制作财产清单，保护人还负有诚实、精准制作账目并记录账目变动的义务，法院可以在其认为适当时，命令保护人向其他保护人公示管理账目，财产管理一旦结束，保护人应公示账目。

第二，接收、管理以及处分被保护人的财产。保护人应以善良管理人的注意义务管理被保护人的财产，并就此等财产负保存、维修和增值的义务。保护人受领被保护人的收入并为了后者的利益使用它们。已满16周岁以上的被保护人可自己受领其劳动收入。

第三，管理、使用被保护人的收入。若被保护人有较多的遗产收入，亲属会议可分配被保护人部分的遗产收入用于被保护人日常的教育和养育费用。被保护人的收入余额应保存于保护人处，由他为被保护人的利益进行投资。被保护人生活窘困时，保护人可以向被保护人的抚养者要求提供抚养费（三亲等直系血亲之间、兄弟姐妹之间互负扶养义务），如有必要，应通过法院诉请此等费用。

第四，保护人的报酬请求权。保护人一般可从他管理的被保护人财产的孳息中提取1/10作为其工作报酬，如数个保护人共同管理，该1/10的报酬应在他们中均分。如某一保护人执行的职责与收取孳息无关，法院可在其他保护人的1/10份额中为他扣除公平的报酬。如各保护人的工作和相应报酬之间存在明显的不相称，法院也可增加某个保护人的1/10份额、该增加部分从其他保护人1/10份额中扣除。临时保护人如接替正式监护人的所有职责,应取得其任期内的全部1/10份额;但正式保护人保留部分职责时,可从其1/10份额中保留相应部分。保护人如进行诈欺性管理,则丧失其对1/10的孳息份额的权利,并应返还已收取的一切职务报酬。保护人管理不谨慎时,对于因其懈怠遭受损害或所产生的收益大量减少的那部分财产不得支取孳息的1/10。在这两种情形下,监护人都应赔偿被保护人遭受的损失。

第五,保护人的补偿请求权。保护人可主张履行职务时所支付的费用。保护人在任期内为被保护人利益支出的必要费用,不得计入1/10的份额,应单独获得偿还。

第六,保护人被禁止从事的财产事务。保护人应当避免自己的财产与被保护人财产的混合,尤其不得在其本人的银行账户里存入或授意他人存入被保护人的金钱;禁止保护人无偿处分被保护人不动产;禁止保护人代被保护人无偿放弃其未来的权利;禁止保护人长期出租被保护人的不动产。

第七,保护人需要法院或亲属会议同意或批准的财产处分行为。未经法院事先裁决,保护人不得从事下列行为:转让被保护人的不动产或将其抵押;转让、质押有情感价值的动产;抛弃任何被确认给予被保护人的遗产;将被保护人的金钱或其他动产赠与他人;未经亲属会议的授权,保护人不得从事下列行为:购买或承租被保护人的财产;与被保护人订立任何合同;不得接受任何以被保护人为债务人的权利让与。

除了人身保护职责和财产保护职责外,保护人有权作为未成年人的法定代理人。涉及被保护人的一切诉讼行为或非诉讼行为,如有可能损及其权利或使之承担义务,均由保护人代理或经得其同意。保护人不得代理被保护人为下列法律行为:第一,以其配偶或其直系亲属为一方、被保护人为他方的法律行为,但该法律行为仅为清偿债务的除外;第二,以其配偶或其直系亲属为一方,被保护人为他方的诉讼。被保护人的利益与保护人的利益，或者与后者所代理的第三人的利益，或者与保护人配偶或其直系亲属的利益发生严重抵触时，法院可以剥夺保护人对具体事务或特定范围内事务的代理权。

(2)保护人的责任。

关于保护人的责任，保护人对因其过失、管理不当、未遵守亲属会议作出的指令等行为给被保护人造成的损害承担责任。除非存在欺诈行为，如果保护人行为符合亲属会议的指令，其不承担责任。保护人公示财产清单和结余的财产时，如果未提交真实的财产清单，或其管理中存在欺诈或重大过失，应判令保护人赔偿。在共同管理的情形中，共同管理的各保护人承担连带责任。如果此等人分别进行管理，则无论其职责是由遗嘱人划分，还是由法院安排或批准，他们中的每个人仅对自己直接的行为负责。①

3. 未成年人监护人职责和责任的王利明等学者建议稿考察

(1)监护人的职责。

在该建议稿中，监护人职责包括：保护、管理和教育被监护人；作为被监护人的法定代理人实施民事活动和诉讼活动；不得不为被监护人的利益处分其财产。监护人管理被监护人的财产应尽到与管理本人财产同样的注意义务。经监护监督人同意，亲权人以外的监护人的监护费用和报酬，可以由被监护人的财产负担。

(2)监护人的责任。

关于监护人的责任，该建议稿规定，监护人怠于履行监护职责或损害被监护人利益的，应承担责任。同时，监护人应赔偿给被监护人财产造成的损失。符合撤销监护人资格情形的，人民法院应根据相

---

①　徐国栋主编：《绿色民法典草案》，社会科学文献出版社2004年版，第53、56、58－60、62－63、66－67、75、79－80页(第62条、第88条、第100－110条、第113－114条、第118条、第122条、第125条、第139－140条、第142－143条、第146条、第151条、第174－175条、第177－180条、第251条、第281－282条、第286－287条)。

关人员或单位的申请撤销监护人的资格。①

二、亲权人和未成年人监护人职责和责任的学者建议稿比较评析

（一）亲权人职责和责任的学者建议稿比较评析

关于父母行使亲权的原则，梁慧星等学者建议稿规定了尊重子女真实意愿原则，这与法国、德国、瑞士、俄罗斯的立法例类似，不仅如此，该建议稿还规定了子女最大利益原则。一般情况下，亲权人的职责包括代子女进行民事行为和诉讼行为、人身职责与财产职责。

关于亲权人的代理职责，当父母与子女的权益冲突时，父母不得在特定事物或一定范围的事务上代理子女，三份学者建议稿对此皆有规定，这与德国、俄罗斯的立法例类似。

关于亲权人的人身职责，三份建议稿规定的共性在于：第一，对子女进行保护，三份学者建议稿对此皆有规定，这与法国的立法例类似；第二，对子女进行教育，三份学者建议稿对此皆有规定，这与法国、日本、瑞士、俄罗斯的立法例类似；第三，对子女进行适当惩罚、管束，徐国栋等学者建议稿、王利明等学者建议稿对此皆有规定，这与日本的立法例类似；第四，住所指定权，梁慧星等学者建议稿、王利明等学者建议稿对此皆有规定，这与法国、德国、日本的立法例类似；第五，子女返还请求权，梁慧星等学者建议稿、徐国栋等学者建议稿对此皆有规定，这与德国、俄罗斯的立法例类似；第六，决定子女姓名的权利，梁慧星等学者建议稿、王利明等学者建议稿对此皆有规定，这与瑞士的立法例类似；第七，与子女交往的权利，梁慧星等学者建议稿、徐国栋等学者建议稿对此皆有规定。三份建议稿规定的差异在于，有些建议稿规定了较为特殊的人身职责：第一，确定子女交往范围，徐国栋等学者建议稿对此有规定，这与德国的立法例类似；第二，子女从业许可权，梁慧星等学者建议稿对此有规定，这与日本的立法

① 王利明主编：《中国民法典学者建议稿及立法理由·总则编》，法律出版社2005年版，第72页（第37条）。

例类似。

关于亲权人的财产职责，三份建议稿规定的共性在于：第一，管理子女的财产，三份学者建议稿对此皆有规定，这与法国、日本、瑞士的立法例类似；第二，为了子女的利益处分子女的财产，梁慧星等学者建议稿、王利明等学者建议稿对此皆有规定。三份建议稿规定的差异在于，有些建议稿规定了较为特殊的财产职责：第一，要求亲权人应当尽到与管理自己财产同样的注意义务以管理子女的财产，徐国栋等学者建议稿对此有规定，这与日本的立法例类似；第二，从子女的财产中获取收益，梁慧星等学者建议稿对此有规定；第三，制作财产清单和账目并提交相关机构审查，徐国栋等学者建议稿对此有规定，这与德国、瑞士的立法例类似；第四，用子女财产的收益支付子女抚养、教育的费用，徐国栋等学者建议稿对此有规定，这与日本、瑞士的立法例类似。

关于对父母财产管理权的限制，徐国栋等学者建议稿对此有规定，一方面，如赠与人或遗嘱人在将财产给予子女时明确表示父母不得管理、使用或处分这部分财产，父母对这部分财产的管理、使用和处分权受到限制，这与德国、日本、瑞士的立法例类似；另一方面，父母不得代子女进行赠与，道德、礼仪上的赠与除外，这与德国、瑞士的立法例类似。

关于亲权人经相关机构批准才能实施的行为，徐国栋等学者建议稿对此有规定，父母代理子女放弃遗产、赠与等行为，应当经过法院批准，这与德国立法例类似。

（二）未成年人监护人职责和责任的学者建议稿比较评析

下面对三份学者建议稿中监护人的职责（包括人身监护职责、财产监护职责、监护人需要被批准或同意才能从事的事务以及被禁止从事的事务）和监护人责任的规定进行比较评析。

1. 监护人职责的学者建议稿比较评析

（1）人身监护职责的比较评析。

三份学者建议稿关于监护人人身监护职责的共性在于：第一，教育、管理被监护人;第二,保护被监护人的身心健康;第三,对监护人的生活进行照顾。除此之外,徐国栋等学者建议稿还规定了监护人享有住所确定权、适当惩戒权以及对未成年人社会交往和通信的监督权。

(2)财产监护职责的比较评析。

三份学者建议稿关于监护人财产监护职责的共性在于:第一,对被监护人的财产进行管理;第二,对被监护人的财产进行保护;第三,一定条件下对被监护人的财产进行处分。除此之外,梁慧星等学者建议稿还规定监护人应当编制财产目录,拥有报酬请求权和补偿请求权;徐国栋等学者建议稿不仅规定报酬请求权、补偿请求权和编制财产清单及目录的义务,还规定了受领被监护人收入等财产监护职责。

除了人身监护职责和财产监护职责,三份学者建议稿都规定了监护人可以作为未成年人的法定代理人,代理其参与民事活动与诉讼活动。

(3)监护人需要被批准或同意才能从事的事务的比较评析。

徐国栋等学者建议稿和王利明等学者建议稿规定了监护人需要被批准或同意才能从事的事务。关于批准或同意的机构,徐国栋等学者建议稿规定的是法院与亲属会议;王利明等学者建议稿规定的是监护监督人。关于需要被批准或同意才能从事的事务,徐国栋等学者建议稿规定了转让被监护人的不动产或将其抵押,转让、质押有情感价值的动产、抛弃被确认给予被监护人遗产以及购买或承租被监护人的财产等情形;王利明等学者建议稿规定的是亲权人以外的监护人要求报酬和补偿这一情形。

(4)禁止监护人从事事务的比较评析。

三份学者建议稿都规定了禁止监护人从事的事务,并且被禁止从事的事务各不相同:梁慧星等学者建议稿禁止监护人代理被监护人为道德性质之外的赠与;徐国栋等学者建议稿禁止监护人与被监护人财产的混同、禁止其无偿处分被监护人不动产、禁止其无偿放弃其未来的权利、禁止其长期出租被监护人不动产;王利明等学者建议稿则禁止监护人非为被监护人之利益对其财产进行处分。关于规定监护人禁止从事事务的方式，梁慧星等学者建议稿与徐国栋等学者建议稿都采列举的方式，列举式立法的优点在于便于操作，但缺陷在于可能产生列举不全面的问题。梁慧星等学者建议稿仅列举了代理被监护人为道德性质之外的赠与这一行为，这显然不充分；而徐国栋等学者建议稿列举的行为虽然较多，但难免也存在遗漏；而王利明等学者建议稿则采抽象概括的方式，以是否为了被监护人的利益为考察标准，明确了监护人财产处分行为的边界，虽然针对具体案件须进行个案考察，但概括式立法适用灵活，具有较大包容性，可以避免列举的遗漏。

2. 监护人责任的学者建议稿比较评析

三份学者建议稿都规定了监护人的责任，其共性在于都规定了监护人给被监护人造成财产损失的，应当承担赔偿责任。梁慧星等学者建议稿规定的是监护人滥用监护权损害被监护人利益的行为，并且明确行为的性质为侵权行为；徐国栋等学者建议稿规定的是过失、管理不当、未遵守亲属会议作出的指令等行为，但是其仅规定监护人应当承担责任，并未明确行为的性质。王利明等学者建议稿规定的行为是损害被监护人的权益与监护人怠于履行监护职责，与徐国栋等学者建议稿的规定类似，该建议稿也未明确此类行为的性质。

第四节 我国亲权和未成年人监护监督的学者建议稿考察与比较评析

一、亲权和未成年人监护监督的学者建议稿考察

（一）照顾权监督的学者建议稿考察

下面我们分别考察三份学者建议稿的亲权（照顾权）监督制度。

1. 照顾权监督的梁慧星等学者建议稿考察

当子女的利益与父母的利益冲突时，儿童权利保护机构应当为

子女指定代理人。①

2. 亲权监督的徐国栋等学者建议稿考察

父母一方管理子女财产时若损害其财产利益，利害关系人或儿童福利机关应当责令父母纠正其行为，必要时可要求该方父母提供担保。②

3. 亲权监督的王利明等学者建议稿考察

王利明等学者建议稿并未规定亲权监督制度。

(二)未成年人监护监督的学者建议稿考察

下面我们分别考察三份学者建议稿中的未成年人监护监督制度。

1. 未成年人监护监督的梁慧星等学者建议稿考察

关于监护监督人制度，该建议稿规定，非父母担任监护人的，应设立监护监督人。监护监督人包括下列人员或通过下列方式产生：(1)立遗嘱人在遗嘱中指定的监护监督人；(2)监护人以外有监督能力的、与被监护人血缘关系最近的人；(3)社会保障部门或民政部门作为监护人的，监护监督人为该部门的上一级主管部门。

监护监督人资格、撤职、辞职的规则适用该建议稿关于监护人的相关规则，机构作为监护监督人的除外。

在该建议稿中，监护监督人的职责包括：(1)监督监护人履行监护职责，必要时要求监护人向其报告监护情况。(2)监护人缺位时，应及时选任或请求人民法院选任监护人。(3)代理被监护人与监护人从事法律行为。关于监护监督人的责任，监护人与监护监督人共谋侵害被监护人权益的，监护人与监护监督人应对被监护人的损失

① 梁慧星主编：《中国民法典草案建议稿附理由·亲属编》，法律出版社2013年版，第275页(第1822条)。

② 徐国栋主编：《绿色民法典草案》，社会科学文献出版社2004年版，第214页(第236条)。

承担连带赔偿责任。①

2. 未成年人保护监督的徐国栋等学者建议稿考察

除保护人外,还可以任命一名监督人。如果保护事务涉及财产管理,那么除非是共同保护或被保护人财产较少,否则都应当设置保护监督人。在共同保护的情况下,可以选任其中一名保护人为监督人。监督人的职责包括:监督保护人的履职情况,要求查阅与保护相关的账目;及时向法院报告保护人死亡或违背保护义务的情形。

该建议稿规定的保护监督机构为亲属会议,亲属会议是决定重大保护事务的机构。亲属会议的成员一般包括被保护人的直系尊亲属、成年的兄姐、最年长的叔父或姑母、叔祖父与姑祖母。被保护人父母离婚的,无亲权的父亲或母亲可以作为亲属会议的成员。保护人既可能是亲属会议的成员,也可能不是,在后种情况下,保护人没有投票权,其只能在亲属会议的讨论中提出建议。关于亲属会议的运行,被保护人的父亲或母亲死亡后 40 天,须举行亲属会议。保护人、法院、亲属会议成员可以召集亲属会议。亲属会议的决议由成员的 2/3 多数通过,亲属会议不能作出的决议由法院作出。保护人或亲属会议的任何成员在亲属会议作出决议之日起一个月内,可以向法院起诉反对该决议。②

3. 未成年人监护监督的王利明等学者建议稿考察

关于监护监督人制度,该建议稿规定,未成年人的监护人不为其父母的,应当选任监护人之外有监督能力的、与被监护人亲等最近的人作为监护监督人。社会福利机构或民政部门担任监护人的,监护监督人为该部门的上一级主管部门。③

---

① 梁慧星主编:《中国民法典草案建议稿附理由 · 亲属编》,法律出版社 2013 年版,第 382 – 383、394 页(第 1892 – 1894 条、第 1900 条)。

② 徐国栋主编:《绿色民法典草案》,社会科学文献出版社 2004 年版,第 64 – 67 页(第 153 – 156 条、第 160 – 161 条、第 168 – 169 条、第 171 条、第 173 条、第 181 – 183 条)。

③ 王利明主编:《中国民法典学者建议稿及立法理由 · 总则编》,法律出版社 2005 年版,第 78 页(第 39 条)。

二、亲权和未成年人监护监督的学者建议稿比较评析

(一)亲权监督的学者建议稿比较评析

关于对亲权的监督,梁慧星等学者建议稿与徐国栋等学者建议稿对此有规定。梁慧星等学者建议稿规定,当子女的利益与父母的利益冲突时,儿童权利保护机构应当为子女指定代理人,这与日本立法例的规定类似。徐国栋等学者建议稿规定,父母一方管理子女财产时若损害其财产利益,利害关系人或儿童福利机关应当责令父母纠正其行为,必要时要求该方父母提供担保,该监督措施源自于《德国民法典》第 1667 条的规定。

(二)未成年人监护监督的学者建议稿比较评析

1. 监护监督人制度的学者建议稿比较评析

下面对三份学者建议稿的监护监督人制度进行比较评析。

与国外的未成年人监护监督制度相比,三份学者建议稿都未规定专门的行政监督机构,但都规定了监护监督人制度。关于设立监护监督人的情形,梁慧星等学者建议稿和王利明等学者建议稿都规定当未成年人父母之外的人担任监护人时,应当设立监护监督人;徐国栋等学者建议稿规定当保护与重要的财产管理相关联时,应当设立监督人,而在其他情形中监督人的设立并非必需。因为徐国栋等学者建议稿采“小监护”概念,因此也是在父母之外的人担任保护人的语境下讨论监督人制度的设立,再加上“当保护与重要的财产管理相关联”这一条件,可以看出徐国栋等学者建议稿规定必须设立监督人的情形较其他两份建议稿更窄。

关于监护监督人的选任,在上述学者建议稿中,梁慧星等学者建议稿与王利明等学者建议稿的规定相似,都规定应选任监护人之外有监督能力的、与被监护人亲等最近的人作为监护监督人。社会福利机构或民政部门担任监护人的,监护监督人为该部门的上一级主管部门。梁慧星等学者建议稿还规定遗嘱指定监护时,由父母在遗嘱中指定监护人同时指定监护监督人。徐国栋等学者建议稿对此则

规定了一个援引性条款，保护监督人的确定应参照保护人的确立规则。

关于监护监督人的职责，前述学者建议稿规定的职责主要包括：第一，监督监护人履行监护职责，必要情况下要求监护人报告监护情况；第二，及时向相关机构或人员报告监护人死亡或违背监护义务的情形；第三，当监护人或其代理人与被监护人为法律行为时，代理被监护人。值得注意的是，梁慧星等学者建议稿规定当监护人缺失时，监护监督人应当立即选任监护人或请求人民法院选任监护人，这意味着赋予了监护监督人选任监护人的权利，这在其他两份学者建议稿和前述国家监护监督人职责的规定中是罕见的。一般情况下，当监护人缺失，监护监督人仅能向有关机构汇报并要求相关机构选任监护人，其没有权利自己选任监护人，可见，梁慧星等学者建议稿赋予了监护监督人较大权利。

2. 监护监督机构的学者建议稿比较评析

在上述学者建议稿中，只有徐国栋等学者建议稿规定了监护监督机构——亲属会议。学者梁慧星曾评价徐国栋主编的《绿色民法典草案》中的“亲属会议”制度带有封建主义的烙印，认为“亲属会议”是中国古代的一种家法族规，即长亲通过亲属会议惩治卑亲。对此，徐国栋学者回应道：在监护制度中，监护人是监护执行机关，相较被监护人这一弱者，监护人是强者，所以必须对其权力加以控制。考虑到监护和保佐是市民社会的组织方式之一，这一职责没必要惊动居（村）民委员会，因此设置亲属会议作为决定监护与保佐事宜的决策机构和监督机构。并且，该草案的亲属会议制度，并非借鉴民国，而是借鉴法国人勒内·达维德起草的《埃塞俄比亚民法典》。因此，应该说该草案的亲属会议是资本主义性质而非是封建主义的。[①] 可以看出，徐国栋等学者建议稿中的亲属会议是类似于我国台湾地区“民法典·亲属编”中“亲属会议”的亲属组织，是在自然人的保护

① 徐国栋：《认真地对待民法典》，中国人民大学出版社2004年版，第20-23页。

制度中决定监护与保佐事宜的决策机构和监督机构，该监督机构并非有“沉塘权”，并且亲属会议的决议由成员的2/3多数通过，并非由尊亲属长辈一人决定，亲属会议不能作出的决议由法院作出，并且对亲属会议决议不服的相关人可以向法院起诉反对该决议。可见，徐国栋等学者建议稿的亲属会议并非封建社会未成年人监护家庭自治的回归，其带有国家干预的色彩，符合未成年人监护制度的“公权力适当干预原则”，因此该监护监督机构的设立存在合理性。

第五节　我国亲权和未成年人监护终止的学者建议稿考察与比较评析

一、亲权和未成年人监护终止的学者建议稿考察

（一）亲权终止的学者建议稿考察

下面我们分别考察三份学者建议稿的亲权（照顾权）终止制度。

1. 照顾权终止的梁慧星等学者建议稿考察

当子女死亡、成年、被他人收养或父母死亡的，照顾权消灭。①

当父母一方不行使照顾权或滥用照顾权并使子女权益遭受严重损害的、对子女实施犯罪行为或教唆其实施犯罪的，法院应当宣告父母丧失照顾权。父母丧失照顾权后，对子女仍负抚养义务。②

当父母一方因失踪、精神、智力或身体障碍或其他原因而不能行使照顾权，则由另一方行使照顾权。除非对子女健康成长不利，否则事实上不能行使照顾权的父母一方仍有与子女交往的权利。③

---

①　梁慧星主编：《中国民法典草案建议稿附理由·亲属编》，法律出版社2013年版，第285页（第1828条）。

②　梁慧星主编：《中国民法典草案建议稿附理由·亲属编》，法律出版社2013年版，第277页（第1824条）。

③　梁慧星主编：《中国民法典草案建议稿附理由·亲属编》，法律出版社2013年版，第281－282页（第1825－1826条）。

丧失照顾权的父母，若其确已悔改或刑满释放，并且恢复照顾权对子女无害，可以由法院宣告恢复照顾权。失踪的父母再次出现以及无法行使照顾权的父母精神、智力障碍消除的，无须经法院判决而自动恢复父母照顾权。恢复照顾权必须征询已满 10 周岁子女的意思。当行使照顾权的父母一方死亡，另一方不能行使照顾权或丧失照顾权，甚至父母双方均丧失照顾权的，应当为子女设置监护。①

2. 亲权终止的徐国栋等学者建议稿考察

当父母被宣告禁治产或准禁治产的，或确认父母在较长时间不能执行亲权的，父母的亲权中止。被中止亲权的父母不能行使亲权，中止亲权的事由消失的，经亲权被中止的父母或利害关系人申请，法院宣告恢复亲权。②

当父母死亡、被宣告失踪、被剥夺亲权、子女死亡、子女被收养等情形出现时，亲权终止。当父母因刑事犯罪被判处生命刑或限制自由刑的，法院可宣告其不配作为亲权人。当父母怠于行使亲权或滥用亲权而给子女造成损害的，子女的近亲属可以要求父母纠正，纠正无效的，可以请求法院剥夺其亲权的全部或部分。③

关于亲权终止的后果，若父母一方死亡、丧失行为能力、被剥夺亲权或受禁治产、准禁治产宣告，亲权应当由另一方行使。④ 当父母双方都被宣告不配作为亲权人或被剥夺部分或全部亲权时，应为子女设立监护。当父母不配作为亲权人或被剥夺亲权的情形消失时，

---

① 梁慧星主编:《中国民法典草案建议稿附理由·亲属编》，法律出版社 2013 年版，第 283－286 页（第 1827 条、第 1829 条）。

② 徐国栋主编:《绿色民法典草案》，社会科学文献出版社 2004 年版，第 214 页（第 239 条）。

③ 徐国栋主编:《绿色民法典草案》，社会科学文献出版社 2004 年版，第 214－215 页（第 240－241 条、第 245－246 条）。

④ 徐国栋主编:《绿色民法典草案》，社会科学文献出版社 2004 年版，第 212 页（第 213 条）。

法院在确认符合子女利益的前提下,宣告恢复亲权。[①] 父母亲权终止的,父母应当为其所管理的子女财产进行清算,并且将清算情况向有关机关报告,同时将子女的财产交予其监护人或已经成年的子女。[②]

3. 亲权终止的王利明等学者建议稿考察

当父母丧失民事行为能力、被判处有期徒刑以上刑罚而无法行使亲权、因违背亲权职责而被人民法院判决丧失亲权的,父母丧失亲权(或者被称为"监护资格的中止"),这类似于德国法中的父母照顾权停止制度。导致亲权丧失的事由消失的,父母的亲权恢复。父母一方死亡或丧失亲权的,亲权由另一方行使,如果父母双方都死亡或丧失亲权的,应为子女设置监护。[③]

(二)未成年人监护终止的学者建议稿考察

下面我们分别考察三份学者建议稿的未成年人监护终止制度。

1. 未成年人监护终止的梁慧星等学者建议稿考察

该建议稿规定,出现下列情形,监护终止:(1)监护人死亡;(2)被监护人死亡;(3)被监护人获得完全民事行为能力;(4)监护人与被监护人间特定的身份关系消灭;(5)其他导致监护终止的情形。监护终止之后,被监护人仍存在监护需求的,应重新确定监护人。监护人应与监护监督人一同清算被监护人的财产,尚未重新确定新任监护人的,监护监督人应指定临时监护人。

关于监护人辞职制度,该建议稿规定,当出现下列情形时监护人可以提出辞职:(1)监护人年满65周岁的;(2)因疾病、残疾而无法履行监护职责的;(3)住所距离被监护人较远而使监护存在困难的;

---

① 徐国栋主编:《绿色民法典草案》,社会科学文献出版社2004年版,第214页(第247-248条)。

② 徐国栋主编:《绿色民法典草案》,社会科学文献出版社2004年版,第212页(第237条)。

③ 王利明主编:《中国民法典学者建议稿及立法理由·总则编》,法律出版社2005年版,第59、320-322页(第28条、第471条、第472条)。

(4)其他导致监护存在困难的事由。监护人辞职，监护监督人或人民法院应当重新指定监护人。①

关于监护人撤销制度，该建议稿规定，人民法院在下列情形中可以依被监护人或其亲属、监护监督人、人民检察院的申请撤销监护人资格：(1)监护人性侵犯、虐待、遗弃被监护人，或对被监护人实施家庭暴力从而严重损害其身心健康的。(2)监护人教唆被监护人实施犯罪或对被监护人实施犯罪的。(3)其他事由。在原监护人资格被撤销后，人民法院应另行指定监护人。②

2. 未成年人保护终止的徐国栋等学者建议稿考察

该建议稿规定了保护人结婚、申请豁免或职务被撤销而导致保护终止的事由：

(1)保护人结婚。

当执行保护职务的妇女结婚，而结婚的事实使被保护人处于配偶一方的亲权下，保护终止。

(2)保护人申请豁免。

关于保护人的辞职，该建议稿规定了保护职务的豁免制度。下列人可被豁免担任保护职务：国家主席、国务院各部部长、最高人民法院的法官、最高人民检察院的检察官；国库的管理员；哺育的妇女；患有严重的慢性疾病或年龄在 65 周岁以上的人；经济困难之人；担任 2 个以上保护职务之人；住所与履行保护职务之地较远之人；已担任一个保护职务并且已婚或有子女的人；有两个以上生存的子女处于其亲权下的人（包括为国家利益牺牲的子女）；教士或任何宗教的神职人员；国防部队和武警部队的现役军人，包括这两种部队中的文职人员；连续 10 年以上担任同一被保护人的保护职务的人，但父母

---

① 梁慧星主编：《中国民法典草案建议稿附理由 · 亲属编》，法律出版社 2013 年版，第 397 – 404 页（第 1903 条、第 1905 – 1907 页）。

② 梁慧星主编：《中国民法典草案建议稿附理由 · 亲属编》，法律出版社 2013 年版，第 399 页（第 1904 条）。

不得主张此等豁免。

关于主张豁免理由的时间，上述豁免理由应由意欲利用它们者在被授予保护职务之时主张，如在保护期间发生此等事由，也可予以采纳。保护人对有关指定提出反对或寻求豁免其职责时，应履行其职责直到指定新的保护人为止。如法院不接受保护人的豁免理由，而保护人并未提起上诉，或上诉法院确认了初审法院的该项判决，保护人应对其迟延担任保护职务给被保护人带来的一切损害承担责任，但保护人在申请豁免的过程中临时担任保护之职的，不发生此等责任。

关于保护结束的后果，该建议稿规定保护结束，保护人应当公示财产管理账目，并且保护人应尽快交还被保护人的财产。[①]

(3)保护人职务被剥夺。

关于剥夺保护人职务制度，该建议稿规定保护人职务因下列事由被剥夺：第一，无资格；第二，执行职务时因故意或重大过失未制作财产清单或未妥善安排被保护人的抚养等；第三，明显的不胜任保护职责；第四，惯常性的不谨慎管理行为；第五，可能对被保护人造成不良影响的不道德行为；第六，被保护人犯有可归责于其保护人不良教育或缺少教育的罪行；第七，保护人在安排被保护人的生活和教育费用时存在持续的懈怠。保护人系被保护人的直系血亲时，不因第4项事由被剥夺职务，但须由其他保护人参加共同管理。

剥夺之诉可由被保护人的任何血亲乃至民众中的任何人提起。已满16周岁的被保护人也可自行提起此诉，法院也可依职权促成此诉之提起。处理这种案件时，法院始终应听取被保护人的近亲属和检察院的意见。行使数个保护职务者如因故意或重大过失被剥夺其中的一项职务，法院可依职权、根据检察院的意见或根据民众中任何人的请求，基于同一事实剥夺其他数项职务。只要不导致被保护人

① 徐国栋主编：《绿色民法典草案》，社会科学文献出版社2004年版，第62－63、77－79页(第142条、第144条、第266条、第269条、第272－273条、第275条、第280条)。

的人身或财产的重大危险，法院在宣布剥夺保护人的职务前，应给予他们陈述理由的机会。法院一旦剥夺了保护人的职务，应随即指定另外的保护人取代被剥夺者。①

3. 未成年人监护终止的王利明等学者建议稿考察

该建议稿规定，出现下列情形，监护终止：(1)监护人丧失监护能力或者已死亡；(2)被监护人已具备完全民事行为能力或者已死亡；(3)监护人资格被人民法院撤销；(4)监护人辞职；(5)因父母被宣告失踪、被判处有期徒刑以上刑罚等特殊事由导致父母监护中止。②

关于撤销监护人资格制度，该建议稿规定父母有下列情形之一的，未成年子女的近亲属及其他利害关系人可以向人民法院申请剥夺监护人资格：(1)遗弃、虐待子女，对子女实施暴力伤害或其他犯罪行为的；(2)怠于履行监护职责从而给子女的财产造成严重损失的；(3)有其他严重损害子女利益的情形。如果父母有悔改表现，人民法院可以经近亲属或其他利害关系人的申请恢复其监护资格。

该建议稿还特别规定了父母担任监护人的中止事由，父母的监护资格因下列事由而中止：(1)丧失或部分丧失民事行为能力；(2)失踪；(3)被判处有期徒刑以上刑罚的；(4)其他事由。上述导致监护中止的事由消失的，可以恢复父母的监护资格。③

---

① 徐国栋主编：《绿色民法典草案》，社会科学文献出版社 2004 年版，第 81 页（第 293 条、第 295 - 297 条）。

② 王利明主编：《中国民法典学者建议稿及立法理由 · 总则编》，法律出版社 2005 年版，第 80 页（第 40 条）。

③ 王利明主编：《中国民法典学者建议稿及立法理由 · 总则编》，法律出版社 2005 年版，第 59 - 60 页（第 28 条、第 29 条）。

二、亲权和未成年人监护终止的学者建议稿比较评析

(一)亲权终止的学者建议稿比较评析

1. 亲权终止的事由

关于导致亲权终止的情形,前述建议稿规定了以下几类情形:第一,子女死亡,梁慧星等学者建议稿、徐国栋等学者建议稿对此有规定。第二,父母死亡,梁慧星等学者建议稿、徐国栋等学者建议稿对此有规定。第三,子女被他人收养,梁慧星等学者建议稿、徐国栋等学者建议稿对此有规定。第四,子女成年,梁慧星等学者建议稿对此有规定。第五,父母被宣告失踪,三份学者建议稿对此都有规定,梁慧星等学者建议稿规定此时失踪父母一方的照顾权停止;徐国栋等学者建议稿规定该方父母亲权终止;王利明等学者建议稿规定该方父母监护资格中止,三份学者建议稿的共同点在于都规定了当失踪父母重新出现,亲权(照顾权)恢复。第六,当父母一方不行使照顾权或滥用照顾权并使子女权益遭受严重损害的、对子女实施犯罪行为或教唆其实施犯罪的,梁慧星等学者建议稿规定在此情形下法院应当宣告父母丧失照顾权(丧失照顾权的父母若确已悔改或刑满释放,并且恢复照顾权对子女无害,在征求 10 周岁以上子女的意见后,可以由法院宣告恢复照顾权)。徐国栋等学者建议稿规定,当父母因刑事犯罪被判处生命刑或限制自由刑的,法院可宣告其不配作为亲权人。当父母怠于行使亲权或滥用亲权而给子女造成损害的,子女近亲属可以要求父母纠正,纠正无效的,可以请求法院剥夺其亲权的全部或部分(当父母不配作为亲权人或被剥夺亲权的情形消失的,法院在确认符合子女利益的前提下,宣告恢复亲权)。王利明等学者建议稿规定,当父母因违背亲权职责而被人民法院判决丧失亲权或父母被判处有期徒刑以上刑罚而无法行使亲权的,父母丧失亲权(导致亲权丧失的事由消失的,父母的亲权恢复)。可见,当父母因主观原因,如有怠于履行亲权职责、有不良习惯等行为导致子女权益受损或对子女产生负面影响时,三份学者建议稿都规定应暂时停

止父母行使亲权，虽然三份学者建议稿因上述原因终止父母亲权（照顾权）的制度之名称不完全相同［梁慧星、王利明等学者建议稿称之为丧失亲权（照顾权）；徐国栋等学者建议稿称之为不配或剥夺亲权］，但是都发挥了暂时停止父母部分或全部亲权的作用，并且三份学者建议稿都规定当导致亲权终止的原因消失或经过一定期间后，可以视情况恢复父母的亲权。第七，当父母一方因精神、智力或身体障碍或其他原因而不能行使照顾权的，梁慧星等学者建议稿规定该方照顾权停止，由另一方行使照顾权（事实上不能行使照顾权的父母，若精神、智力障碍消除、失踪的父母重新出现的，在征求10周岁以上子女的意见后，可以不经法院宣告自动恢复照顾权）。徐国栋等学者建议稿则规定在同样的情况下应中止亲权（中止亲权的事由消失的，经亲权被中止的父母或利害关系人申请，法院宣告恢复亲权）。王利明等学者建议稿规定，当父母丧失民事行为能力而被人民法院判决丧失亲权的，父母丧失亲权（导致亲权丧失的事由消失的，父母的亲权恢复）。可见，当父母因客观原因，如精神、智力或身体障碍或其他原因而不能行使亲权（照顾权）的，三份学者建议稿都规定应暂时停止父母行使亲权（照顾权），虽然三份学者建议稿因上述原因终止父母亲权的制度之名称并不相同（梁慧星等学者建议稿称之为停止照顾权；徐国栋等学者建议稿称之为中止亲权；王利明等学者建议稿称之为丧失亲权），但是都发挥了暂时停止父母部分或全部亲权（照顾权）的作用，并且三份学者建议稿都规定当导致亲权（照顾权）终止的原因消失或经过一定期间后，可以视情况恢复父母的亲权（照顾权）。

2. 亲权终止的后果

关于亲权终止的后果，前述建议稿规定了以下几种后果：第一，当行使亲权（照顾权）的父母一方死亡，另一方不能行使亲权（照顾权）或丧失亲权（照顾权），甚至父母双方均丧失亲权（照顾权）的，应当为子女设置监护，三份学者建议稿对此皆有规定。第二，父母应当为其所管理的子女的财产进行清算，并且将清算情况向有关机关报告,徐国栋等学者建议稿对此有规定。第三,亲权终止后,父母应将子女的财产交给成年之后的子女或其监护人,徐国栋等学者建议稿对此有规定。

(二)未成年人监护终止的学者建议稿比较评析

下面对三份学者建议稿监护终止的情形、监护人辞职制度、撤销监护人资格制度和监护终止的后果进行比较评析。

1. 监护终止情形的学者建议稿比较评析

通过对三份学者建议稿进行考察,导致监护绝对终止的情形主要包括:被监护人死亡、获得完全民事行为能力。导致监护相对终止的情形主要包括:监护人死亡、丧失行为能力或监护能力的,监护人与被监护人特定的身份关系消灭,监护人辞职,监护人资格被撤销。除此之外,徐国栋等学者建议稿还规定当执行保护职务的妇女结婚,而结婚的事实使被保护人处于配偶一方的亲权下,保护终止。

以下对三份学者建议稿中的监护人辞职制度与撤销监护人资格制度进行比较评析。

第一,监护人辞职制度的学者建议稿比较评析。关于监护人辞职制度,因王利明等学者建议稿仅在监护终止的情形中规定“监护人因正当理由提出辞职将导致监护终止”,整部建议稿再无其他条款涉及监护人辞职的内容,也未明确何谓“正当理由”,因此该建议稿的监护人辞职制度规定得较为简单。与此相比,梁慧星等学者建议稿与徐国栋等学者建议稿则建立了较完整的监护人辞职制度。关于监护人可以提出辞职的情形,两份学者建议稿的共性在于,都规定了监护人年满 65 周岁、因疾病不能履行监护职责的、住所与被监护人较远等情形,其旨在于保障监护的质量,维护未成年人的合法权益,这些情形也多见于前文考察的国外未成年人监护人辞职的立法中。除此之外,徐国栋等学者建议稿还规定了拥有一定职位或身份的监护人享有辞职的权利,如国家主席、国务院各部部长、最高人民法院法官、教士或任何宗教的神职人员以及国防部队和武警部队的现役军人等。这些允许担任公职的监护人辞去监护职务的规定多源自于《智利民法典》,其背后蕴含了"公益优位于私益"的价值选择,这在前文考察的七个国家立法及其他两份学者建议稿中皆未见相关内容,可谓独具特色。

第二,撤销监护人资格制度的学者建议稿比较评析。关于撤销监护人资格制度,三份学者建议稿都有规定,关于导致撤销监护人资格的情形,三份学者建议稿的共同之处在于都采取了列举的方式,规定当监护人存在作为的侵害未成年人人身或财产权益的行为,如对被监护人家庭暴力、实施犯罪行为等;或当监护人采取不作为的方式不履行监护职责,如遗弃未成年人或怠于履职等,应当撤销监护人的资格。除此之外,徐国栋等学者建议稿还规定了当保护人无资格、不胜任保护职责、可能对被保护人造成不良影响的不道德行为等情形出现时,应当剥夺保护人的资格。

关于提起撤销监护之诉的主体,徐国栋等学者建议稿规定的范围最广,任何人都有权向法院申请,并且法院也可以依职权提起撤销监护人资格之诉,但该建议稿并未规定检察院有此资格;梁慧星等学者建议稿与王利明等学者建议稿规定的范围虽没有徐国栋等学者建议稿规定的范围广,但各有特点:梁慧星等学者建议稿规定监护监督人、被监护人或其亲属以及人民检察院有权提起撤销之诉;王利明等学者建议稿规定未成年人的近亲属及其他利害关系人有权提起撤销之诉。

在撤销监护人资格制度方面,值得注意的是,相比其他两份学者建议稿,王利明等学者建议稿存在以下特点:(1)被撤销的监护人仅限于父母监护人,若按照该建议稿字面的意思,同样是实施了侵害被监护人的行为,父母监护人应当依照该条规定被撤销监护资格,而关系较为疏远的非父母监护人反倒因不符合主体要件而无法被撤销监护资格。这到底是该稿的疏忽,还是在暗示"举轻以名重"的适用法理?王利明等学者建议稿的立法理由中并未对此作出解释。(2)规定了监护人资格恢复制度,这为确有悔改表现的父母监护人恢复其监护资格提供了法律依据。

2. 监护终止后果的学者建议稿比较评析

关于监护终止的后果,三份学者建议稿都作了规定,梁慧星等学者建议稿与王利明等学者建议稿的共性在于都规定了被监护人仍需要监护的,应另行设置监护人。除此之外,梁慧星等学者建议稿还规定了其他两项后果:监护人会同监护监督人对被监护人的财产进行清算;新的监护人尚未确定,监护监督人应为被监护人指定临时保护人。而徐国栋等学者建议稿则规定保护结束,保护人应当公示财产管理账目并且尽快交还被保护人的财产。

第六章　我国未成年人监护制度之完善建议

根据对我国未成年人监护制度的考察与评析,分析其存在的不足,在借鉴法国、德国、日本、瑞士、俄罗斯、英国、美国七个国家相关立法经验以及学者建议稿观点的基础上,结合我国实际,提出以下完善我国未成年人监护制度的立法建议,以期为“民法典·婚姻家庭编”的编纂提供参考。

第一节　我国未成年人监护制度立法体系之完善建议

一、我国未成年人监护制度外部体系之完善建议

关于未成年人监护制度的外部体系,建议采用“总—分”的立法模式,于“民法典·婚姻家庭编”中规定未成年人监护制度,完善《民法总则》中有待进一步细化的内容,增补缺漏的规定,形成未成年人监护制度的不同内容在民法典总则与分则分别规定的体系安排,作此建议的理由在于:第一,当前,我国正值民法典分则编纂之际,《民法总则》已于2017年10月施行,该总则统领整个民事立法,为民法各个部分共同适用的基本规则,民法总则中各项制度规范乃是对民法各个具体领域中的制度、规范的高度概括,是民法中最抽象的部

分。[①]《民法总则》中的监护制度亦遵循此立法技术，其规定的多为未成年人监护制度与成年人监护制度共同适用的通则性内容，其各自的具体制度应有待我国"民法典·婚姻家庭编"细化与完善，两者相辅相成，构成我国未成年人监护制度的完整立法体系。第二，未成年人监护制度兼有补充民事主体行为能力之不足与保障弱势家庭成员合法权益之功能，其兼具主体法与婚姻家庭法的属性，缺少任何一个方面都无法窥得未成年人监护制度的全貌，因此除了在《民法总则》中，还应当于"民法典·婚姻家庭编"中规定未成年人监护制度。

二、我国未成年人监护制度内部体系之完善建议

关于未成年人监护制度的内部体系，建议"民法典·婚姻家庭编"仍然使用"大监护"的概念，未成年人监护制度应当涵盖父母对未成年子女的监护与非父母对未成年人的监护，作此建议的理由在于：1986 年我国《民法通则》颁行，这是中华人民共和国成立后我国法律第一次正式认可并使用"监护"的概念，当时的监护制度即采"大监护"概念，未设置亲权制度。《民法通则》颁行距今已三十余年，在这期间，未成年人监护制度在维护家庭关系、保障儿童权利方面发挥了重要的作用，并且民众可能已经习惯了将父母对子女监督、保护等行为称为"监护"。若现在使用"小监护"概念，将父母对子女的监护分离出未成年人监护制度并单独建立亲权制度，可能会导致民众用法的不适，给人们的生活带来不便，这不符合法的秩序价值。正如我国学者所言，我国的法治之路应当将我国法律文化的传统与实际考虑在内，充分利用本土的法律资源。因此，虽然前文考察的大部分国家和徐国栋等学者建议稿都使用"小监护"概念，但出于对我国立法传统的考虑，建议我国"民法典·婚姻家庭编"中应继续沿用"大监护"概念。不过，基于亲子间特殊的身份关系，应肯定《民法总则》对父母监护特殊化处理的立法思维，"民法典·婚姻家庭编"在

---

① 王利明：《民法总则研究》，中国人民大学出版社 2012 年版，第 76 页。

构建未成年人监护制度时,应对父母的监护和非父母的监护在监护的设立、监护人的权利义务、监护监督等方面适当予以区别。

第二节　我国未成年人监护设立与类型之完善建议

一、未成年人遗嘱监护设立之完善建议

关于遗嘱监护的设立,我们建议,在制定“民法典·婚姻家庭编”时应明确以下内容:

第一,明确有权通过遗嘱指定监护人的父母须具备完全行为能力,并且不存在怠于履行监护职责等侵害子女权益等情形。理由在于:如果父母本身存在怠于履行监护职责、侵害未成年人权益等严重侵犯子女利益的情形,那么我们不能期待这些有“严重劣迹”的父母能指定符合子女最大利益的监护人。并且,根据前文对国外未成年人监护制度的考察,法国、德国、日本、英国、美国都规定了只有未被撤销亲权(监护资格)的父母才有权为子女指定监护人。综上,我们认为,只有不存在怠于履行监护职责、侵害未成年人权益等严重侵犯子女利益行为的父母才有权指定监护人。

第二,明确遗嘱监护的适用顺位优于法定监护。父母作为未成年人的监护人,其一般最了解亲属、朋友的经济、身体、品德状况及承担监护人职位的意愿情况等,而法定监护人范围和顺序的规定仅是基于亲等与血缘关系对监护人适格性的推定。因此,父母指定的监护人可能比依据法定监护人范围和顺序确定的监护人更加合适。所以,我们认为,应当规定在这两类监护的适用顺位上,父母遗嘱指定监护优先于法定监护。

第三,明确遗嘱指定监护的生效时间应当为担任监护人的父母双方或一方死亡时,这里可以分为两种情况:第一,在父母共同监护的情况下,遗嘱指定监护生效于父母双方皆死亡时;第二,在父母一方没有监护能力、被撤销监护资格或失踪而由另一方单独监护的情

况下，遗嘱指定监护生效于担任监护人的父母一方死亡时。遗嘱指定监护生效的时间应当区别于遗嘱生效的时间。遗嘱于遗嘱人死亡时发生效力，而对于父母在遗嘱中的指定监护，应当生效于担任监护人的父母双方或一方死亡时。理由在于：在父母共同监护的情况下，当作出遗嘱指定监护的父母一方死亡，另一方仍为子女的监护人，子女处于生存父母一方的监护之下，此时并没有设立其他监护人的需求；而在父母一方没有监护能力、被撤销监护资格或失踪而由另一方单独监护的情况下，当作出遗嘱指定监护的父母一方死亡，因另一方没有监护能力或被撤销监护资格而无法履行监护职责时，应立即通过先死亡父母一方的遗嘱确认监护人以弥补子女监护的缺位。因此，我们认为，遗嘱指定监护应当生效于担任监护人的父母双方或一方死亡时。

第四，明确父母双方都指定且指定的监护人不同的，以后死亡父母一方指定的人为监护人。理由在于：假设担任监护人的父母二人先后死亡，若先死亡的父母一方通过遗嘱指定了监护人，但是因为父母另一方并未死亡，其仍为未成年人的监护人。在先死亡父母去世较长时间后，先死亡父母一方通过遗嘱指定的监护人可能在经济情况、身体状况或与被监护人家庭的关系等方面发生较大变化，其可能已经不再适合担任监护人，若再按照先去世父母一方的指定确认监护人，恐怕不符合最有利于被监护人的原则。所以，在指定监护人情形发生重大变化的情况下，虽然后死亡父母一方不可以改变先死亡父母一方的遗嘱，但是其可以自己订立遗嘱另行指定其认为适合的监护人，其死后便以其遗嘱指定的人而非先死亡父母一方指定的人作为监护人，以应对被指定监护人情形的变化。并且，根据前文对国外未成年人监护制度立法的考察，德国法、美国法也规定指定不一致时，以后死亡父母一方的指定为准。所以，我们认为，父母双方都有权通过遗嘱指定监护人，但指定的监护人不一致时，以后死亡父母一方的指定为准。

二、未成年人委托监护设立之完善建议

建议在制定“民法典·婚姻家庭编”时，将《民通意见》第22条的委托监护制度上升为立法，并且在委托监护设立的情形方面，明确无论对于父母监护人还是非父母监护人，设立委托监护的情形应限制在监护人外出打工、服刑或疾病等暂时无法履行监护职责的事由中，目的在于防止监护人通过委托监护逃避履行监护职责。

三、监护人的监护资格之完善建议

关于监护人的监护资格，建议在确认监护人时，除考察其监护能力外，还应考察监护人的道德品行，使对监护人素质的考察更加全面。同时，建议增加对监护人的积极资格和消极资格的规定，使对监护人的指定和选任更具操作性。通过借鉴德国法、俄罗斯法和瑞士法的相关规定，建议担任监护人的积极资格包括：成年、具备完全民事行为能力；通过借鉴法国法、日本法和俄罗斯法的相关规定，建议担任监护人的消极资格包括：无行为能力和限制行为能力；与被监护的未成年人利益冲突，如监护人、其配偶或近亲属对被监护人提起诉讼或曾经提起诉讼；有显著行为劣迹，如曾对被监护人故意实施犯罪；有一定识别、判断能力的被监护人反对其作为监护人等。①

四、增加关于监护人拒绝权的规定

在我国目前的未成年人监护制度中，监护的类型包括父母法定监护、委托监护、临时监护、机构监护、协议监护、法定当然监护、遗嘱指定监护、指定监护，以下分别讨论在这几种监护类型中监护人是否享有拒绝权：

对于父母法定监护，履行监护职责是父母的法定职责，其不应当享有拒绝担任监护人的权利。并且，在前文考察的法国、德国、日本、

① 张素丽：《未成年人监护制度的完善》，载《人民论坛》2016年第3期。

瑞士、俄罗斯、英国和美国立法与三份学者建议稿中，皆未规定父母享有拒绝权。

对于委托监护，受托人承担监护职责本就是建立在双方合意的委托合同之上，所以不存在其是否享有拒绝权的问题，若受托人没有依约定履行监护职责，则其应当承担违约责任。

对于临时监护和机构监护，根据我国法律的规定，担任监护人的是居（村）民委员会、民政部门或其下设的未成年人救助保护机构，临时监护与机构监护的建立源自于亲属监护的缺失（或暂时的缺失），其是国家监护和社会监护的体现，是保护未成年人利益的最后一道屏障，具有补充性和义务性。如果连这最后的国家机构或社会机构都有权拒绝监护，那么未成年人将面临无人监护的困境，这不符合保护儿童合法权益的宪法原则之要求。所以，我们认为，在临时监护与机构监护的情况下，监护人不应享有拒绝权。

对于协议监护，当数个具有监护资格的人进行协商，若协商不成，将不会产生监护候选人，自然不存在监护人是否享有拒绝权的问题；若通过协商达成一致意见，那么被确认的监护人也因同意协商的结果而不会拒绝担任监护人，所以也不存在是否享有拒绝权的问题。

关于法定当然监护，第一顺序监护人的祖父母、外祖父母与第二顺序监护人的兄姐为未成年人的近亲属，其担任监护人具有法定性与义务性，一般情况下，其不应享有拒绝权，除非存在影响其履行监护职责的情形。根据前文对国外立法的考察，建议规定当近亲属监护人存在下列情形，其可以拒绝担任未成年人的监护人：(1)当监护人已满一定年龄（如德国法规定的60岁）；(2)已经作为一定数量未成年人的监护人（如德国法规定3个以上）；(3)因疾病或残疾影响监护职责的执行；(4)因其住所远离未成年人所在地而影响监护职责的履行等情形。所以，我们建议在法定当然监护的情形中，近亲属监护人享有有条件的拒绝权。至于法定第三顺序监护人本就是“愿意担任”监护人的其他个人或者组织，所以不存在拒绝监护的问题。

关于遗嘱指定监护，我们认为，应当分为两种情形考虑：第一，如果遗嘱指定的监护人是祖父母、外祖父母或兄姐，那么与其作为法定当然监护人的情形一样，建议赋予其有条件的拒绝权；第二，如果遗嘱指定的是祖父母、外祖父母或兄姐以外的人作为监护人，我们认为，该遗嘱监护人应当享有无条件的拒绝权，理由在于：未成年人监护事务纷繁复杂，监护人承担监护职责旷日持久，对于非近亲属监护人来说，如果不是出于自愿，其很难有动力履行好监护职责。并且，将繁重的监护职责附加于没有照顾、教育被监护人义务的人身上，对其来说是不公平的。因此，对于父母遗嘱指定的祖父母、外祖父母和兄姐之外的监护候选人，建议规定其享有无条件的拒绝权。

关于指定监护，我们认为被居（村）民委员会、民政部门和法院指定的监护人应拥有有条件的拒绝权。理由在于，在具有监护资格的法定监护人中，除了第三顺序监护人是自愿担任监护人的其他个人或组织而不存在拒绝的问题外，第一顺序、第二顺序监护人都属于未成年人的近亲属，如前所述，近亲属监护人应当享有有条件的拒绝权，而此条件应当在居（村）民委员会、民政部门和法院指定监护人之时考察，如果认定监护人存在年龄较大等影响监护职责履行的情形，应当允许其拒绝担任监护人。

综上所述，我们认为，对于父母监护人、临时监护人与机构监护人，不享有拒绝权；在法定当然监护、遗嘱监护和指定监护中，近亲属监护人应享有有条件的拒绝权，这些条件应与允许监护人辞职的情形类似，如监护人年龄较大、有一定数量的未成年子女需要照顾、因疾病或残疾影响监护职责的履行、其住所地距离未成年人住所地较远而影响监护职责的履行等；而对于非近亲属监护人，除了第三顺序监护人是自愿担任监护人的其他个人或组织而不存在拒绝的问题外，应享有无条件的拒绝权，这是对其意志的尊重，体现了法的自由价值。

第三节　我国未成年人监护人的职责之完善建议

一、我国未成年人监护人人身监护职责之完善建议

关于监护人人身监护职责，建议将《民通意见》第 10 条规定的内容“保护被监护人的身体健康，照顾被监护人的生活……对被监护人进行管理和教育”上升为立法，写入“民法典·婚姻家庭编”中，并根据国外未成年人监护人人身监护职责的规定与我国学者建议稿的观点，增加以下内容：(1)医疗同意权，在决定实施何种医疗手段的问题上，医务人员应当取得患者本人或其近亲属的同意，当患者为未成年人并且其没有近亲属或近亲属没有行为能力时，监护人有代其决定实施何种医疗手段的权利。(2)住所指定权，监护人有指定未成年人住所的权利。但需要注意的是，当有数个监护人共同监护时，只有与未成年人共同居住的监护人享有对未成年人住所的指定权。

二、我国未成年人监护人财产监护职责之完善建议

关于监护人财产监护职责，建议根据国外相关立法的规定与我国学者建议稿的观点，在“民法典·婚姻家庭编”中增加以下内容：(1)报酬请求权，监护人因其履行监护职责而享有适当的报酬请求权；(2)补偿请求权，监护人因其履行监护职责而对其预先支付的费用享有补偿的权利；(3)制作财产清单和账目并提交审查、汇报等职责，在监护人履行监护职责之前或之时，在监护监督人的监督下或与监护监督人共同清点未成年人的财产，制作财产清单及账目；在监护人履行职责的过程中，定期更新财产清单及账目，并保留必要的证明材料；监护终结时，提交财产清单及账目进行审核。以下分别详述这三项内容。

(一)增设监护人的报酬请求权

建议在“民法典·婚姻家庭编”中增设监护人报酬请求权的规定,关于报酬的来源,我们建议:首先,被监护人有财产的,从其个人财产中支付。设置监护是为了保障未成年人的人身及财产权益,如果未成年人有财产,自然应当用其自己的财产支付监护人提供监护服务的“对价”。根据前文对国外监护人报酬规定的考察,《德国民法典》第1836条、《日本民法典》第862条、《瑞士民法典》第404条都规定,监护人的报酬应当首先来源于被监护人本人的财产,被监护人财产不足以支付甚至没有财产的,报酬应由被监护人的抚养人承担,未成年人抚养人的职责之一在于为未成年人支付日常生活的开销,对其提供经济上的补给。监护人的报酬与购买被监护人衣食所需的日常开销一样,是监护人提供监护服务的费用,在未成年人没有财产或财产不足以支付的情况下,抚养人自然有义务支付此费用。最后,当被监护人没有财产或财产不足以支付,并且被监护人没有抚养人、抚养人没有抚养能力或抚养人财产不足以支付的,由民政部门支付。通过监护事务将未成年人培养成对国家有用的人才,传承民族的文化,为国家输送劳动力,这有利于国家的发展、繁荣与富强,所以在被监护人没有财产且其抚养人缺失等情况下,国家自然应当作为最终责任主体购买培育其国民的监护服务。根据前文对国外监护人报酬立法的考察,《瑞士民法典》第404条规定,当无法从被监护人的财产中支付或被监护人没有财产,监护人的报酬应当由州支付。

关于报酬的数额,我们建议,不宜确定具体的标准与数额,而应当根据监护人的履职情况、监护的时间及当地的人均收入等情况确定。理由在于:“监护不是为获取劳动报酬而设立的,而是以保护被监护人利益为义务的职责。”[①]监护事务也并非商品,并不存在由市场供求关系决定的具体价格,在不同的监护关系中,不同的监护人对

① 尹志强:《未成年人监护制度中的监护人范围及监护类型》,载《华东政法大学学报》2016年第5期。

报酬数额的要求可能不一样,其付出的精力与时间也各不相同,所以应当根据监护人的履职情况、监护的时长及当地的人均收入等情况确定报酬的数额。

关于享有报酬请求权的主体,我们建议,将享有报酬请求权的主体限制在非近亲属监护人的范围内,排除近亲属监护人和机构(包括机构作为临时监护人的情形)作为监护人享有报酬请求权的情形。

排除近亲属监护人享有报酬请求权的原因在于:首先,报酬请求权与近亲属对未成年人的抚养义务存在冲突。我国现行《婚姻法》第28条、第29条规定,有负担能力的祖父母、外祖父母、兄、姐对于父母已经死亡或父母无力抚养的未成年人有抚养的义务。当未成年人父母已死亡或无力抚养,祖父母、外祖父母或兄姐对未成年人有提供经济支持的义务,若这些近亲属监护人可以就其履行监护职责收取报酬,就相当于其收回或部分收回了对被监护人提供的经济支持,规避了抚养义务。其次,报酬请求权与我国的亲情伦理不符。与欧美国家不同,我国是重视亲缘与伦理的国家,在当前的家庭结构方面,根据2010年人口普查的数据显示,我国家庭规模平均为3.09人/户,可见,核心家庭已呈主流趋势。[①] 但是,较小的家庭规模并未隔断亲属间的亲缘纽带,许多双职工家庭的孩子出生后,虽然未成年人的父母尚在并且有监护能力,但苦于没有照料孩子的时间,年幼的孩子往往由祖父母、外祖父母或者年龄较大的兄、姐照顾、教育和保护,这些近亲属是事实上的监护人。对于这些近亲属来说,将家族中的幼子抚养教育成人,有利于整个家族子嗣的传承、血脉的延续。所以,基于亲情纽带的维系、亲属情感的驱动,祖父母、外祖父母与兄姐等近亲属作为因监护而受益的家族中的一员,其也存在担任监护人的动力与意愿,甚至可能对繁重的监护事务甘之如饴,对长期的经济

① 国务院人口普查办公室:《中国2010年人口普查资料》,载http://www.stats.gov.cn/tjsj/pcsj/rkpc/6rp/indexch.htm,最后访问时间:2017年11月6日。

付出不求回报，在这样的家族观念下，近亲属监护人一般没有要求报酬的诉求。再次，有学者认为，“因监护方式多为家庭监护，因此监护关系多为家庭关系，而家庭成员间的权利义务关系不同于普通民事关系，基于血缘和婚姻而产生的家庭成员间的权利与义务并不完全对等”。[①] 我们认为，因为近亲属之间存在特殊的人身关系，法律赋予了他们间一系列的权利义务，虽然在一项制度下，近亲属间的权利义务看似不对应、不公平，但是这种不公平可能在另一项制度中被弥补，如规定近亲属监护人不享有报酬请求权，但法律同时也规定，当未成年人去世后，近亲属监护人享有继承权；祖父母、外祖父母及曾抚养弟妹的兄姐在特定情形下也有要求孙子女、外孙子女和弟妹扶养的权利。因此，从法律对近亲属整体权利义务的配置来看，即使规定近亲属监护人不享有报酬请求权仍然是符合权利义务相一致原则的。最后，从国外立法来看，在前述大陆法系五个国家的亲权制度中，没有一个国家规定父母享有报酬请求权；从学者建议稿的观点来看，梁慧星等学者建议稿也排除近亲属监护人享有报酬请求权，其中第 1902 条规定可以从被监护人的财产中向监护人支付合理的报酬，但监护人为法定扶养义务人的除外。我国现行《婚姻法》第 28 条、第 29 条规定，当父母无力抚养或已死亡的，祖父母、外祖父母或兄姐对未成年人有抚养义务，而祖父母、外祖父母或兄姐同时是未成年人的近亲属，可见，梁慧星等学者建议稿也排除近亲属监护人享有报酬请求权。综上，我们建议，应当排除近亲属监护人享有报酬请求权。

根据对我国当前未成年人监护制度的考察，承担监护职责的机构包括居（村）民委员会、民政部门及其下设的未成年人救助保护机构、法律规定的其他有关组织。排除这些机构监护人享有报酬请求权的原因在于：首先，这些组织均为国家机构或社会组织，其在监护人缺失的情形下接管、安置未成年人，是国家干预监护事务的方式之

---

① 尹志强：《未成年人监护制度中的监护人范围及监护类型》，载《华东政法大学学报》2016 年第 5 期。

一，是监护发挥社会保障职能的体现，机构监护人不应当享有报酬请求权。其次，即使机构监护人有权收取报酬，在直接监护主体（机构中负责具体监护职务的职员）与收取报酬的主体（一般为机构本身）分离的情况下，报酬对于一般监护人发挥的激励作用也无法在机构监护人上产生效果。再次，根据前文对国外监护人报酬立法的考察，《德国民法典》第 1836 条也规定，少年局或社团作为监护人的，没有报酬请求权。所以，规定机构监护人没有报酬请求权具有域外经验的支撑。最后，梁慧星等学者建议稿也排除了机构监护人的报酬请求权，其中第 1902 条规定可以从被监护人的财产中向监护人支付合理的报酬，但监护人为公职机构的除外。综上，我们建议，应当排除机构监护人的报酬请求权。

（二）增设监护人的补偿请求权

根据前文对国外未成年人监护人职责的考察与借鉴，我们建议增加监护人的补偿请求权，规定监护人履行监护职责所需的费用来源于未成年人自己的财产或其抚养人提供的抚养费，如果监护人先行垫付了履行监护职责应当给付的费用，其有权要求未成年人或其抚养人对先行垫付的费用进行补偿。

关于补偿的来源，建议规定被监护人有财产的，从其财产中支付；没有财产或财产不足以支付的，由抚养人支付；对于未成年人没有财产并且没有抚养人或抚养人没有抚养能力的，享有补偿请求权的主体可以要求民政部门下设的未成年人保护机构要求补偿，未成年人保护机构本身作为监护人的除外，这是家庭抚养缺失时国家履行抚养职责的体现。

对于享有补偿请求权的主体，因《婚姻法》第 28 条、第 29 条规定祖父母、外祖父母及兄姐对于父母已经死亡或父母无力抚养的未成年人有抚养的义务，所以若父母无力抚养或已死亡的，近亲属监护人（包括祖父母、外祖父母和兄姐）本身为未成年人的抚养义务人，其不应当享有补偿请求权；而若父母尚在且有抚养能力的，即使近亲属作为监护人，其也没有抚养未成年人的义务，因此其在该情形下应享有补偿请求权。对于非近亲属监护人，其在任何情况下都不为被监护人的抚养人，因此其应当享有补偿请求权，但是在民政部门下设的未成年人保护机构作为监护人的情况下，如果被监护人没有财产并且没有抚养人或抚养人没有抚养能力的，未成年人保护机构本身作为最终抚养主体，其担任监护人没有补偿请求权。综上，建议享有补偿请求权的监护人范围为：父母尚在并且有抚养能力时，担任监护人的近亲属；非近亲属监护人，但是未成年人保护机构作为监护人并且被监护人没有财产、没有抚养人或抚养人没有抚养能力的情况除外。

（三）增设监护人制作财产清单和账目并提交相关机构审查的职责

根据前文对国外未成年人监护人职责的考察与借鉴，对于制作财产清单和账目并提交审查、汇报等职责，建议以时间的顺序分为三个部分：(1)在监护开始时，监护人在监护监督人（如果已设置）的监督下或与监护监督人共同清点财产、制作财产清单及账目并将清单与账目报送至主管机关审查、备案。(2)在履行监护职责的过程中，监护人应根据未成年人财产的变化更新财产清单和账目，保留必要的证明材料，并定期向主管机关报告被监护人的财产管理情况。(3)在监护终结时，监护人应当清算被监护人的财产，同时制作最终财产的清单与账目，若设置了监护监督人，监护监督人应当进行检查或一同制作清单与账目，然后将其交予主管机关检查、审核。

我们认为，应当免除近亲属监护人制作财产清单和账目并提交审查、汇报等职责，理由在于：要求监护人制作财产清单和账目并提交审查、汇报是为了防范监护人的道德风险，预防其隐瞒、虚报未成年人的财产甚至占为己有，损害未成年人的财产权益。但是，如前所述，我国是一个亲缘氛围浓厚的国家，基于亲情纽带的维系、亲属情感的驱动，近亲属担任监护人往往表现出高度的自愿性与责任心，其侵占未成年人财产、损害其财产权益的可能性较非近亲属监护人来说较小。再者，根据前文对国外相关立法的考察，瑞士法也规定若是未成年人的近亲属担任监护人，在未成年人保护机构认为妥当的情形下，可以免除监护人提交财产清单、出具报告和定期提交账目的义务。因此，建议豁免近亲属监护人制作财产清单和账目并提交审查、汇报的职责。

至于检查、审核财产清单和账目的主管机关，根据前文对国外相关立法的考察，在规定了监护人这一职责的国家中，法国法规定由初审法院的书记员承担此职责，德国法规定由家事法院承担此职责，日本法规定由家庭法院承担此职责，瑞士法规定由未成年人保护机构承担此职责。可见，有三个国家规定法院作为主管机关承担检查、审核财产清单和账目的职责，有一个国家是以行政监督机构作为主管机关。对此，有的学者认为，“鉴于我国司法资源相对紧张，监护人和监护监督人提交的报告以及账目可由民政部门进行审核。只有当民政部门在审查中发现监护人或监护监督人损害被监护人利益的，才能向人民法院起诉”。[①] 我们赞同该学者的观点，虽然我们建议免除近亲属监护人制作财产清单与账目的职责，但是由于我国人口众多，仍然存在大量由非近亲属对未成年人进行监护的情形，如果这些由非近亲属监护人制作的财产清单和账目都提交到法院检查、审核，目前面临“案多人少”问题的法院将更加不堪重负，但如果先由未成年人监护监督机构——民政部门下设的未成年人保护机构对这些财产清单和账目进行行政审查，而只有当发现监护人可能侵害未成年人利益时，这些财产清单和账目才进入司法审查程序，这既发挥了未成年人监护监督机构的行政监督作用，又能避免给本身办案压力较大的法院增加额外的负担，是目前比较符合我国国情的立法选择。

三、增设相关机构审查非父母监护人从事特殊监护事务

我国目前尚未规定相关机构有权对监护人从事特殊监护事务予

① 王竹青：《论未成年人国家监护的立法构建——兼论民法典婚姻家庭编监护部分的制度设计》，载《河北法学》2017 年第 5 期。

以审查或批准,而是采取"一刀切"的方式,在不同法中分散规定了监护人被禁止从事的事务,除此之外都属于监护人可以自由行事的范围。根据前文对国外未成年人监护制度的考察,需要法院或行政监督机构批准或同意的行为一般存在较大的对未成年人不利的风险,一味放宽不利于防止监护人借履职之名损害未成年人的利益。因此,应当规定部分监护人履行特殊监护事务须得到相关机构的审查与批准,只有经过相关机构的批准或同意,监护人才能从事这些特殊的监护事务。

关于哪些监护人从事特殊监护事务须得到相关机构的批准或同意,根据前文对外国立法的考察,法国、日本、瑞士与俄罗斯的立法都将从事特殊监护事务须得到相关机构的批准或同意的监护人限制在非父母监护人的范围内,父母从事同样的亲权事务无须征得相关机构的同意。即使德国同时规定了父母和非父母从事特殊监护事务都应当得到监护监督人或家事法院的同意,该国也规定父母须得到批准或同意的特殊监护事务较非父母监护人更少。[①] 可见,前述大陆法系国家在从事特殊监护事务上给予父母较非父母监护人更为宽松的审查。基于父母监护人与非父母监护人设立的信任基础存在差异,也为了减轻相关机构的负担,我们建议将从事特殊监护事务须得到相关机构的批准或同意的监护人范围限制于非父母监护人。

关于须得到相关机构审查或批准的监护事务,根据前文对外国立法与学者建议稿观点的考察,我们建议包含以下几类:(1)处分被监护人的特殊动产或不动产,如处分土地、土地权利、在建船舶等;在被监护人的不动产或特殊动产上设立抵押或其他物权;(2)将属于被监护人的财产用于可支付利息的投资;(3)以被监护人的名义实

① 根据《德国民法典》第1643条、第1821条与第1822条之规定可知,监护人须得到家事法院批准或同意的监护事务包括《德国民法典》第1821条与第1822条所列举的全部事务,但是父母须得到家事法院批准或同意的事务仅包括《德国民法典》第1821条与第1822条第1项、第3项、第5项、第8－11项。

行和解;(4)以被监护人的名义订立或同意数额较大的借贷、为他人承担债务、设立担保或将被监护人的财产赠与他人;(5)部分监护人要求的报酬和补偿。(6)其他须相关机构审查或批准的监护事务。

关于对特殊监护事务审查的标准,建议借鉴《民法总则》第35条的规定,以监护人的行为是否符合被监护人的利益为标准,对监护人履行特殊的监护事务进行审查,确认符合被监护人利益的,予以同意,否则禁止监护人从事该监护事务。

关于有权同意或批准监护人从事特殊监护事务的机构,根据前文对国外未成年人监护立法的考察,法国法中享有同意权的机构是亲属会议和法院;德国法中享有同意权的机构是监护监督人和法院;日本法中享有同意权的机构是监护监督人;瑞士法中享有同意权的机构是行政监督机构(未成年人保护机构);俄罗斯法中享有同意权的机构是行政监督机构(监护和照管机关);美国法中享有同意权的机构是法院。我们认为,我国人口众多,基层法院存在"案多人少"的状况,如果在法院已经担负较大工作量的情况下,再让其承担审查、批准监护人实施特殊监护事务的职责,法院可能不堪重负。因此,建议我国应当由监护监督人承担此项任务,其事前监督、全面监督的特点能最大限度保证对这些特殊事务监督到位,防止监护人以履职为名侵害未成年人的权益,并且德国法、日本法也将审查、批准监护人实施特殊监护事务的职责交予监护监督人。所以,建议由监护监督人负责对监护人履行特殊监护事务进行批准。但是,若没有指定监护监督人,建议由未成年人保护机构承担此项职责为宜,民政部门下设的未成年人保护机构是我国的行政监督机构,其在处理未成年人监护事务方面有相关工作的经验,具备承担此项工作的人力、物力,并且在瑞士和俄罗斯法中也是由行政监督机构负责此项监督工作。综上,建议由监护监督人作为同意或批准的机关,但在没有指定监护监督人的情况下,由未成年人保护机构负责审查与批准监护人实施特殊监护事务的职责是符合我国国情的选择。

关于监护人未得到相关机构批准或同意就从事这些特殊监护事

务的法律后果，我们认为，基于这些特殊监护事务存在较大的对未成年人不利的风险，若监护人擅自从事这些行为而给未成年人造成损失的，监护人应当承担赔偿责任。

四、我国委托监护中受托人职责之完善建议

关于委托监护中受托人的职责，建议在制定“民法典·婚姻家庭编”时，将《民通意见》第22条的内容上升为立法，规定监护人可以将部分或全部监护职责委托给第三人履行。并且，关于受托人是否有权将监护职责转委托，我们认为，当受托人履行的是财产监护职责（如受托人为专业的理财机构，其因具备专业的理财能力而管理未成年人的财产，使其保值增值），经委托人的同意，可以转委托；但当受托人履行的是人身监护职责（如受托人为托儿机构，其因具备专业的照管能力而看护未成年人的人身，对其进行教育、保护），为了给未成年人营造稳定的监护环境，我们建议，即使委托人同意，受托人也不得将未成年人的人身监护职责转委托给第三人，这才符合最有利于被监护人的原则。

第四节　我国未成年人监护的监督之完善建议

根据前文对国外未成年人监护监督立法与学者建议稿观点的考察，我们建议，按照监督主体为分类标准，我国监护监督制度可以分为监护监督人的监督、国家机关的监督（包括行政机关和司法机关）和社会监督（包括个人与社会组织的监督）。监护监督人的监督是被指定或选任的监督人对监护人履职最直接、高效的一类监督；社会监督包括居（村）民委员会、学校、幼儿园以及其他社会机构或任何人对监护人行为的监督；国家监督包括行政监督和司法监督，前者一般是指国家民政部门下设的未成年人救助保护机构的行政监督，后者一般是指法院、检察院和公安机关的司法监督。有学者针对社会公众对我国未成年人监护监督机构设置的观点进行了调查，根据调

查统计的数据显示，主张由户籍所在地民政部门作为监护监督机构的占56.19%；主张由户籍所在地县级以上人民法院作为监护监督机构的占24.76%。可见，根据该学者的调查，民政部门和法院作为监护监督机构存在群众意见的基础。[①] 对于监护监督制度具体内容的完善建议，我们从监护监督人制度、相关机构走访特殊家庭的制度与增设诉讼代表人制度三个方面分别阐述。

一、完善监护监督人制度

对于设立监护监督人的情形，我们建议当近亲属外的人担任监护人时应当确认监护监督人。之所以认为近亲属担任监护人时不必设立监护监督人，是基于亲情纽带的维系、亲属情感的驱动，近亲属担任监护人往往表现出高度的自愿性与责任心，其侵害未成年人权益的可能性较非近亲属监护人更小。所以，对于近亲属担任监护人的情形应当与父母一样，以“信任”为基础，免除监护监督人的设置。

关于监护监督人的确认，我们建议借鉴《德国民法典》第1792条的规定、梁慧星等学者建议稿第1892条的规定以及徐国栋等学者建议稿第182条的规定，监护监督人确定的规则可以参考监护人确定的规则，具体来说：第一，在法定当然监护中，对于近亲属外的愿意担任监护人的个人或者组织担任监护人，居（村）民委员会或民政部门在同意其担任监护人时应同时指定监护监督人；第二，在遗嘱监护中，父母应当于指定非近亲属作为监护人的同时指定监护监督人；第三，在委托监护中，委托人一方面是未成年人的监护人，另一方面作为受托人的监护监督人；第四，在机构监护中，对于居（村）民委员会等社会机构担任监护人的，以当地民政部门作为监护监督人；对于民政部门担任监护人的，以上一级民政主管部门作为监护监督人。

关于监护监督人的数量，根据前文对国外未成年人监护监督人

① 林艳琴：《我国未成年人监护制度的理论与实践》，中国法制出版社2017年版，第60页。

立法的考察，只有《法国民法典》第 409 条设置了监护监督人只能为一人的限制，而《德国民法典》和《日本民法典》都没有限制监护监督人的数量。我们认为，监护监督制度旨在于监督监护人的行为，保障未成年人的合法权益，至于应安排多少监督人才能发挥监督的效果，应依具体的监护情形而定，如果设置一名监督人就可以对监护人的履职行为进行全面监督，那么确定一位监护监督人足矣，否则就应当选任更多监督人。可见，不同的监护情形对监护监督人数量的要求可能不同，法律无须对监护监督人的数量进行限制。

关于监护监督人的职责，根据前文对法国、德国和日本监护监督人立法的考察，建议包括：第一，监督监护人的履职行为。在监护开始时，监督或协助监护人制作财产清单与账目；在监护人履职过程中，审阅、检查财产清单与账目，要求监护人报告监护职责的执行情况等；监护终结时，监督或协助监护人制作最终财产清单与账目并提交监护监督机构审查。第二，批准或同意监护人从事特殊监护事务。第三，在监护人与被监护人利益冲突时代表被监护人的利益行事。第四，当监护人不当履行监护职责的，监护监督人应当视情况向未成年人保护机构报告或向法院起诉。第五，监护终止时，监护监督人并不当然取代监护人，而是向未成年人的近亲属或监护监督机构通知监护终止的消息，并且在必要的情况下提议任命新的监护人。

二、完善相关机构走访特殊家庭的制度

关于我国目前相关机构走访特殊家庭的制度，建议免除法院走访监护人未被撤销监护资格的家庭之义务，规定民政部门、居（村）民委员会担负定期走访重点关注家庭的职责，同时扩大被走访重点家庭的范围。考虑到我国人口众多，国家和社会公共资源有限，监督机构走访所有未成年人的家庭并不实际。并且，对未成年人权益保护情况良好的家庭进行干预，是对家庭私生活的侵犯。所以，应当明确民政部门和居（村）民委员会走访的重点家庭的范围，这些重点关注的家庭应当包括：监护人资格被撤销又恢复的家庭、监护人曾经被

起诉撤销监护资格但判决不予以撤销的家庭、监护人曾有伤害未成年人权益或不履行监护职责但尚未被提起撤销监护资格之诉的家庭、监护人有不良嗜好(如赌博、酗酒、吸毒)或犯罪行为但尚未被提起撤销监护资格之诉的家庭等。民政部门、居(村)民委员会的工作人员应当依职权定期对上述需重点关注的家庭进行走访,或者要求监护人带领未成年人定期到居(村)民委员会或民政部门进行访谈。在走访的过程中,为了防止监护人给未成年人造成心理压力而使未成年人不敢表达真实意愿,对监护人和未成年人的访谈应当分别进行。居(村)民委员会及民政部门的工作人员应当将访谈内容记录在案,对同一家庭过往的访谈内容有记录的,应当将此次访谈的情况与之前访谈记录的内容进行对比,观察监护人及未成年人态度、行为及关系的变化,为是否采取进一步措施(如代未成年人申请人身安全保护令或提起撤销监护人资格之诉)提供依据与参考。

三、增设诉讼代表人制度

关于诉讼代表人制度,建议借鉴法国、瑞士、英国和美国的立法经验,建立未成年人诉讼代表人制度,并将其纳入我国司法援助制度。规定在涉及未成年人利益的案件中,如果未成年人与其监护人利益冲突或监护人不能履行诉讼代理的职责等情形出现时,由法院依据司法援助制度,依未成年人近亲属、其他利害关系人申请或依职权,为未成年人选任诉讼代表人出庭,诉讼代表人代表未成年人的利益参与诉讼程序,以保障其实体与程序利益,协助法院迅速、公正地处理案件。

第五节　我国未成年人监护的终止之完善建议

一、监护终止事由之完善建议

基于法律后果的不同,建议将《民法总则》中列举的监护终止之事由区分为绝对终止的事由和相对终止的事由。具体来说:监护绝对终止的事由应包括:被监护人成年、取得完全民事行为能力及死亡;监护相对终止的事由包括:监护人死亡、丧失监护能力或行为能力、辞职及被撤销监护资格。并且,在导致监护绝对终止和相对终止的事由之外保留兜底条款:人民法院认定监护关系终止的其他情形,用以囊括列举遗漏的情形。

同时,明确两类特殊的监护相对终止事由:对于监护人被撤销监护资格后,新的监护人被指定前未成年人保护机构的临时监护,除上述事由外,该临时监护还止于未成年人的近亲属、其他监护人或关系密切的其他亲友将未成年人接走之时;对于委托监护,除上述事由外,监护还终止于受托人的监护任务完成、委托合同规定的期限届满、委托合同被撤销或解除之时。

以下对监护人辞职制度、撤销和恢复监护人资格制度与监护终止的后果三个方面提出立法完善建议。

(一)增加关于监护人辞职权的规定

当赋予未成年人监护人以辞职权,至于辞职权是否应当附加条件,有学者认为,"即便没有重大事由,监护人也可因不愿再承担监护责任而辞职,原因在于:监护职责琐碎繁杂且旷日持久,因此,只有在监护人完全自愿的前提下才能保证监护的质量,维护未成年人的合法权益。如果监护人不愿再担任监护人,将可能对被监护人造成伤害。同时,设置辞职权能消除监护候选人的顾虑,即使其同意担任监护人,但在其履职的过程中一旦不愿继续担任监护人,其可以随时无条件地提出辞职,这样才能使被监护人有更多的机会找到最适合的监护人"。[①] 我们认为,监护的本质为带有公益性质的职责,其关乎作为弱势群体的未成年人之人身和财产权益,不应随意抛弃。若赋予监护人无条件的辞职权,则可能导致监护人随意辞职以逃避监

---

① 王竹青:《论未成年人国家监护的立法构建——兼论民法典婚姻家庭编监护部分的制度设计》,载《河北法学》2017 年第 5 期。

护职责，造成监护人的临时缺位，或者可能导致监护人频繁更换，这不利于建立稳定的监护关系，不符合最有利于被监护人的原则。

所以，我们认为，应当对辞职权附加条件，建议只有在发生影响监护人履职的事由时才能辞职。根据前文对国外相关立法的规定与学者建议稿观点的考察，建议允许监护人辞职的情形包括：第一，监护人已满一定年龄；第二，需要照顾、抚养一定数量的未成年子女；第三，因疾病或残疾影响监护职责的执行；第四，因监护人住所地发生变化影响监护职责的履行；第五，监护人经济状况发生变化以至于影响监护职务的履行；第六，监护人与被监护人的关系发生变化以至于影响监护职责的履行等。

（二）撤销与恢复监护人资格制度之完善建议

1. 完善撤销监护人资格的情形

对于《民法总则》第 36 条“无法履行监护职责并且拒绝将监护职责部分或者全部委托给他人”这一规定，建议增加“无法将监护职责部分或者全部委托给他人”这一情形，即规定“无法履行监护职责并且拒绝或无法将部分或者全部监护职责委托于他人，导致被监护人陷入危困情形的，应当撤销监护人资格”，这样就可以解决当监护人无法履职且无法委托监护但却不能撤销其监护资格之问题。

2. 扩大有权提起撤销监护人资格之诉主体的范围

在《民法总则》第 36 条规定的有权提起撤销监护人资格之诉主体的基础上，增加检察机关拥有起诉的权利，明确检察院履行监督职责的方式是直接提起撤销之诉而不是向民政部门提出起诉的建议。

3. 完善撤销监护人资格的后果

建议对《民法总则》第 36 条“按照最有利于被监护人的原则依法指定监护人”的规定增加“原监护人被撤销后，未成年人没有其他监护人”的条件限制，即规定人民法院依据相关人或组织的申请，撤销监护人的资格，并在必要时安排临时监护，原监护人资格被撤销后，未成年人没有其他监护人的，人民法院应当按照最有利于被监护人的原则依法指定监护人。

4. 监护人资格恢复制度之完善建议

建议将2014年《处理监护人侵害未成年人权益行为的意见》第39条的内容上升为法律，写入"民法典·婚姻家庭编"中，规定未成年人救助保护机构或者其他未成年人保护组织应对申请恢复监护资格之人的监护意愿、悔改表现、监护能力、身心状况、工作生活情况等进行调查，形成调查评估报告。而法院在考量是否恢复监护人资格时可以参考此调查评估报告作出判决。

二、监护终止后果之完善建议

针对《民法总则》中关于监护终止后果规定的不足，建议"民法典·婚姻家庭编"增加规定：

第一，财产清单和账目的检查、审核。我们建议，对于非近亲属监护人，除非因监护人本人死亡或丧失行为能力而导致监护终止，否则，无论是监护绝对终止还是相对终止的情形，非近亲属监护人都应当会同监护监督人（如果已设立）或在其监督下制作财产清单和账目，并提交给监护监督机构检查、审核。对于近亲属监护人，因免除其制作财产清单和账目的义务，因此在监护终止时也无将财产清单和账目交给监护监督机构检查、审核的职责。

第二，财产清单、账目及财产的提交。我们认为，在监护绝对终止的情形中，监护人应当将原始财产清单和账目、审核后的现有财产清单和账目（在非近亲属监护的情况下）和未成年人的财产交给已经具备完全民事行为能力的原被监护人（在原被监护人成年的情况下）或其继承人（在原被监护人死亡的情况下）；在监护相对终止的情形中，监护人应当将原始财产清单和账目、审核后的现有财产清单和账目（在非近亲属监护的情况下）和未成年人的财产交给下一任监护人。

第三，选任新的监护人。当监护相对终止，被监护人仍为不完全民事行为能力人，除非是共同监护的情形，未成年人还有其他监护人的，否则应当为其确认新的监护人。关于如何选任新的监护人，若父母一方单独监护的，当作为监护人的父母一方死亡、丧失监护能力或被撤销监护资格的，建议借鉴德国法的规定，规定如果由父母另一方监护符合最有利于被监护人利益的，由生存父母一方监护，否则应当另行确认监护人；若父母双方都死亡、丧失监护能力或被撤销监护资格的，应当另行确认监护人。关于如何另行确认监护人，应当按照法定监护人的范围和顺序确认监护人。如果具有监护资格的人有数人，他们可以订立协议协商确认监护人。对监护人的确定有争议的，由被监护人住所地的居（村）民委员会、民政部门或法院指定监护人。未成年人没有其他监护人的，由民政部门或具备监护能力的居（村）民委员会担任监护人。

参考文献

一、中文参考文献

(一)著作类

1. 史尚宽:《亲属法论》,中国政法大学出版社 2000 年版。

2. 王泽鉴:《民法概要》,中国政法大学出版社 2003 年版。

3. 杨大文主编:《婚姻家庭法》,中国人民大学出版社 2000 年版。

4. 林艳琴:《我国未成年人监护制度的理论与实践》,中国法制出版社 2017 年版。

5. 李霞:《监护制度比较研究》,山东大学出版社 2004 年版。

6. 林菊枝:《亲属法新论》,台湾五南图书出版股份有限公司 2006 年版。

7. 陈苇:《中国婚姻家庭立法研究》(第 2 版),群众出版社 2010 年版。

8. 余延满:《亲属法原论》,法律出版社 2007 年版。

9. 李敏志:《比较家庭法》,北京大学出版社 1988 年版。

10. 陈棋炎等:《民法亲属新论》,三民书局 2002 年版。

11. 曹诗权:《未成年人监护制度研究》,中国政法大学出版社 2004 年版。

12. 杨立新:《人身权法论》,中国检察出版社 1996 年版。

13. 杨大文主编:《亲属法》,法律出版社 1997 年版。

14. 梁慧星:《民法》,四川人民出版社 1989 年版。

15. 梁慧星:《民法总论》(第 4 版),法律出版社 2011 年版。

16. 周枏:《罗马法原论》,商务印书馆 2015 年版。

17. 龙卫球:《民法总论》,中国法制出版社 2002 年版。

18. 马忆南:《婚姻家庭继承法学》,北京大学出版社 2011 年版。

19. 林秀雄:《婚姻家庭法之研究》,中国政法大学出版社 2001 年版。

20. 何勤华、魏琼:《西方民法史》,北京大学出版社 2006 年版。

21. 武树臣等:《中国传统法律文化》,北京大学出版社 1994 年版。

22. 瞿同祖:《中国法律与中国社会》,中华书局 1981 年版。

23. 陈惠馨:《亲属法诸问题研究》,台湾月旦出版公司 1993 年版。

24. 王歌雅:《婚姻家庭继承法》,清华大学出版社 2008 年版。

25. 朱勇主编:《中国法制通史》(第 9 卷),法律出版社 1999 年版。

26. 梅仲协:《民法要义》,中国政法大学出版社 1998 年版。

27. 胡平仁:《法理学》,中国民主法制出版社 2014 年版。

28. 葛洪义主编:《法理学》,中国政法大学出版社 1999 年版。

29. 柳之茂主编:《法理学》,中国社会科学出版社 2012 年版。

30. 时显群:《法理学》,中国政法大学出版社 2013 年版。

31. 张文显主编:《法理学》(第 3 版),法律出版社 2007 年版。

32. 卢乐山主编:《学前教育原理》,北京师范大学出版社 1991 年版。

33. 曹贤余:《儿童最大利益原则下的亲子法研究》,群众出版社 2015 年版。

34. 王勇民:《儿童权利保护的国际法研究》,法律出版社 2010 年版。

35. 夏吟兰:《美国现代婚姻家庭制度》,中国政法大学出版社

1999 年版。

36. 武志红:《为何家会伤人》,北京联合出版公司 2014 年版。

37. 王竹青、杨科:《监护制度比较研究》,知识产权出版社 2010 年版。

38. 杨立新:《家事法》,法律出版社 2013 年版。

39. 石雷:《英国现代离婚制度研究》,群众出版社 2015 年版。

40. 杨大文主编:《婚姻家庭法》(第 4 版),中国人民大学出版社 2008 年版。

41. 中国审判理论研究会民商事专业委员会编著:《〈民法总则〉条文理解与司法适用》,法律出版社 2017 年版。

42. 王竹青:《美国持续性代理权和成年人监护制度立法及法律适用》,知识产权出版社 2016 年版。

43. 梁慧星主编:《中国民法典草案建议稿附理由 · 亲属编》,法律出版社 2013 年版。

44. 徐国栋主编:《绿色民法典草案》,社会科学文献出版社 2004 年版。

45. 王利明主编:《中国民法典学者建议稿及立法理由 · 总则编》,法律出版社 2005 年版。

46. 李洪祥:《我国民法典立法之亲属法体系研究》,中国法制出版社 2014 年版。

47. 王利明:《民法总则研究》,中国人民大学出版社 2012 年版。

48. 苏力:《法治及其本土资源》,北京大学出版社 2015 年版。

49. 陈苇:《婚姻家庭继承法学》(第 3 版),群众出版社 2017 年版。

50. 张伟、赵江红:《亲属法学》,中国政法大学出版社 2009 年版。

51. 王利明主编:《人格权法新论》,吉林人民出版社 1996 年版。

52. 孟令志、曹诗权等:《婚姻家庭与继承法》,北京大学出版社 2006 年版。

53. 杨立新:《亲属法专论》,高等教育出版社 2005 年版。

54. 徐国栋:《认真地对待民法典》,中国人民大学出版社 2004 年版。

55. 陈苇主编:《外国婚姻家庭法比较研究》,群众出版社 2006 年版。

56. 陈苇主编:《当代中国内地与港、澳、台婚姻家庭法比较研究》,群众出版社 2012 年版。

57. 刘丕峰:《中国古代私有财产权的法律文化研究》,山东人民出版社 2011 年版。

(二)论文类

58. 陈苇:《离婚后父母对未成年子女监护权问题研究》,载《中国法学》1998 年第 3 期。

59. 刘征峰:《被忽视的差异——〈民法总则(草案)〉"大小监护"立法模式之争的盲区》,载《现代法学》2017 年第 1 期。

60. 鲁贵洋:《论以权利制约权力》,载《新西部》(理论版)2014 年第 9 期。

61. 王印红、吴金鹏:《对理性人假设批判的批判》,载《重庆大学学报》2015 年第 6 期。

62. 朱垭粱:《〈民法总则(草案)〉第 17—22 条评析——监护与信托的功能耦合与制度融合》,载《安徽大学学报》(哲学社会科学版)2016 年第 6 期。

63. 徐国栋:《"人身关系"流变考(上)》,载《法学》2002 年第 6 期。

64. 张善斌、宁园:《论未成年人监护的价值理念——以国家干预及其尺度为视角》,载《武汉理工大学学报》(社会科学版)2016 年第 6 期。

65. 笔墨:《美国的未成年人监护》,载《中国社会报》2014 年 6 月 17 日,第 004 版。

66. 吴用:《论性别平等对美国儿童监护立法流变的影响》,载

《中国青年政治学院学报》2012 年第 5 期。

67. 王丽萍:《美国离婚后的子女监护制度及其启示》,载《法学论坛》2008 年第 2 期。

68. 吕亚芳、吴雪玉:《离婚后儿童监护的美国法演变及其启示》,载《湖北警官学院学报》2015 年第 9 期。

69. 冯源:《儿童监护事务的国家干预标准——以儿童最大利益原则为基础》,载《北京社会科学》2016 年第 3 期。

70. 程丽:《儿童家庭监护制度的历史嬗变及价值取向》,载《理论与改革》2016 年第 2 期。

71. 王海明:《平等新论》,载《中国社会科学》1998 年第 5 期。

72. 李风圣:《论社会公平的三级内涵》,载《光明日报》1995 年 3 月 19 日。

73. 陈苇、谢京杰:《论"儿童最大利益优先原则"在我国的确立——兼论〈婚姻法〉等相关法律的不足及其完善》,载《法商研究》2005 年第 5 期。

74. 王洪:《论子女最佳利益原则》,载《现代法学》2003 年第 6 期。

75. 王利明:《民法典的时代特征和编纂步骤》,载《清华法学》2014 年第 6 期。

76. 王竹青:《论未成年人国家监护的立法构建——兼论民法典婚姻家庭编监护部分的制度设计》,载《河北法学》2017 年第 5 期。

77. 李世刚:《〈民法总则〉关于"监护"规定的释评》,载《法律适用》2017 年第 9 期。

78. 吕新建:《论我国未成年人监护制度的完善》,载《河北法学》2005 年第 7 期。

79. 尹志强:《未成年人监护制度中的监护人范围及监护类型》,载《华东政法大学学报》2016 年第 5 期。

80. 解亘:《论监护关系中不当财产管理行为的救济——兼论"利益相反"之概念的必要性》,载《比较法研究》2017 年第 1 期。

81. 杨立新:《〈民法总则〉制定与我国监护制度之完善》,载《法学家》2016 年第 1 期。

82. 陈苇、王鹍:《澳大利亚儿童权益保护立法评介及其对我国立法的启示——以家庭法和子女抚养(评估)法为研究对象》,载《甘肃政法学院学报》2007 年第 3 期。

83. 李霞、陈迪:《〈民法总则(草案)〉第 34、35 条评析——监护执行人的撤销与恢复》,载《安徽大学学报》(哲学社会科学版)2016 年第 6 期。

84. 最高人民检察院法律政策研究室:《我国民事检察的功能定位和权力边界》,载《中国法学》2013 年第 4 期。

85. 齐凯悦:《论〈民法总则(草案)〉监护资格恢复制度的完善》,载《中国青年社会科学》2017 年第 2 期。

86. 梁慧星:《〈中华人民共和国民法总则(草案)〉:解读、评论和修改建议》,载《华东政法大学学报》2016 年第 5 期。

87. 张素丽:《未成年人监护制度的完善》,载《人民论坛》2016 年第 3 期。

88. 高伟:《未成年人监护制度研究》,西南政法大学 2009 年博士学位论文。

89. 刘征峰:《亲子权利冲突中的利益平衡原则——以欧洲人权法院判例为中心》,载《华中科技大学学报》(社会科学版)2015 年第 5 期。

90. 徐国栋:《〈十二表法〉新译本》,载《河北法学》2005 年第 11 期。

91. 曹贤余:《英国亲子法律关系中“父母责任”的规定及启示》,载《人民论坛》2013 年第 11 期。

92. 但淑华、黄晶:《未成年人监护的实证考察与制度反思》,载《中华女子学院学报》2016 年第 2 期。

93. 陈苇、李艳:《中国民法典之监护制度立法体系构建研究》,载《西南政法大学学报》2017 年第 2 期。

94. 茹希佳:《让未成年人能直接参与诉讼表达利益诉求　南京设“诉讼监护人”任“临时家长”》,载《中国妇女报》2017 年 11 月 22 日,第 A01 版。

95. 李霞:《禁治产制度的废止及我国相关制度的检省》,载《法学论坛》2008 年第 3 期。

96. 陈明侠:《亲子法基本问题研究》,载梁慧星主编:《民商法丛论》(第 6 卷),法律出版社 1997 年版。

97. 吴煜宗:《近代 · 家族 · 法》,载谢在全主编:《物权、亲属编》,中国政法大学出版社 2002 年版。

98. 施惠玲、张旭政:《论国家介入亲权行使之法律基础——以儿童人权为中心价值的论证体系》,载施惠玲:《家庭法律社会学论文集》,台湾元照出版公司 2004 年版。

(三)译著类

99. [德]马克思、恩格斯:《马克思恩格斯全集》(第 3 卷),人民出版社 1998 年版。

100. [美]托马斯 · 潘恩:《潘恩选集》,马清槐等译,商务印书馆 1997 年版。

101. [德]马克思、恩格斯:《马克思恩格斯全集》(第 2 卷),人民出版社 1998 年版。

102. [美]托马斯 · 内格尔:《平等与偏倚性》,谭安奎译,商务印书馆 2016 年版。

103. [美]托克维尔:《论美国的民主》(上卷),董果良译,商务印书馆 1997 年版。

104. [英]约翰 · 洛克:《政府论》(下篇),商务印书馆 1996 年版。

105. [美]罗纳德 · 哈里 · 科斯:《企业、市场与法律》,盛洪、陈郁等译,上海三联书店 1990 年版。

106. [法]卢梭:《社会契约论》(第 3 版),何兆武译,商务印书馆 2003 年版。

107. [美]E. 博登海默:《法理学:法律哲学与法律方法》,邓正来译,商务印书馆 2003 年版。

108. [英]凯特·斯丹德利:《家庭法》,屈广清译,中国政法大学出版社 2004 年版。

109. [英]威廉·布莱克斯通:《英国法释义》,游云庭、缪苗译,上海人民出版社 2006 年版。

110. [日]星野英一著:《私法中的人》,王闯译,载梁慧星主编:《民商法论丛》(第 8 卷),法律出版社 1997 年版。

111. [俄]E. A. 苏哈诺夫:《俄罗斯民法》,黄道秀译,中国政法大学出版社 2011 年版。

112. [法]卢梭:《爱弥儿》(上卷),李平沤译,商务印书馆 1999 年版。

113. [美]哈里·D. 格劳斯、大卫·D. 梅耶:《美国家庭法精要》,陈苇等译,中国政法大学出版社 2007 年版。

114. [法]安德烈·比尔基埃等主编:《家庭史》(第三卷),袁树仁等译,三联书店 1998 年版。

115. [美]M. J. 艾德勒:《六大观念》,郗庆华译,生活·读书·新知三联书店 1998 年版。

116. [意]彼德罗·彭梵得:《罗马法教科书》,黄风译,中国政法大学出版社 2005 年版。

117. [古希腊]亚里士多德:《尼各马可伦理学》,廖申白译,商务印书馆 2008 年版。

(四)法典、法律、法规及司法解释类

118. 杜景林、卢谌译:《德国民法典》,中国政法大学出版社 2015 年版。

119. 罗结珍译:《法国民法典》,北京大学出版社 2010 年版。

120. 李浩培等译:《拿破仑法典》,商务印书馆 1997 年版。

121. 陈卫佐译:《德国民法典》(第 4 版),法律出版社 2015 年版。

122. 杨立新主编:《中国百年民法典汇编》,中国法制出版社 2011 年版。

123. 王爱群译:《日本民法典》,法律出版社 2014 年版。

124. 于海涌、赵希璇译:《瑞士民法典》,法律出版社 2016 年版。

125. 美国 1973 年《统一结婚离婚法案》,载 HeinOnline,http://202. 202. 90. 30/ermsras/ffiy9563669c09a94c6f9072569fcd6e528c/HOL/Page? handle = hein. journals/sdlr18&div = 48&start_page = 680&collection = journals&set_as_cursor = 0&men_tab = srchresults,最后访问日期:2017 年 10 月 30 日。

126.《中华人民共和国预防未成年人犯罪法》(1999 年 6 月 28 日第九届全国人民代表大会常务委员会第十次会议通过,2012 年 10 月 26 日修正)

127.《中华人民共和国民法总则》(2017 年 3 月 15 日第十二届全国人民代表大会第五次会议通过,自 2017 年 10 月 1 日起施行)

128.《中华人民共和国民法通则》(1986 年 4 月 12 日第六届全国人民代表大会第四次会议通过,自 1987 年 1 月 1 日起施行)

129.《最高人民法院关于贯彻执行〈中华人民共和国民法通则〉若干问题的意见(试行)》(1988 年 1 月 26 日最高人民法院审判委员会讨论通过)

130.《中华人民共和国婚姻法》(1980 年 9 月 10 日第五届全国人民代表大会第三次会议通过,2001 年 4 月 28 日修正)

131.《中华人民共和国侵权责任法》(2009 年 12 月 26 日第十一届全国人民代表大会常务委员会第十二次会议通过,2010 年 7 月 1 日施行)

132.《中华人民共和国未成年人保护法》(1991 年 9 月 4 日第七届全国人民代表大会常务委员会第二十一次会议通过,2012 年 10 月 26 日修正)

133.《中华人民共和国反家庭暴力法》(2015 年 12 月 27 日第十二届全国人民代表大会常务委员会第十八次会议通过,2016 年 3 月

1 日施行）

134.《最高人民法院关于适用〈中华人民共和国婚姻法〉若干问题的解释（一）》（2001 年 12 月 24 日最高人民法院审判委员会第 1202 次会议通过，自 2001 年 12 月 27 日起施行）

135.《最高人民法院关于适用〈中华人民共和国婚姻法〉若干问题的解释（二）》（2003 年 12 月 4 日最高人民法院审判委员会第 1299 次会议通过，自 2004 年 4 月 1 日起施行）

136.《最高人民法院关于适用〈中华人民共和国婚姻法〉若干问题的解释（三）》（2011 年 7 月 4 日最高人民法院审判委员会第 1525 次会议通过，自 2011 年 8 月 13 日起施行）

137.《关于依法处理监护人侵害未成年人权益行为若干问题的意见》（最高人民法院、最高人民检察院、公安部、民政部于 2014 年 12 月 18 日联合颁布，自 2015 年 1 月 1 日起施行）

（五）其他类

138. 民政部：《关于农村留守儿童摸底排查工作基本情况的通报和“合力监护、相伴成长”关爱保护专项行动的说明》，载 http://www. mca. gov. cn/article/zwgk/ldjh/201612/20161200002665. shtml。发布日期：2016 年 11 月 9 日，最后访问日期：2017 年 11 月 25 日。

139. 国家统计局：《2010 年第六次全国人口普查主要数据公报》，载 http://www. gov. cn/test/2012 - 04/20/content_2118413. htm，发布日期：2011 年 4 月 28 日，最后访问日期：2017 年 11 月 6 日。

140. 国务院人口普查办公室：《中国 2010 年人口普查资料》，载 http://www. stats. gov. cn/tjsj/pcsj/rkpc/6rp/indexch. htm，最后访问时间：2017 年 11 月 6 日。

141. 宛如锦：《我国未成年人委托监护制度完善路径探索》，载家事法研究中心，http://mp. weixin. qq. com/s/2—LipcENLt-WCVGc9Z8dbg，发布日期：2018 年 1 月 24 日，最后访问日期：2018 年 1 月 25 日。

二、外文参考文献

142. Robert M. Galatzer Levy and Louis Kraus, *The Scientific Basis of Child Custody Decisions*, New York. John Wiley &Sons, Inc, 1999.

143. Michael Hinchliffe, *The Role of the Official Solicitor to the Supreme Court*, The Journal of Child Law, 1989(1).

144. Robert H. Mnookin, Child – Custody Adjudication: *Judicial Functions in the Face of Indeterminacy*, Law and Contemporary Problems, 1975(39).

145. Linda D. Elrod, *Child Custody Practice and Procedure*, thomson reuters, 2014.

146. Diane M. Pranzo, *Children custody and Visitation Disputes in Sweden and the United States*, Lexington books, 2013.

147. Geri S. W. Fuhrmann, Robert A. Zibbell, *Evaluation for Child Custody*, New York: Oxford University Press, 2012.

148. Dr. Papas diwan, *Law of Adoption Minority Guardianship and Custody*, Universal, Law Publishing Co. Pvt. Ltd, 2000.

149. John Mitchell, *Adoption and Special Guardianship*: *A Permanency Handbook*, Family Law, 2009.

150. Chung Hui Wang, *The German Civil Code*, London: Law publisher, 1907.

151. Danaya C. Wright, *Costructing Patriarchy*: *the Development of Interspousal Custody Law in England.* De Manneville v. De Manneville, *Rethingking the Birth of Custody Law under Patriarchy*, Law & Hist. Rew. 247, 1999.

152. Sarah Abramowicz June, *English Child Custody Law*, 1660 – 1839: *The Origin Of Judicial Intervention In Parternal Custody*, 1999, Colum. Rev. 1391.

153. Julie E. Artis, *Judging the Best Interests of the Child*: *Judges'*

Accounts of the Tender Years Doctrine, Law&Society Review, 2004(4).

154. Lynne Marie Kohm, *Tracing the Foundations of the Best Interests of the Child: Standard in American Jurisprudence.* Journal of Law&Family Studies, 2008(2).

155. Kirsti Kurki – Suonio, *Joint Custody as an Interpretation of the Best Interests of the Child in Critical and Comparative Perspective*, International Journal of Law, Policy and Family, 2000(3).

156. Ira Mark Ellman, *Paul M Kurtz and Ann M. Stanton. Family Law*, Charlottesville, Virginia: The MichieCompany, 1986.

157. O' Neil & Leonoff, *Joint Custody: An OptionWorth Examining*, Perception, 1977.

158. Linda D. Elrod and Robert G. Spector, *A Review of the Year in Family Law: Working Toward More Uniformity in Laws Relating to Families*, FAM. L. Q, 2011(44).

159. Douglas W. Allen and Margaret Brinig, *Do Joint Parenting Laws Make Any Difference.* J. EMP. L. STUDS, 2011(8).

160. Gnahoré v. France and Johansen v. Norway, *Reports of Judgments and Decisions* 1996—*III*, judgment of 7 August 1996.

161. David Lieberman, *The Province of Lgislation Determined: Legal Theory in Eighteenth Century Britain*, New York: Cambridge University Press, 1989.

后　记

博士论文定稿之际正值我30周岁，于是这篇博士论文就像是给自己而立之年的礼物，充满了仪式感。在论文即将收尾时，回忆了2015年由调研报告拉开论文写作序幕的那个炎炎夏日到现在2018年写作高峰期的阳春三月，在这个行进了三年的求学之旅将要结束，而新的职场生涯即将开启时，我要深深地鞠躬，感恩这三年来对我无私帮助的师长、挚友与亲人。

特别感谢我最敬爱的导师陈苇教授，您浩瀚渊博的学识和兢兢业业的科研精神深深影响着我。在我博士论文的写作过程中，您不仅耐心教授我专业知识，提点我的写作思路，还在我的写作遇到瓶颈时不断为我加油打气，鼓舞我前进！一生得此恩师，足矣！老师您辛苦了，您是弟子心中真正伟大的学者！

感谢亲爱的吴国平教授，您无时无刻不关心着我、毫无保留地与我分享您的知识，学生非常感恩吴老师的无私帮助与谆谆教诲，谢谢您给我的温暖与厚爱！感谢尊敬的马忆南教授、李洪祥教授、张力教授、徐洁教授、刘云生教授、石慧荣教授、张耕教授、吴春燕教授、侯国跃教授、曹兴权教授，在我论文开题、预答辩及正式答辩阶段对我的博士论文提出的宝贵建议！教授们的指导与帮助犹如暗夜的明灯，为我指点迷津，谢谢各位为我掌灯的大师们！

感谢韩玉斌、张利洪、石雷、黎乃忠、石婷、杜志红、张鑫、张庆林、王巍、陈钊、李艳、贺海燕、白玉等博士兄弟姐妹；强米米、泽绒拥珍、赵孟亚、刘宇娇、张文彩、李文娟、鲁翰阳、郭庆敏、杨超、欧忆虹等硕士师弟师妹的支持与帮助，我十分珍惜与你们相处的快乐时光，遇见你们是我的荣幸！

感谢何伟杰、吴瑕、陈娟梅、李琴琴、陈浩、王铀镱、朱志豪、陶琨炜等好友对我的学业提供的指导和提出的意见，你们的睿智启发着我的思路，使我的学业一次次在山重水复中重见柳暗花明，你们是我展翅飞翔的左膀右臂！

感恩裘钟鸣、赵闽、黄吉超、齐欢、林俊、林英、李俊彦、支经纬、吴烨、严斌等挚友的搀扶与拥抱，读博这三年中，我的每一个情绪低落的夜晚，是你们第一时间给我问候与关心，不厌其烦地听我倾述，因为你们我才能渡过一个又一个难关，遇见你们是生命对我的馈赠，感恩这一路上有你们相伴！

感谢我最爱的家人，我的奶奶、爸爸、两位姑姑、姑夫、外公、大姨、表弟枢豪，非常感谢上苍让我们同为家人，使我们有缘在同一个屋檐下，为彼此遮风挡雨。这三年你们一直对我嘘寒问暖、关怀备至，不断从家乡给远在重庆的我寄来生活补给，而我却时常因学业繁忙而忽略对你们的问候与关怀，我倍感歉疚，只求在毕业之后能尽力弥补。

我要将这最后的感谢留给我的妈妈，虽然你已经离开了 14 年，但是我相信我所有的欢乐、悲伤你都看得到。我会珍惜每一个健康醒来的早晨，努力活出一个人的精彩！

董思远

2018 年 3 月 1 日

附　录

西南政法大学外国家庭法及妇女理论研究中心简介
（中英文对照）

学术顾问（以姓氏笔画为序）：万相兰、王建华、李春茹、陈　彬、谢晓曦
主　　任：陈　苇
副 主 任：张华贵、朱　凡
秘 书 长：石　婷

2003年12月至2004年12月，西南政法大学民商法学院博士生导师陈苇教授受国家留学基金资助，由国家教育部公派出国留学，作为访问学者到澳大利亚悉尼大学法学院进修家庭法一年。她回国后于2005年1月向学校提出了建立"西南政法大学外国家庭法及妇女理论研究中心"的书面申请。2005年4月1日，西南政法大学校长办公会议批准同意该研究中心成立。

本"研究中心"的工作宗旨是：通过整合本校婚姻家庭法及妇女理论方面的科研与教学资源，联合校内外其他单位与部门的相关人员，以西南政法大学为依托，开展中外学术交流，着力研究现阶段中外婚姻家庭继承法及妇女领域的重大理论和实践课题，为我国婚姻家庭继承法的完善及妇女理论的发展提供有益的借鉴经验，为我国立法机关提出相关建议，为司法部门提供法律咨询服务，争取多出科研成果，出精品科研成果，为创建国内一流、国际知名的西南政法大学而努力。

本"研究中心"的主要任务包括：1. 开展中外学术交流；2. 提供专业咨询服务；3. 进行学术前沿理论和司法实务问题研究；4. 培养婚姻家庭继承法及妇女理论的学术人才；5. 组织开展学术讲座等，以期造就一批在本学科领域有一定影响的学术骨干和后备学术带

头人。

本“研究中心”的学术研究平台，为促进学术研究和学术交流，研究中心主任陈苇教授自2005年起先后创办、主编出版《家事法研究》学术论文集刊和《家事法研究学术文库》丛书，到2018年底为止的14年期间，已出版《家事法研究》(2005年卷至2010年卷)学术论文集刊6卷和《家事法研究学术文库》丛书著作19部。这些论文集和著作，着力研究婚姻家庭继承法领域的前沿理论和司法实务的热点难点问题，在我国学术界和实务界已产生了良好的社会影响。需要说明的是，为进一步扩大《家事法研究》的学术影响，在2009年中国婚姻家庭法学研究会常务理事会上，经陈苇教授提出申请，该研究会常务理事一致同意，夏吟兰会长宣布自2010年起《家事法研究》改由学会主办。但由于2010年该学会将出版“2009年中国婚姻家庭法学研究会年会论文集”，故夏会长委托陈苇教授继续主编出版《家事法研究》(2010年卷)。即从2011年起《家事法研究》改由中国婚姻家庭法学研究会主办，它成为该学会的会刊。为继续推进婚姻家庭继承法领域前沿理论和司法实务问题的研究，本“研究中心”决定打造新的学术研究和交流的平台，自2012年起陈苇教授担任主编，负责遴选出版《家事法研究学术文库》丛书，每年计划出版2～3本，由国家级出版社出版。同时，本“研究中心”继续与杨晓林律师组建的家事法律师团队合作，在“西南政法大学外国家庭法及妇女理论研究中心”网页——学习园地之“学术前沿”栏，发表婚姻家庭继承法领域的前沿理论和司法实务热点难点问题的最新研究成果，以期实现学术研究与立法、司法的良性互动，促进中外学术研究和学术交流。

本“研究中心”的团队成员，以西南政法大学民商法学院婚姻家庭继承法和妇女理论研究所的人员为主，并聘请校内外的专家、学者担任学术顾问和特约研究员。

Appendix:

Introduction of the Research Center on Foreign Family Law and Women's Theory of Southwest University of Political Science and Law, China

Academic Consultants: WAN Xianglan, WANG Jianhua, LI Chunru, CHEN Bin, XIE Xiaoxi

Director: CHEN Wei

Deputy Director: ZHANG Huagui, ZHU Fan

Academic Secretary: SHI Ting

Introduction

Professor CHEN Wei, the doctor tutor of the Civil and Business Law School of Southwest University of Political Science and Law, China [hereinafter refers to SWUPL], studied family law in the Law School of Sydney University, Australia from Dec. 2003 to Dec. 2004 with the sustentation of "STATE SCHOLARSHIP FUND AWARD". In Jan. 2005, some days after came back to China, she presented the application for establishing "Research Center on Foreign Family Law and Women's Theory of SWUPL, China". On Apr. 1st 2005, the President's Working Office of SWUPL approved her application.

The aim of the Research Center is to develop academic exchange between China and foreign countries, put emphasis on grand important theory and practice problems of family law and women's theory by associating the researching and teaching resources of SWUPL with relevant personnel of other units and departments. All of that we have done and will do have some important meaning: first of all, we may provide the valuable experiences for the perfection of the laws of family and succession in China and the development of women's theory; the second, we may provide relevant suggestions to Chinese legislature, and may provide legal advices to judicial practice departments. We hope that SWUPL will be top ranking internally and famous internationally with our efforts.

The assignments of the Research Center including: (1) developing academic exchange between China and foreign countries in relevant fields; (2) providing professional consultation service; (3) strengthen academic research; (4) training some academic adepts of family law and women's theory; (5) giving academic lectures. We hope that some adepts and reserve academic leaders with certain influence in family law field would be brought up.

The academic research platforms of the Research Center: In order to promote the academic research and exchanges, Professor CHEN Wei, director of the Research Center, has founded and edited the publication of the Periodical of Research on Family Law and the Works of Researches on Family Law early or late since 2005. By the end of 2018, 6 volumes of the Periodical of Research on Family Law (Volumes 2005 to 2010) and 19 Works of Researches on Family Law have been published during the fourteen years. These papers and books, focusing on the frontier theory research on Marriage, Family and Inheritance Law and the judicial practice issues, have had good social affluence in the academic circle and practice circle of China. It is noteworthy that, in order to further expand the academic influence of the Periodical, in the Executive Council of Society of Marriage and Family Law of China (SMFLC) in 2009, upon Professor CHEN Wei's proposal, the Executive Council agreed and President XIA Yinlan announced that the Periodical of Research on Family Law was edited by SMFLC after 2010. As SMFLC would publish the papers submitted to the Annual Meeting of SMFLC in 2009, President XIA Yinlan authorized Professor CHEN Wei to edit the publication of the Periodical of Research on Family Law (Volume 2010) in 2010. The Periodical was edited by SMFLC and became its Society Journal from 2011. In order to continue to advance the theoretical research and judicial practice in the field of Marriage, Family and Inheritance Law, the "Research Center" decided to build a new platform for academic research. 2 – 3 of the Works of Researches on Family Law which will be selected and edited by Professor CHEN Wei for publication each year by the national publishing press since 2012. At the same time, the "Research Center" continues to cooperate with the Family Law Lawyer Team built by Lawyer YANG Xiaolin. On the webpage of "Foreign Family Law and Women's Theory Research Center of SWUPL"——"Academic Frontier" of Study Column, the latest research achievements on the frontier theory of Marriage, Family and Inheritance Law and judicial practice issues are published to realize the benign interaction beatween academic research, legislation and justice and promote the academic research and exchanges between China and foreign countries.

The personnel of the Research Center is mainly composed of scholars from the Marriage, Family and Succession Law and Women's Theory Research Institute of the Civil and Business Law School of SWUPL, China. We also invite some famous experts and scholars around the whole country to be the consultants and special research fellows. They are the members of the Research Center too.

西南政法大学外国家庭法及妇女理论研究中心 2006—2012 年已出版书目

《外国婚姻家庭法比较研究》(2006 年出版)

《中国大陆与港、澳、台继承法比较研究》(2007 年出版)

《当代中国民众继承习惯调查实证研究》(2008 年出版)

《改革开放三十年(1978—2008)中国婚姻家庭继承法研究之回顾与展望》(2010 年出版)

《中国婚姻家庭法立法研究》(第二版)(2010 年出版)

《外国继承法比较与中国民法典继承编制定研究》(2011 年出版)

《当代中国内地与港、澳、台婚姻家庭法比较研究》(2012 年出版)

《加拿大家庭法汇编》(2006 年出版)

《澳大利亚家庭法(2008 年修正)》(2009 年出版)

《美国家庭法精要》(第五版)(2010 年出版)

《澳大利亚法律的传统与发展》(第三版)(2011 年出版)

《家事法研究》2005 年卷(2006 年出版)

《家事法研究》2006 年卷(2007 年出版)

《家事法研究》2007 年卷(2008 年出版)

《家事法研究》2008 年卷(2009 年出版)

《家事法研究》2009 年卷(2010 年出版)

《家事法研究》2010 年卷(2011 年出版)

图书在版编目（CIP）数据

未成年人监护制度研究/董思远著．—北京：中国人民公安大学出版社，2019.4

（家事法研究学术文库/陈苇主编）

ISBN 978－7－5653－3449－8

Ⅰ.①未…　Ⅱ.①董…　Ⅲ.①未成年人保护法－研究－中国　Ⅳ.①D922.74

中国版本图书馆 CIP 数据核字（2018）第 231720 号

未成年人监护制度研究

董思远　著

出版发行：中国人民公安大学出版社
地　　址：北京市西城区木樨地南里
邮政编码：100038
经　　销：新华书店
印　　刷：北京市泰锐印刷有限责任公司

版　　次：2019 年 4 月第 1 版
印　　次：2019 年 4 月第 1 次
印　　张：10.75
开　　本：880 毫米×1230 毫米　1/32
字　　数：298 千字

书　　号：ISBN 978－7－5653－3449－8
定　　价：45.00 元

网　　址：www.qzcbs.com
电子邮箱：qzcbs@sohu.com

营销中心电话：010－83903254
读者服务部电话（门市）：010－83903257
警官读者俱乐部电话（网购、邮购）：010－83903253
法律分社电话：010－83905745